中国财税研究报告2019
CHINA FINANCE AND TAXATION DEVELOPMENT RESEARCH REPORT 2019

Global Economic Governance and Fiscal Construction of China's Great Powers

全球经济治理与我国大国财政建设

马海涛 主编

中国财经出版传媒集团
中国财政经济出版社

图书在版编目（CIP）数据

全球经济治理与我国大国财政建设：中国财税研究报告：2019/马海涛主编. —北京：中国财政经济出版社，2019.9

ISBN 978 - 7 - 5095 - 9173 - 4

Ⅰ.①全…　Ⅱ.①马…　Ⅲ.①世界经济 - 经济发展 - 研究报告 ②财政建设 - 研究报告 - 中国　Ⅳ.①F113.4 ②F812

中国版本图书馆 CIP 数据核字（2019）第 179705 号

责任编辑：胡　博　庄　莉　　责任校对：徐艳丽
封面设计：陈宇琰　　责任印制：刘春年

中国财政经济出版社出版

URL：http：//www.cfeph.cn

E - mail：cfeph @ cfeph.cn

社址：北京市海淀区阜成路甲 28 号　邮政编码：100142

营销中心电话：010 - 88191537

北京时捷印刷有限公司印刷　各地新华书店经销

787 × 1092 毫米　16 开　22.25 印张　289 000 字

2019 年 9 月第 1 版　2019 年 9 月北京第 1 次印刷

定价：118.00 元

ISBN 978 - 7 - 5095 - 9173 - 4

（图书出现印装问题，本社负责调换）

本社质量投诉电话：010 - 88190744

打击盗版举报热线：010 - 88191661　QQ：2242791300

前言

习近平同志在党的十九大报告中指出，“倡导构建人类命运共同体，促进全球治理体系变革”，“加强全球税收合作，打击国际逃避税，帮助发展中国家和低收入国家提高税收征管能力”。2014 年 11 月，习近平主席在澳大利亚布里斯班 G20 峰会上提出加强国际税收合作的三点重要主张，首次描绘了我国税收工作在全球税收领域的坐标和方向。中方担任 G20 主席国后，于 2016 年 7 月首次在 G20 平台上提出构建全球税收新秩序理念，赢得广泛共识。

在 2014 年全国财政工作会议上，时任财政部部长楼继伟强调，“要牢固树立‘大国财政、统筹内外’理念和全球意识、安全意识，积极参与国际经贸规则制定，主动参与国际财经交流和全球经济治理。”

财者，为国之命而万事之本。国之所以存亡，事之所以成败，常必由之。①

财政是国家为实现其职能，凭借政治权力参与部分社会产品和国民收入的分配和再分配所形成的一种特殊分配关系。国家是财政的主体，财政是国家实现发展目标和干预经济活动的工具。在国家

① 苏辙：《栾城集三 · 上皇帝书》。

政治生活中从来都处于基础性地位，无论在何种发展阶段、何种国家制度形态下，都概莫能外，这是财政本质的一般性。从财政的起源来看，其伴随着国家的产生而产生。在传统的研究领域，财政首先是作为经济学范畴被加以研究，同时由于财政与政治密不可分，所以财政又被作为政治经济学或者公共部门经济学加以研究。世界经济发展到今天，各国之间除了密不可分的经济联系外，因为政治经济利益冲突带来的全球性挑战也越来越多。一方面经济周期性和结构性矛盾交织，另一方面英国脱欧、美国特朗普总统上台之后都表现出了强烈的“逆全球化”的政策取向。贸易保护主义抬头，关税壁垒高筑，给全球的经济发展带来了巨大的冲击。就我国来说，目前我国经济体量仅次于美国，全球经济形势的恶化给我国的发展带来巨大影响。为了获取进一步的发展，在国际上掌握一定的话语权，我国需要加强自身治理，同时也积极推动全球治理体制变革。

国家治理体系和治理能力是多层次的综合体，既包括经济、政治、文化、社会、生态、政党等多个维度的治理内容，也包括基层、地方、国家乃至区域、全球等多个层次的治理形态。但究其根本，国家治理的实质是应对全球公共风险，一国在国家治理中的地位取决于该国的综合实力，包括财政规模等硬实力和政策效力等软实力，因此财政在国家治理中发挥着基础性的地位，为此十八届三中全会将财政被定位为国家治理的基础和重要支柱，财政职能被提高到维护国家长治久安的层面。

我国是名副其实的世界大国，“大国治理”则需要“大国财政”思维，即我国的财政政策不仅仅会对国内经济社会产生影响，也会在国际上带来一定的影响，我国的国家治理应该与全球治理联系起来，经济政策的制定需要具备区域化、全球化的视野。尤其在目前的经济环境下，风险具有多发性和迅速流动性的特征，经济风险、金融风险和财政风险会超出国家的地理边界外溢，引发全球性的危机。想要维护国家的稳定发展，不仅需要让财政发挥应有的治国安邦之用，更应该使“中国财政”在全球治理中发挥世界性作用，成为撬动人类文明进步的有力杠杆。反之，如果不及时转变观念，不能意识到全球化和区域经济一体化中大国财政的作用，国家发展的稳定性不仅会受到冲击，同时我国在国际事务中也难以有所担当，更难以在国际舞台上占据一席之地。

本书是在2016年财政部共建课题基础上完成的。而在本书即将付梓之际，美国总统特朗普大肆挥舞关税大棒，试图逆经济全球化而动，大开历史倒车。本书基于全球治理视角对大国财政进行思考，突破“国内”的界限，从区域化、全球化的角度来思考问题，从更加宏观的视野去看待财政的职能和政策，对大国财政的国际重大战略决策问题进行分析和探讨。希望通过对当前国际重大战略问题的分析和探讨，为大国治理提供理论和政策基础。

本书由中央财经大学副校长马海涛教授担任主编，负责报告提纲的设计与书稿总纂工作；中央财经大学财政税务学院的部分师生共同完成课题项目研究并撰写书稿。第一章和第二章由白彦锋、吴粤撰写，第三章由寇恩惠撰写，第四章由李升、葛岩和朱欣撰写，第五章由李贞、闫宁宁撰写，第六章由王文静撰写，第七章由姜爱华撰写，第八章由陈思、王文静撰写，第九章由陈宇、丁玉娟撰写，第十章由陈宇撰写。本书获得了2014年文化名家暨“四个一批”人才工程项目及“万人计划”哲学社会科学领军人才项目资助；还获得了中央财经大学一流学科建设项目（020151619002）和中央财经大学中财—中证鹏元地方财政投融资研究所的资助，在此一并表示感谢！

当然，由于我们水平有限，本书中存在的问题和不足，请读者给予批评指正！

马海涛
中央财经大学
2019 年 5 月

—— 目录 ——

第一章

绪论

第一节　研究背景及研究意义

当前，世界经济处于深度调整中，全球性挑战增多，正处于新旧增长动能转换的关键时期。2019 年 1 月 21 日，国际货币基金组织（IMF）在世界经济论坛年会现场对未来两年世界经济发展情况和走势进行了预测，分别下调 2019 年、2020 年全球经济增速预期 0.2 个百分点和 0.1 个百分点，将其调至 3.5% 和 3.6% 。世界经济增长下行压力加大的背后是各个经济体面临的困境。作为世界上唯一的超级大国，美国在特朗普上台后采取了一系列反全球化、反对全球多边机制的行动，试图打破现有的全球经济和贸易格局，使美国能在全球市场中获得更多利益。这些机制包括退出联合国教科文组织，退出全球多边机制、巴黎气候协定等；另一方面，美国对一些国际组织发出批评或“退群”威胁，如世界贸易组织（WTO）等。此外，还有被美国利用但又反目成仇的国际组织，如国际刑事法院。美国主导的区域性经贸机制，如涵盖亚太 12 国的跨太平洋伙伴关系协定（TPP）和北美自由贸易协定（NAFTA），或被特朗普弃若敝屣或被其推倒重来。全球对外贸易结果和产业链上下游的分布因为这些情况发生重置或改变。与此同时，很多世界上新兴经济体，如墨西哥等国，因为自身经济实力薄弱，受到全球经济下滑压力牵连，出现了国内经济崩溃迹象。

当前，中国已经是全球第二大经济体，是名副其实的“大国”，要想获得进一步的发展，在国际经济舞台上占据一席之地，“大国思维”必不可少。因为，一个国家的财政政策，不可能只对本国的经济社会造成影响，一定会被传导到国外。因此，在实行本国经济政策时，站在区域化、全球化的角度思考是必不可少的。因为在目前的经济环境下，世界上各个经济体都是相互牵连的，风险很容易从局部现象变成经常性的全球普遍现象，这意味着风险会随着市场、投资和金融等各个领域的全球化进程走向全球，尤其是经济风险、金融风险和财政风险会超出国家的地理边界而外溢。因此，要想自身得到持续的发展，不能寄希望于世界经济稳定，而只能凭借自身实力，“打铁还需自身硬”。

大国伐谋。十八届三中全会《中共中央关于全面深化改革若干重大问题的决定》把财政定位为国家治理的基础和重要支柱，同时强调要推进国家治理体系和治理能力的现代化，这意味着财政的职能已经突破了原有的经济学框架，上升到国家的长治久安。“推进国家治理体系和治理能力现代化”论断的提出，表明了党对全面深化改革的更新认识，更加重视制度变革对于经济社会发展的重要意义。国家治理体系和治理能力是多层次的综合体，既包括经济治理、政治治理、文化治理、社会治理、生态治理、政党治理等多个维度的治理内容，也包括基层治理、地方治理、国家治理乃至区域治理、全球治理等多个层次的治理形态。“大国治理”需要“大国财政”思维，国家治理应和全球治理统一起来。国家治理的实质是应对全球公共风险，一个大国在国家治理中的地位取决于这一国家的综合实力，包括财政规模等硬实力和政策效力等软实力，因此财政是国家治理的核心（刘尚希，2015①）。在开放条件下，我们应以国际视野来认识财政，不仅让财政发挥应有的治国安邦之用，更应该使“中国财政”在全球治理中发挥世界性作用，成为撬动人类文明进步的有力杠杆。反之，如果不及时转变观念，不能意识到全球化和区域经济一体化中大国财政的作用，就很难在国际事务中有所担当，也就更难以在国际舞台上占据一席之地。将中国财政转变为大国财政，会成为财政当前和今后面临的艰巨任务。

---

① 刘尚希：《大国财政：理念、实力和路径》，《地方财政研究》，2016 年第 1 期。

刘尚希称，国家要想有动作，是“兵马未动，粮草先行”，“兵马”是政，“粮草”是财。中国经济的良好发展需要财政的保驾护航。2018 年 4 月 10 日，习近平主席出席博鳌亚洲论坛 2018 年年会时发表了题为《开放共创繁荣　创新引领未来》的主旨演讲，他指出，综合研判世界发展大势，经济全球化是不可逆转的时代潮流。中国必须要坚持改革开放的基本国策，开放的大门不能关闭。2018 年 6 月 10 日，习近平主席在上海合作组织成员国理事会会议上表示，世界经济复苏艰难，国际和地区热点问题频发，各国都面临着很多威胁和挑战，没有哪个国家能够独自面对或者独善其身。2018 年 8 月 27 日，习近平再次指出，共建“一带一路”不仅是经济合作，而是完善全球发展模式和全球治理、推进经济全球化健康发展的重要途径。

事实上，我国的国家领导人也意识到了大国财政的重要性，正引导我国财政履行着这样的职责：2013 年，在 APEC 会议上，中国倡导了金砖国家开发银行和亚洲基础设施投资银行的建设；2015 年 3 月 28 日，国家主席习近平在出席博鳌亚洲论坛年会时表示，作为大国，意味着对地区和世界和平与发展的更大责任，而不是对地区和国际事务的更大垄断。2016 年 10 月 16 日，习近平同志在出席金砖国家领导人第八次会晤时讲话指出，我们要继续做全球治理变革进程的参与者、推动者、引领者，推动国际秩序朝着更加公正合理的方向发展，继续提升新兴市场国家和发展中国家代表性和发言权。2017 年 1 月 17 日，习近平同志在出席世界经济论坛年会开幕式上继续指出，面对经济全球化带来的机遇和挑战，正确的选择是，充分利用一切机遇，合作应对一切挑战，引导好经济全球化走向。2017 年 10 月 18 日，习近平同志在党的十九大报告中指出，要贯彻新发展理念，建设现代化经济体系。

构建大国财政是我国财税改革的重要思路，同时也是中国顺应世界发展潮流的必然选择。我国经济总量居世界第二、国际话语权以及国际地位不断提升说明我国已经步入世界大国行列，新时期的国家治理要求财政建设必须与时俱进。在全球化大背景下，只有明确中国的国际定位、理清中国扮演的角色和承担的责任，才能有效指导我国财政建设，充分发挥财政在实现国家治理中的基础性作用，由此要求我们放眼全球，加快建立现代财政制度，坚持走大国财政建设之路。

财政能力是国家能力度量的标尺之一，增强财政硬实力、提升财政软实力、加快大国财政建设对于完善国家治理具有重要意义。更为重要的是，大国财政在参与全球治理中具有特殊地位和作用，是维护大国地位、责任和权利的重要保障。在全球经济治理背景下，在人类命运共同体理念、中国梦与各国梦共同实现的愿景下，大国财政的建立具有重要的战略意义。大国崛起与国家治理相辅相成，我们必须高度重视崛起中出现的各种风险，并及时加以化解，否则势必制约大国崛起。在此背景下，中国作为一个“大国”，怎样在全球化背景下通过“大国财政”解决当前我国经济社会的矛盾，实现持续快速发展，提高国际地位和影响力，是值得深入研究的一个命题。

大国财政治理并非财政部门的治理，而是关系到国家层面、全球层面的财政治理，“大财政”不仅是财政职能在大国大转型时期的集中体现，而且是政府治理走向“大部制”的要求与重要内容。自 20 世纪 70 年代末以来，政府改革在全球兴起，西方国家、新兴工业国家、转轨国家和发展中国家纷纷引入新的管理理念与方法，改革的基本趋势是减少政府的直接干预，发挥政府最基本的职能，形成共识的政府五项核心职能：一是建立法律基础；二是保持非扭曲的政策环境，包括宏观经济的稳定；三是投资于基本公共服务和基础设施；四是保护弱势阶层；五是保护环境。财政是五项核心职能中的重要内容与基础。首先，为落实全面依法治国的战略要求，在财政领域要贯彻落实“税收法定”的基本原则，因而依法理财是政府履行法定职能的内在要求；其次，财政政策是宏观调控的重要工具，在调节收入分配、完善资源配置、促进宏观经济运行等方面发挥关键性作用；最后，财政为提供公共服务、完善社会保障、加强环境保护等提供必要的资金支持。我国处于大国大转型的特殊时期，财政治理是政府治理现代化乃至国家治理现代化的基础和重要内容，建立“大财政”是财政职能在大国大转型时期的集中体现。

现实中财政支出近半数属于法定支出，在经济建设的特殊时期，法定支出保证了“集中力量办大事”的需要，但随着全面深化改革，法定支出对财政职能造成了肢解，在现实中体现为不同职能部门的管理冲突，比如财政部与中国人民银行就国库代理制与经理制存在着争论，制约了国库管理现代化的进程。财政职能在各部门、各地方之间的分散还易形成部门和地方利益固化，表面上“收支两条线”、实质上“以收定支”影响了财政资金的有效配置。现实中存在的治理矛盾要求政府架构走向“大部制”。大部制是现代政府治理的重要标志，具有职能统一、部门精干、结构稳定、决策与执行相对分开、运行高效等特征[①]。改革开放后我国先后进行了7次较大规模的政府机构改革，特别是2008年和2013年两轮大部制改革，初步形成了我国政府治理的大部制框架。在财政领域，同样需要建立“大财政部”的大部制改革理念，涉及经济、社会、政治等多方面原因。其一，我国十八届三中全会提出要“让市场在资源配置中发挥决定性作用”，在成熟的市场经济国家，政府主要发挥宏观层面的调控作用，而职能综合化的大财政部能够更好地适应市场经济条件下政府履行职能的需要。因此建立“大财政部”关键在于优化政府各部门的职责分工，促使财政在国家治理体系现代化中发挥更加重要的作用。其二，随着信息化、智能化产业的发展，社会分工在不断细化，新兴行业不断兴起，客观上要求与之对应的政府管理与服务部门的不断完善，比如科技、信息、能

① 沈荣华、曹胜：《政府治理现代化》，浙江大学出版社2015年版，第159－187页。

源、环保、互联网等现代管理机构，为了简化机构设置、降低政府成本，将职能相近、业务趋同的职能部门进行合并十分必要，大财政部能够更好地整合社会各个领域的资源。其三，借鉴国外政府内阁部门的改革经验可知，内阁成员的多少会直接影响政府决策的成本，大财政部的设置对简化政府决策、加快政策落地、提高行政效率等具有积极作用。

2014 年 6 月 30 日，中央政治局会议审议通过了《深化财税体制改革总体方案》，明确了深化财税体制改革的思路原则、主要任务和时间安排，充分体现了中央对财税改革和财政工作的高度重视和殷切期望，是当前和今后一个时期财税改革和财政制度建设的行动指针。2014 年 12 月 29 日至 30 日，全国财政工作会议在北京召开。时任财政部部长楼继伟指出，要充分发挥财税改革的基础性支撑作用，加快建立现代财政制度，积极支持其他领域改革，尤其是要牢固树立“大国财政、统筹内外”理念和全球意识、安全意识，积极参与国际经贸规则制定，主动参与国际财经交流和全球经济治理。

习近平总书记在中国主办的二十国集团峰会中指出中方的全球经济治理观，即全球经济治理应当以平等为基础，以开放为导向，以合作为动力，以共享为目标。在全球经济治理背景下，在人类命运共同体理念、中国梦与各国梦共同实现的愿景下，大国财政的建立具有重要的战略意义。原财政部部长楼继伟在讲话中指出，要加强财经对外交流与合作，坚持大国财政、统筹内外的理念，推动国际经济治理体系的改革。大国崛起与国家治理相辅相成，我们必须高度重视崛起中出现的各种风险，并及时加以化解，否则势必制约大国崛起。建立现代财政制度，有利于提升资源汲取能力、危机解决能力等国家能力，化解大国崛起过程中的各种公共风险，从而为实现“两个一百年”奋斗目标提供坚实的物质基础和制度保障。效率与公平有效融合的制度安排，也是公共风险最小化的制度安排，现代财政制度是实现公平与效率融合的重要途径。

第二节 大国财政相关理论研究

此处将大国财政的相关理论区分为现代财政制度建设以及大国财政的治理两个方面，此二部分，既相互关联，但又有不同的侧重点，所以进行分别阐述。

一、现代财政制度研究

多数学者认为，大国财政的构建，首先体现为现代财政制度的构建。自十八届三中全会提出“建立现代财政制度”以来，国内学者以“现代财政”为主题进行了深入研究。这些研究主要讨论了与“现代财政”相关的如下问题：（1）国家治理与现代财政间的关系。多数论及“现代财政”的学者均认为，现代财政制度是实现国家治理现代化的基石。陈龙（2014）将国家治理现代化细分为强化市场型政府、公平竞争型市场和合作型社会三个子目标，并提出可以通过优化财政汲取比例与方式、调整支出结构和权责、实施预算管理制度创新、构建“三位一体”财权管控新机制和推动预算的社会协商与参与来促进国家治理现代化。（2）现代财政制度的性质与特征。刘晓路（2014）基于荷兰和英国的财政史分析认为，国家能力主要体现为资源汲取能力、政治渗透能力和危机解决能力，所有这些能力的提升都要依靠财政收入的支撑。因此，较强的财政汲取能力是推动现代化的保障，我国要建立的现代财政制度应具有强国性与集中性性质。王庆（2014）从现代财政与公共财政的关系入手，亦认为现代财政制度，从国家层面来看，就是应尽快提高以财政为核心的国家组织能力，以使我国政府能从容应对未来因国内经济增速放缓和国际摩擦增大后带来的各种潜在风险。杨志勇（2014）则把现代财政制度的特征归结为与国家现代化建设相适应、体现民主财政和法治化财政理念、有专门财政管理机构、以专门的治理技术为依托和适应动态财政治理需要等五个方面。(3) 构建现代财政制度的具体路径。现代财政的制度构建也是学者们集中讨论的内容，如马骁、周克清（2014）认为，现代财政制度建设包括财政法律框架、税收制度体系、预算制度和政府间财政关系等内容。高培勇（2014）则认为，现代财政制度应从财政收入、财政支出、预算管理和财政管理体制等方面来构建。

二、大国财政的治理研究

随着我国经济总量规模的不断增加和经济结构的复杂化，特别是国家"一带一路"战略的深入推进，"大国财政"逐渐成为财税学者关注的焦点。大国财政正是基于我国当前的发展理念和时代背景而提出的。

楼继伟、李成威（2016）的研究认为，当前我国的经济和社会发展面临着诸多挑战，全球和国内利益主体多元化以及风险社会的来临，迫切需要国家治理的理念，通过形成全球和国家治理结构，为人类社会抵御和防范公共风险。尽管大国治理要以国家利益为根本出发点，但是国家利益并非狭隘和封闭的利益，不能将一国利益封闭在国家内部，而应放在全球视野来综合考量。邓力平、曾聪（2014）较为系统地论述了大国财政的含义，提出构建大国财政应该要体现"两特两统筹"。"两特"指的是，应具有"中国特色"与体现"时代特征"；"两统筹"指的是，应在"统筹国内外两个大局"进程中发挥作用，应在"统筹推进国家财政治理现代化与参与国际财政治理体系构建"进程中有所建树。白彦锋（2015）结合我国经济基本面的分析，认为我国进入"大国财政"格局已是不争的事实，并进一步提出了大国财政的首要特征是“强国财政”的观点。刘尚希（2015）指出，随着国际化、全球化进程的不断加快，各国财政政策的联系越来越紧密，大国财政需要不断应对财政主权和税收主权的挑战，在全球治理中提升水平。吕冰洋（2015）认为大国财政应该更关注社会治理，大国财政需要保护社会秩序和市场经济稳定，同时也要激发社会的活力。以上的学者对大国财政的内涵和范围进行了初步说明和界定。

刘尚希、李成威（2016）、杨志勇（2016）、白彦锋（2016）认为，大国财政是国家发展“新战略”与和平崛起的必然要求，大国财政与全球经济新秩序是财政治理步入新阶段的基础。卢洪友（2016）从我国的历史、哲学、社会等人文科学的视角出发，具体考察了大国财政的内涵，并从财政软硬实力的视角刻画了财政在国内外经济环境中起到的作用。邓力平（2016）总结了2014年到2016年的大国财政建设之路，并归纳为“准确站位、服务大局；统筹内外，相互配合；持续实践，创新形式”等方面。白彦锋（2016）认为，大国财政格局的形成意味着对我国防范系统性财政风险提出更高的要求，同时加大了对国有资本管理以及财政支出管理的难度。

针对当前我国大国财政的困境，周春英（2015）认为，当前我国中央与地方间财权与事权不匹配、分税不彻底、地方政府债务风险、转移支付制度不完善，还有财政国际合作艰难等问题都未完全解决。因此，要想构建良好的大国财政制度，必须要围绕进一步深化财政体制改革展开，推进国家治理的现代化、国际化，对内根据制度演进的次序有效推动现代财政制度改革，提升国家财政治理水平；对外积极参与国际财经治理体系的构建，进一步扩大中国的影响力和话语权。何代欣（2016）较为全面地描述了大国财政的总体框架，并提出财政政策周期调节与财政分权作为大国财政体制的基本内容。表1-1概括总结了国内学者的主要观点。

表 1－1　　国内学者的观点概括

学者	关注层面	观点
邓力平、曾聪（2014）	概念和特征	构建大国财政应该要体现“两特两统筹”。“两特”指的是，应具有“中国特色”与体现“时代特征”；“两统筹”指的是，应在“统筹国内外两个大局”进程中发挥作用，应在“统筹推进国家财政治理现代化与参与国际财政治理体系构建”进程中有所建树。
白彦锋（2015）	特征	大国财政的首要特征是“强国财政”的观点
刘尚希（2015）	概念和理念	随着国际化、全球化进程的不断加快，各国财政政策的联系越来越紧密，大国财政需要不断地应对财政主权和税收主权的挑战，在全球治理中提升水平。
吕冰洋（2015）	治理范畴	大国财政应该更关注社会治理，大国财政需要保护社会秩序和市场经济稳定，同时也要激发社会的活力。
刘尚希、李成威（2016）、杨志勇（2016）、白彦锋（2016）	必要性	大国财政是国家发展“新战略”和和平崛起的必然要求，大国财政与全球经济新秩序是财政治理步入新阶段的基础。
卢洪友（2016）	功能层面	从我国的历史、哲学、社会等人文科学的视角出发，具体考察了大国财政的内涵，并从财政软硬实力的视角刻画了财政在国内外经济环境中起到的作用。
邓力平（2016）	总体要求	总结了 2014 年到 2016 年的大国财政建设之路，并归纳为“准确站位、服务大局；统筹内外，相互配合；持续实践，创新形式”等方面。
白彦锋（2016）	大国财政建设的具体要求	大国财政格局的形成也意味着对我国防范系统性财政风险有了更高的要求，同时也加大了对国有资本管理以及财政支出管理的难度。
何代欣（2016）	框架和内容	较为全面地描述了大国财政的总体框架，并提出财政政策周期调节与财政分权作为大国财政体制的基本内容。

综上，当前关于大国财政的研究，多数停留在理念和特征、必要性、总体要求等方面，但对于大国财政总体框架的构建和具体实施路径，尚缺乏明确的思路，国内关于大国财政的研究，可以说还处于相对早期的起步阶段。而且，即使在特征和要求层面，多数研究并未形成统一的共识，难以真正指导实践。

第三节　全球治理相关理论研究

20 世纪 90 年代以来，经济全球化深刻影响国际政治经济格局，西方学术界研究全球化背景下的政治经济经历了从统治走向治理，从善政（Good Government）走向善治（Good Governance），从“西方治理”走向“西方和非西方共同治理”的过程，而将治理、善治和全球治理思想诉诸实践的是各大国际组织。比如，世界银行（WB）出版的《治理与发展》（1992）、经济合作与发展组织（OECD）出版的《促进参与式发展和善治的项目评估》（1996）等，体现了国际社会对全球化背景下改善公民社会、促进世界经济发展的重视。《天涯成比邻——全球治理委员会的报告》认为，全球治理要求有一个多方面的战略，包括改革和增强现存的政府间机构体系，并改善其与私有和独立集团的合作关系；需要表现出集体的精神气质，此气质建立在磋商、透明度和负责任的原则之上；促进总体的公民意识，并为国家或国际社会中较为穷苦的、边远的和外来的人而效力；为所有的人谋求和平与进步，对可能发生的冲突防微杜渐、增加和平解决争端的可能性；将诉诸具有强制力的经济的、政治的或军事的原则，即通行于全球社会的法律原则。

研究全球治理的著名学者安东尼·麦克格鲁强调联合国体系、世界贸易组织以及各国政府活动是全球治理的核心因素，而社会运动、非政府组织、区域性的政治组织等同样应包括在全球治理的框架当中。

近年来我国学者对全球治理也进行了相关研究。1. 对全球治理的定义及思考。俞可平（2014）将全球治理定义为：通过具有约束力的国际规制（Regimes）解决全球性的冲突、生态、人权、移民、毒品、走私、传染病等问题，以维持正常的国际政治经济秩序。杨雪冬（2015）认为在人员、资本、信息等资源在全球范围内快速流动的过程中，国内治理与全球治理形成了紧密的联系，国内问题的国际化与国际问题的国内化成为常态。裴长洪（2014）认为，全球经济治理是一种公共品，中国只有参与全球经济治理和加入全球公共品的生产，才能使这种公共品更具普适性。2. 全球治理的价值问题。也有部分学者关注全球治理的价值问题。俞可平（2003）认为，全球治理的要素包括"全球治理的价值、全球治理的规则、全球治理的主体或基本单元、全球治理的对象或客体以及全球治理的结果"。任剑涛（2004）也认为："全球治理是一个包含着价值基础、规制保证和治理操作三类主要指标的复杂的治理体系。"全球治理体系的形成是以一定的价值共识为基础的。3. 中国参与和引领全球治理的政策建议。黄永富（2014）呼吁发达国家应在全球经济治理体系中切实履行其国际承诺（包括发展援助和提供公共产品等），中国及其他发展中国家应当为提供更好的全球公共产品做出与他们实力相匹配的贡献。石晨霞（2014）认为中国在参与全球治理机制的过程中，既要坚持民主平等、权责统一、合作共赢的原则，又要对自身的角色有明确的定位并适时转变，以更加积极、稳健、自信的大国姿态参与全球治理机制的发展与变革。王美玉，李大为（2017）认为随着全球化进程的深化和全球问题的日益凸显，主权国家构成的国际社会应对全球问题的能力相形见绌，而现存的全球治理机制又不能随着全球问题的变化而同步变革，导致当前的全球治理陷入困境。

第四节　全球治理与大国财政关系的理论研究

一、中央高层对全球治理和大国财政的阐述

习近平总书记多次在公开讲话中提到，“推进国家治理体系和治理能力现代化”，“国家治理体系和治理能力是一个国家的制度和制度执行能力的集中体现，两者相辅相成。我们的国家治理体系和治理能力总体上是好的，是有独特优势的，是适应我国国情和发展要求的。同时，我们在国家治理体系和治理能力方面还有许多亟待改进的地方，在提高国家治理能力上需要下更大气力。”习近平指出，“推进国家治理体系和治理能力现代化，必须完整理解和把握全面深化改革的总目标，这是两句话组成的一个整体，即完善和发展中国特色社会主义制度、推进国家治理体系和治理能力现代化。”

积极参与全球化，以国际视野和全球眼光来治国理政成为我国新一代领导人的基本理念。对“全球治理”理念，习近平总书记极为重视，多次在重要场合就此发表重要讲话。2013 年 3 月 27 日，习近平在金砖国家领导人第五次会晤时强调，“不管全球治理体系如何变革，我们都要积极参与，发挥建设性作用，推动国际秩序朝着更加公正合理的方向发展，为世界和平稳定提供制度保障。”2014 年 7 月 16 日，习总书记在巴西国会的演讲中指出，“我们应该加强在联合国、世界贸易组织、二十国集团、金砖国家等国际和多边机制内的协调和配合，凝聚发展中国家力量，积极参与全球治理，为发展中国家争取更多制度性权力和话语权。”2014 年 11

月 29 日，习近平出席中央外事工作会议时强调，“要切实运筹好大国关系，构建健康稳定的大国关系框架，扩大同发展中大国的合作。要切实推进多边外交，推动国际体系和全球治理改革，增加我国和广大发展中国家的代表性和话语权。要切实加强务实合作，积极推进“一带一路”建设，努力寻求同各方利益的汇合点，通过务实合作促进合作共赢。”2015 年 10 月 12 日，习近平在中共中央政治局第二十七次集体学习时强调，“随着全球性挑战增多，加强全球治理、推进全球治理体制变革已是大势所趋。这不仅事关应对各种全球性挑战，而且事关给国际秩序和国际体系定规则、定方向；不仅事关对发展制高点的争夺，而且事关各国在国际秩序和国际体系长远制度性安排中的地位和作用。”习总书记的上述讲话对于全球治理的重要性、内涵和特征做出了深刻论述和全面阐释，对我们进行全球治理与大国财政的研究具有重要意义。

二、学术界对全球治理和大国财政关系的理论研究

在理论上，对于全球治理与大国财政的关系，大致可以分为如下相互关联但又有所区别的两个方面。

（一）国际公共品提供的研究

国际公共品是经济学公共产品理论在国际关系领域的延伸和应用，是公共产品理论与国际关系研究相结合的产物。公共产品原本是经济学的重要概念，直到 20 世纪 60 年代才引入国际关系领域，逐渐成为国际关系分析的工具。1966 年，奥尔森（Mancur Olson）等人以北约为例研究了国家间共同维护安全的问题；随后拉西特（Bruce M. Russett）等分析了国际组织作为集体物品表现形式的问题。1971 年，奥尔森最早使用“国际公共品”概念，并由此研究国际合作激励问题。他将国际公共品分为三类：稳定的国

际金融货币体系、完善的国际自由贸易体制、国际宏观经济政策的协调与标准化的度量衡；国际安全保障体系与公海航行自由；国际经济援助体系。这一分类得到了学界的基本认同。金德尔伯格（Charles P. Kindleberger）列举的国际公共品与奥尔森的思路相近，吉尔平（Robert Gilpin）也延续了奥尔森的观点，并将国际公共品纳入“霸权稳定论”的分析中。

奥尔森、金德尔伯格、吉尔平等率先运用公共产品概念分析国际关系问题，但他们没有对国际公共品做出界定，直到20世纪末21世纪初，考尔（Inge Kaul）、桑德勒（Todd Sandler）等才提出了相对完整的概念，认为国际公共品是指成本和收益超越一国范围、在某些情况下甚至超越世代的公共产品。它包含三个条件：成本分担和受益对象主要以国家或国家集团划分；受益空间超越一国界限乃至覆盖全球；受益时间包括当代和后代，或者至少是在不损害后代需要的基础上满足当代人的需要。根据联合国有关报告，目前全球公共领域需要集中供给的公共产品有10类，包括基本人权、对国家主权的尊重、全球安全、全球和平、全球公共卫生、跨国通信与运输体系、协调跨国的制度基础设施、知识集中管理、全球公地集中管理、多边谈判国际论坛的有效性等。目前的国际公共品研究大多与考察国际合作、国际制度、联盟等集体行动有关，也有学者对霸权国或国家集团提供国际公共品的动因、偏好与行为进行分析（Jack Hirshleifer，1983；Daniel G. Arce M.，2004；Richard Corners & Todd Sandler，1984；Todd Sandler，2007；Todd Sandler，2006），并总结经验和规律。

由于时代和认识的局限，国际公共品本身的政治性及其理论研究的意识形态色彩依然明显。不难发现，目前有关国际公共品的研究具有浓厚的西方中心色彩，较少关注非西方国家，特别是有关中国参与国际公共品供给的研究更为匮乏。

近年来，随着我国国际交往的加深，越来越多的学者分析国际公共品的供应模式、供应现状，以及在当前国际环境中我国的供给策略。当前，国内对国际公共品的研究，主要集中在：（1）国际公共品供给模式研究。苑基荣（2009）对东亚公共产品的供应模式进行了系统研究，认为在理论上国际公共品的供应有三种模式：霸权国供应模式；通过个人、组织、团体或公司供应模式；主要大国间合作供应模式。他还对每种供应模式的理论来源以及对在东亚地区该种模式所发挥的作用程度进行了分析。卢光盛（2011）对国际公共品的供给来源进行研究。（2）国际公共品供应现状研究。苑基荣（2009）认为霸权国家提供国际公共品的过程中出现了比较严重的私有化问题和供给严重不足，这些状况有供应模式的问题，也有东亚地区本身在政治和经济上的问题。程铭（2015）对气候变化国际公共品陷入供给困境的原因进行了分析，主要是国际公共品自身的特性以及国际机制中对于成本补偿和利益分配规定的不足导致的。王双（2011）则对国际公共品供应不足的原因进行了比较深入的探究。总的来说，目前国内对于国际公共品的供给现状尚没有系统的分析，并且多局限于国际公共品的某个领域。（3）对中国参与提供国际公共品的动因分析。刘雨辰（2015）对于中国供给国际公共品的供给意愿提升的动因进行了分析研究，认为中国对国际公共品的供给意愿持续增强，内部动因来自于国内政治精英的价值取向转变、国家利益海外化的保护需求；外部动因来源于国际权力的结构转移、国际公共品供给的短缺困境和国际社会对中国贡献的预期效应扩大。吴志成和李金潼（2014）对中国参与供给的利益进行分析，主要是中国国家能力和国家意愿构成了参与供给的坚实基础，以及维护国家利益和树立良好国家形象的供给收益。（4）对中国参与供给的政策建议的研究。对于中国供给国际公共品的政策建议的研究比较多。苑基荣（2009）主要对中国在东亚地区供给国际公共品的策略进行了建议，提出了应以供应区域性公共产品为重点，与霸权国家供应相互配合的观点。石悦（2011）对于时代背景下中国参与供应的模式选择进行了思考，认为中国应该选择国家间合作供应模式。张春（2014）提出了放弃传统思维，构建中美新兴大国关系，从而相互合作供给国际公共品的观点。席艳乐和李新（2011）对于中国参与供给的战略选择进行了研究，分别从国际机制、综合国力提升以及量力而行的原则方面提出了建议。陈清（2007）从国际援助方式、科学技术创新的分工协作、国际组织和国际机制以及国际财经合作几个方面提出了切实可行的实践建议。

从以上分析可以看到，目前国内对国际公共品供给的研究多局限于某个区域或者国际公共品的某一个领域，比如国际金融公共产品以及气候变化公共产品，对于国际公共品供应以及中国参与供给的动因和政策建议的系统论述还比较缺少。

（二）应对全球治理的大国财政研究

此方面理论界的研究相对较少，仅在近年大国财政的有关著作中有零星涉及。刘尚希，李成威（2015）认为，我国作为崛起中的大国，财政的作用也从国内转向全球治理，并通过参与全球治理来避免人类发展危机和实现国家利益，提出大国财政是世界财政，大国财政需要内外兼修。杨志勇、樊慧霞（2016）结合当前财政制度运行中存在的问题，从促进国家治理体系和治理能力现代化的视角，阐述大国财政与全球经济新秩序中新财政治理问题，认为面对经济全球化的挑战，财政治理只能适应全球经济治理的需要，促进全球命运共同体的形成，实现各国的互利共赢。国际税收治理、全球性公共产品的提供、国际财政政策协调、外汇储备管理制度改革等诸多方面均对财政治理提出了新要求。卢洪友（2016）认为，在全球治理的背景下，大国财政建设必须坚持统筹国内国际两个大局、量力而行、量入为出、权责平衡的原则。从发展中国家这一基本国情出发，根据自身财政经济能力承担相应的国际责任及支出负担，提供国际性公共产品，参与全球性治理，保持国内与国外财政支出、国内公共品提供与国际性公共品提供的动态均衡，避免顾此失彼。表 1 - 2 总结了学者关于全球治理与大国财政关系的探讨。

表 1－2　　学者关于全球治理与大国财政关系的探讨

学者	关注层面	观点
刘尚希，李成威（2015）	总体要求	我国作为崛起中的大国，财政的作用也从国内转向全球治理，并通过参与全球治理来避免人类发展危机和实现国家利益，提出大国财政是世界财政，大国财政需要内外兼修。
杨志勇、樊慧霞（2016）	从全球经济新秩序与大国财政的关系，提出大国财政建设的总体要求	结合当前财政制度运行中存在的问题，从促进国家治理体系和治理能力现代化的视角，阐述大国财政与全球经济新秩序中的新财政治理问题。面对经济全球化的挑战，财政治理只能适应全球经济治理的需要，促进全球命运共同体的形成，实现各国的互利共赢。国际税收治理、全球性公共产品的提供、国际财政政策协调、外汇储备管理制度改革等诸多方面均对财政治理提出了新要求。
卢洪友（2016）	原则与总体要求	在全球治理的背景下，大国财政建设必须坚持统筹国内国际两个大局、量力而行、量入为出、权责平衡的原则。从发展中国家这一基本国情出发，根据自身财政经济能力承担相应的国际责任及支出负担，提供国际性公共产品，参与全球性治理，保持国内与国外财政支出、国内公共品提供与国际性公共品提供的动态均衡，避免顾此失彼。

综上所述，大国财政在国内外社会经济环境中需要承担更大的责任和作用，一方面发挥财政在国家治理和社会治理中的重要支撑作用；另一方面则支撑我国的全球财经战略，助力我国在全球财经治理中有所作为。但上述文献对于本国经济发展模式和大国财政的关系论述较少，而且尽管不少学者对于大国财政、全球治理的相关问题进行过思考，但学术界专门对全球治理视角下的大国财政的研究较少，特别是对国际公共品的机制，还缺乏明确而深入的研究。本书立足于“大国财政”，深入审视在全球化、

全面深化改革的大背景中大国财政的作用，突破“国内”的界限，从区域化、全球化的角度来思考问题，以更加宏观的视野来谋划财政的职能和政策。

第五节 对已有研究的综述及评述

进入21世纪以后，西方学者从不同的角度研究了大国经济的特征。比如，对大国经济发展的驱动因素、大国的财政分权以及大国经济的传导性等问题进行了研究。阿蒂拉，欧森伯特和腾迪（At - tila，Erzsebet and Tunde）利用OECD数据库，从库存投资的视角研究了世界上14个大国的宏观经济状况，从而揭示了大国的宏观经济特征。他们的检验结果表明：(1)在经济高速发展时期，库存投资是比较高的；(2)库存投资与固定资产投资是正相关的；(3)库存投资与对外贸易是负相关的。这些研究结果有助于我们分析和预测大国经济的宏观行为和政策趋势，在制定政策时重视大规模投资对经济高速增长的促进作用。①金晶和周恒富（2005）以中国为例，研究了发展中大国的财政分权、收入与转移支付问题。他们基于30个省份的数据，检验了中国的财政分权与经济增长之间的关系，发现它们之间的矛盾是可以调和的，关键在于采取财政分权这种有效的体制安排。②

近年来，一些学者也对大国财政提出了自己的看法，刘亚洲（2014）认为，2011年中国成为世界第二经济体前后，没有及时启动与经济体量

① Attila Chikan，Erzsebet Kovacs，Tunde Tatrai. Macroecono - mic Characteristics and Inventory Investment：A Multi - country Study［J］. Production Economics，2005，(1).

② Jing Jin，Heng - fu Zou. Fiscal Decentralization，Revenue and Expenditure Assignments，and Growth in China［J］. Journal of Asian Economics，2005，(16).

匹配的现代财政制度建设，似乎错失了一次国家治理体系和治理能力现代化建设的机会，未来 20 年将会成为我国“大国财政”飞速发展时期。[①]贾康（2007）认为我国仍然是世界上最大的发展中国家和最大的“二元经济”体，这需要我国在一个历史时期中投入巨大的财力；我国的区域间差异在这些年的发展中有所扩大，也需要可观的财力支撑；在和谐社会构建过程中，有众多与民生密切相关的公共产品和公益服务亟待增加供给，我国实行可持续发展，走创新型国家之路，社会保障体系建设，国防建设都需要大量财政资金。[②] 王永钦，张晏，章元，陈钊，陆铭（2007）[③]从分权式改革的视角说明由于中国的渐进式分权改革在很大程度上可以看作一个中央政府主导和控制下的机制设计问题，所以，在认清中国分权式改革的得失的基础上，正确地设计合理的改革方略，对于下一阶段改革的成功是至关重要的，如此，中国就可能走出一条独特的大国发展道路。贾康（2015）[④] 强调财政是现代化“五位一体”国家治理的基础、重要支柱及全面改革的支撑，进而提出创新构建“财政全域国家治理”理论框架，在此基础上应将此全域的理论内涵和空间范围同时扩大，即体现全球治理性质的全域财政治理。

中国学界在 20 世纪 70 年代末期，已经开始关注环境、生态等全球问题，并提出将其列入国家战略政策的范围。1992 年我国明确了建立社会主义市场经济体制的目标，学术界也开始对开放性的世界经济问题展开了详尽思考与阐述。史敏（1992）[⑤] 对 90 年代亚太地区的经济格局展开了

① 刘亚洲：《20 年后　中国启动大国财政制度建设》，《中国对外贸易》，2014 年 7 月 15 日。

② 贾康：《大国财政的新任务》，《瞭望》，2007 年 11 月 12 日。

③ 王永钦、张晏等：《中国的大国发展道路——论分权式改革的得失》，《经济研究》，2007 年 1 月 20 日。

④ 贾康：《财政全域国家治理：现代财政制度构建的基本理论框架》，《地方财政研究》，2015 年第 7 期。

⑤ 史敏：《90 年代亚太地区的经济格局》，《亚太经济》，1992 年 3 月 1 日。

分析，并预测20世纪末乃至21世纪中期，中国在亚太和世界经济中的地位将有所上升，在一定意义上可以进入世界经济强国之列，但从人均经济发展水平的角度看中国仍然不是富国。王逸舟（1995）[①] 强调与超级大国不断式微、弱小国家徘徊无助的情形不同，中等强国在冷战结束后的世界政治、特别是地区政治中越来越活跃，发挥着越来越显著的作用。杨金海（1999）[②] 介绍了全球化的历史与研究问题，并提出“加强政府间关系和全球治理”等问题，思考现代政府间关系的转变方式。进入21世纪后，全球化浪潮带来的负面效应逐渐显现，“反全球化”成为这一时期的典型特征。杨中强（2002）[③] 对反全球化的内涵及对策进行了分析，并指出反全球化的实质是追求民族主义，反对的是全球化的悬殊差异，因而需要全球治理方式，促进国际协调管理机制的改革与完善。王威，贾明德（2002）[④] 在全球环境与生态问题的分析上运用了经济负外部性理论，并指出传统的市场调控下的“科斯手段”以及政府干预下的“庇古手段”都面临着治理的困难，只有通过国际合作的全球治理，建立受益国家对受损国家的生态补偿机制，讲求全球社会的代内公平，才能实现全球社会的可持续发展。

2008年全球金融危机的爆发，是全球经济治理发展中的一个重要转折点。在全球经济治理中，发达国家和发展中国家有了更加平等的对话与合作条件。中国在此次危机中也承担了重要的国际责任，并更多地反思自己的国际战略问题。郑晓松（2008）[⑤] 对我国财政对外交流与合作三十年历史进行了总结，历史经验说明中国的财政对外交流与合作，紧紧围绕国

① 王逸舟：《联合国研究中的若干重点和动向——〈联合国：主权与全球治理之间〉国际学术研讨会略识》，《战略与管理》，1995年12月5日。

② 杨金海：《全球化研究的历史、现状和热点问题》，《哲学研究》，1999年11月25日。

③ 杨中强：《当前“反全球化”运动透视》，《世界经济与政治论坛》，2002年第2期。

④ 王威、贾明德：《经济负外部性的全球治理》，《生产力研究》，2004年第1期。

⑤ 郑晓松：《财政对外交流与合作三十年成就辉煌》，《中国财政》，2008年10月20日。

家战略和发展规划，从国际规则的被动接受者逐渐转变为主动参与者和制定者。位于美国的“全球语言监测机构”（The Global Language Monitor）统计调查显示，“中国崛起为经济超级大国”是进入 21 世纪以来最受关注的新闻，中国的发展是21 世纪第一个十年中最受瞩目的全球现象[①]。而中国必须认识到，国际社会越是聚焦中国，就意味着中国将要承受的正面和负面的压力越大，对中国的期待和与中国的竞争同步增长，围绕中国的国际合作与国际摩擦都将增多[②]。全球化背景下资源流动与配置具有公共性，诺贝尔经济学奖得主埃莉诺·奥斯特罗姆的制度理论主张公共资源的合作治理，越来越多的公共资源无法通过政府完全控制或者建立私人产权来解决实际中存在的问题，需要各国之间有效的合作机制来处理类似的问题[③]。裴长洪（2014）[④] 进一步明确指出，全球经济治理是一种公共品，中国只有参与全球经济治理和加入全球公共品的生产，才能使这种公共品更具普适性。黄永富（2014）[⑤] 更呼吁发达国家在全球经济治理体系中切实履行其国际承诺（包括发展援助和提供公共产品等），中国及其他发展中国家应当为提供更好的全球公共产品做出与他们实力相匹配的贡献。

综上所述，尽管不少国内外学者对于大国财政、全球治理的相关问题进行过深邃的思考，但是学术界对全球治理视角下的大国财政的研究较少，特别是对大国财政的国际重大战略决策问题还没有明确而深入的研究。想要做好“大国财政”，就需要我们有意识地审视在全球化和区域经济一体化中大国财政的作用，突破“国内”的界限，从区域化、全球化的角度来思

---

① 《美机构评出 10 年来最重大新闻　中国崛起高居榜首》国际新闻_ 环球网 http: //world. huanqiu. com/roll/2009 - 12/654258. html.

② 江凌飞：《国际大变局下的大国战略选择》，《当代世界》，2010 年 1 月 5 日。

③ 蔡晶晶：《公共资源治理的理论构建——埃莉诺·奥斯特罗姆通往诺贝尔经济学奖之路》，《东南学术》，2010 年 1 月 1 日。

④ 裴长洪：《全球经济治理、公共品与中国扩大开放》，《经济研究》，2014 年第 3 期。

⑤ 黄永富：《我国参与全球经济治理的策略建议》，《中国经贸导刊》，2014 年 12 月 20 日。

考问题，从更加宏观的视野去看待财政的职能和政策。本书就是在大国治理之大国财政的框架下对新常态与我国“大国财政”、“大国财政”与我国现代财政制度建设问题、“大国财政”与国际公共产品供给、“大国财政”与国际财政治理以及“大国财政”与我国境外投资财税支持政策研究等重大发展战略问题进行研究，以期为大国治理提供良好的理论与政策基础。

第二章

全球经济治理与大国财政战略：背景分析与概念界定

第一节　全球经济治理面临的新挑战：大国财政发展的国内外背景分析

一、国际经济发展形势的基本分析与判断

当前，世界经济在深度调整中曲折复苏，正处于新旧增长动能转换的关键时期。上一轮科技和产业革命提供的动能面临消退，新一轮增长动能尚在孕育。另一方面，英国脱欧、美国特朗普总统上台之后都表现出了强烈的“逆全球化”的政策取向。贸易保护主义抬头，各国之间相互闭关锁国、以邻为壑，最终使全球经济陷入“囚徒困境”。随着全球性挑战增多，加强全球治理、推进全球治理体制变革已是大势所趋。这不仅事关应对各种全球性挑战，而且事关给国际秩序和国际体系定规则、定方向；不仅事关对发展制高点的争夺，而且事关各国在国际秩序和国际体系长远制度性安排中的地位与作用。

以 2008 年国际金融危机爆发为转折点，世界经济步入深度调整和转型发展期，周期性和结构性矛盾交织，新旧动力转换难以无缝接续，经济步入复苏小周期，如图 2－1 所示。

（一）全球一体化经济处于长周期调整中，进入低速增长的“新常态”

从长期来看，世界经济正处于长周期的下行阶段，在人口、技术创新和宏观政策等深层因素的制约下，供需两侧都受到明显抑制，将在较长时期呈现弱势增长，总体风险偏于下行。世界主要经济体都面临着较为严重

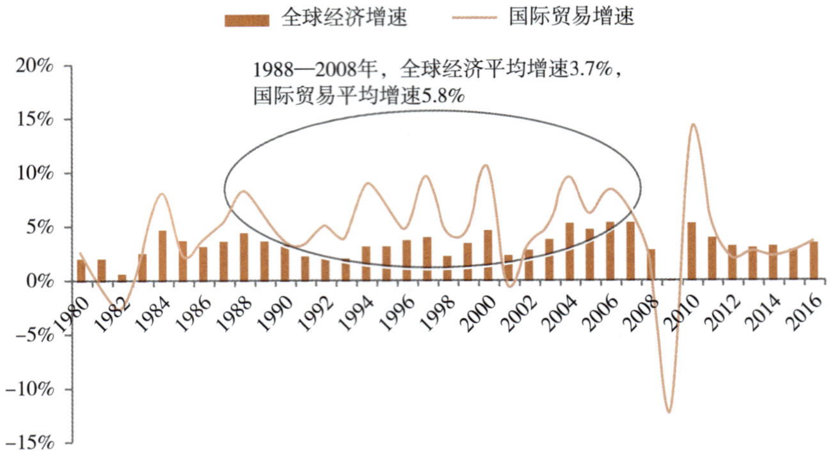

图 2-1 全球经济增长速度情况①

的结构性问题，大国之间货币、金融、贸易等宏观经济政策博弈成为影响世界经济增长的重要变量。未来，人口加速老龄化、通用技术创新难有新突破以及发达经济体宏观政策空间大幅收窄等因素将继续抑制消费、投资和供给，加之经济全球化面临新的结构性挑战、国际贸易仍将疲软，世界经济预计持续呈现弱势增长，且要再次进入上行周期尚需时日。

从短期来看，世界经济步入弱复苏小周期。2008 年国际金融危机触发了新周期的转折点，2009 年世界经济陷入战后首次衰退。根据国际货币基金组织（IMF）最新预测，世界经济增速自 2016 年一直到 2021 年都将呈现持续走高态势，但与历次小周期上行阶段相比，2016—2021 年世界经济年均增速将仅为 3.62%，低于 1983—1988 年的 3.91%、1994—2000 年的 3.66% 和 2002—2007 年的 4.77%，是历次经济复苏最弱的上行小周期。

美国和其他西方经济体经济放缓已有数十年。国际货币基金组织（IMF）总裁克里斯蒂娜·拉加德将这种现象称之为“新平庸”（New Mediocre），这种形势在短期内并不会迅速逆转。如图 2-2 所示，根据世界

① 数据来源：国际货币基金组织网站：www.imf.org。

银行数据，按照20年移动平均线计算，世界所有发达经济体GDP年均增长率从1980年的4.5%降至2015年的2.0%。也就是说，过去35年，西方发达经济体GDP年均增长率下降过半，如图2-2所示。

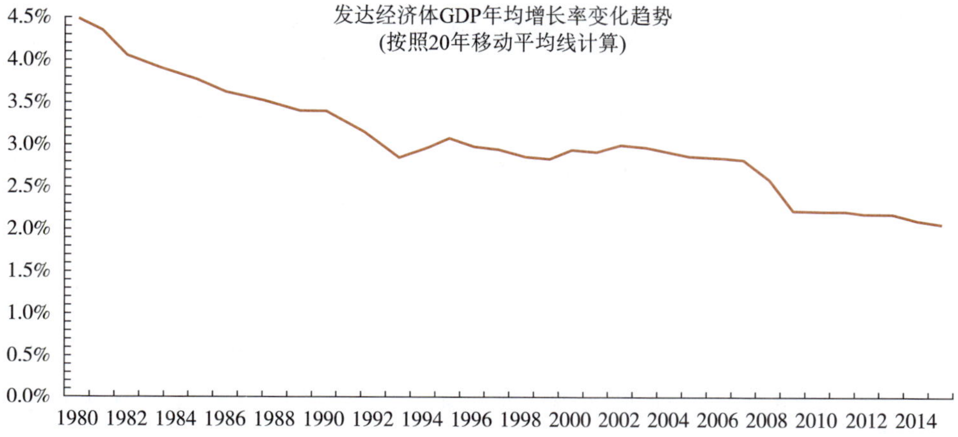

图2-2 发达经济体GDP年均增长率变化趋势

资料来源：根据世界银行发布的《世界发展指标》数据计算。

首先，人口加速老龄化对居民消费和劳动力供给形成深层抑制。这已成为发达经济体和主要新兴市场共同面临的难题。美国人口普查局2016年发布的名为《老龄化的世界：2015》的报告称，目前全球65岁以上人口约有6.17亿，在全球总人口中占比为8.5%；预计到2050年，这一比例将上升到近17%，老龄人口数量将达到16亿。其中，80岁以上高龄老人预计将从2015年的1.26亿增至2050年的4.47亿，尤其亚洲和拉美一些国家，80岁以上高龄老人增长比例更快，人口老龄化问题席卷全球，老龄人口数量快速增长。同时，人口加速老龄化降低劳动参与率，抵消人口总量增长对劳动力供给的积极作用；加之高收入经济体及我国劳动力数量已达峰值，日本等发达国家人口负增长长期化，扩大劳动供给从而推动全球经济增长受到明显制约。国际货币基金组织测算，2017—2020年发达经济体和新兴市场潜在增长率为1.6%和5.2%左右，较2001—2007年分别下降 0.65 和 2.2 个百分点，人口老龄化是共同主因。

其次，发达经济体需求管理政策可持续性堪忧。发达经济体当前主要依靠扩张性的货币政策刺激需求增长和经济复苏。长时期扩张性的货币政策也已经产生了比较严重的新问题。其主要问题有：货币政策无法应对潜在增长率的下降。长期低利率，甚至负的名义利率和实际利率，严重损害了养老基金和保险公司等长期投资者的收益，迫使他们转向高风险的投资。这不仅在长期会影响这些资本公司的稳定性，而且还会在短期内加大风险投资市场的波动性。其更大的矛盾体现在：极低利率对于刺激实体经济的效果远低于刺激资本市场的效果，从而使得在实体经济并没有完全复苏的情况下，资本市场的泡沫率先形成。如果不对泡沫进行管理，必将酿成一场新的金融危机。而如果迅速地抑制泡沫，又将担心其对尚未完全复苏的实体经济造成不利影响。

此外，通用技术创新难有新突破对全要素生产率和企业投资形成深层抑制。国际金融危机爆发后，主要经济体纷纷加大研发创新投入，但新一轮科技革命和产业变革目前尚未产生如蒸汽机、电力一般的划时代的新技术。在通用技术创新难有新突破的形势下，发达经济体和新兴市场全要素生产率增速明显放缓甚至下降，成为全球潜在增长率下降的重要原因。同时，通用技术创新难有新突破导致新产业难以集群式成长，企业投资空间缩小、收益率降低，经营目标普遍从利润最大化转向负债最小化，去杠杆化加快、信用收缩加剧，对经济上行形成拖累和阻滞。

（二）低速增长加剧全球经济的不平衡和收入分配不平衡

全球经济的不平衡体现在：（1）收支失衡。受金融危机的深层次影响，全球主权债务规模还在扩大，麦肯锡全球研究机构 2015 年发布的一份报告显示，全球债务规模还在扩大，全球债务高杠杆将对经济复苏造成更大的困难。（2）贫富收入分配失衡。2015 年 8 月，联合国 193 个会员国确定的17项联合国新千年的议程，其中第一个目标就是“在全世界消除一切形式的贫穷”。G20杭州峰会习近平总书记致辞中指出，目前世界基尼系数已经达到0.7左右，超过了公认的0.6的危险线。(3) 全球经济协调机制阶段性失衡。二战后，以发达国家利益为核心的国际治理机制和框架难以适应新的全球经济格局，为避免“修昔底德陷阱”[①]，G20杭州峰会还强调了发挥国际货币基金组织、世界银行、世界贸易组织——全球经济治理三大支柱的作用。

（三）发展中国家在世界经济中的地位和作用不断增大，对发达国家的依赖性在下降

近几十年来，发展中国家的经济总体上发展较快，实力增强，在世界经济中的地位与作用不断增大。发展中国家在世界经济中所占的比重明显上升。尤其是以中国为代表的东亚经济持续高速增长，拉美经济发展速度也较大，非洲现也已开始从诸多的困难中摆脱出来。而在此期间，特别是金融危机之后，西方发达国家经济复苏缓慢，而发展中国家仍持续快速发展。这表明发展中国家对发达国家的依赖程度开始减弱，它们对世界经济和发达国家经济发展的影响力不断增强。这将有利于它们维护民族独立和国家主权，反对霸权主义，建立国际政治经济新秩序。

根据国际货币基金组织（IMF）统计，新兴市场是全球经济增长的重要引擎，过去几年对全球经济增长的贡献率超过70%，今后还会继续按这一比例为全球经济增长做贡献[②]。从过去20多年的演变来看，由于长期保持快速增长，发展中国家在世界经济中所占比重提高了近20个百分点，发达国家和发展中国家的经济总量之比已由1990年的3.9倍下降到目前

① 修昔底德陷阱，源自古希腊著名历史学家修昔底德的观点：大国的兴起最终似乎都不可避免地要经历一场世界大战，才能最终确立起新的国际政治秩序。

② 新华社2017年3月18日电，IMF副总裁：新兴市场对全球经济增长贡献超过70%。

的 1.6 倍。在国际金融危机后，新兴经济体及发展中国家对世界经济增长的贡献率明显超过发达国家，[①] 其对世界经济增长的贡献还将继续增加。

（四）全球化进入新阶段，全球经济增长模式正进行着深度调整，逆全球化现象、贸易保护主义加剧

2008 年全球金融危机之后，经济全球化的强劲发展势头戛然而止，随之而来的是贸易保护主义抬头，逆全球化浪潮兴起。其表现是：其一，国际贸易的规模和增速都显著萎缩。2008 年国际金融危机以来，全球贸易增速明显放缓，已经从 1990 年到 2008 年间平均增长 7%，降至 2009 年到 2015 年间平均增长 3% 的水平。跨国公司的发展和对外直接投资增速也持续放缓，至今未恢复到危机前的水平。贸易和投资增速持续呈现低迷状况，意味着经济全球化陷入停顿。其二，投资限制和贸易壁垒加大。自 2008 年全球金融危机爆发以来，发达经济体普遍陷入空前严重的经济衰退，为了实现经济复苏，一些国家纷纷采取保护主义措施。曾经风靡一时的投资自由化和贸易自由化政策被束之高阁，严格的投资限制和严密的贸易壁垒大行其道。美国总统特朗普则声称要将中国视为汇率操作国，并要对中国输美商品征收 45% 的关税。保护主义严重阻碍国际贸易和投资的扩大，使经济全球化面临严峻挑战。其三，区域经济一体化呈现排他性、封闭性、碎片化发展态势。区域经济一体化是经济全球化的重要组成部分和推动力量，区域经济一体化有助于推动经济全球化的发展。但是金融危机之后，由于各种复杂的政治经济社会原因，一些地区的区域经济一体化进程受到重创。如，欧盟的建立曾是区域经济一体化和经济全球化取得的标志性成果，然而英国借助公投脱离欧盟，使欧洲一体化进程和经济全球化进程遭遇重创。区域经济一体化进程的扭曲和逆转严重阻碍了经济全球

① 赵晋平：《发达国家与发展中国家发展不平衡》，人民网，2015 年 7 月 12 日。

化的发展。

（五）以中国为代表的新兴经济体和以美国为首的主要发达国家从不同立场推动全球治理体系调整

全球化背景下全球治理面临着诸多新的挑战。全球化带来世界范围内的资源再分配，使得全球经济发展越来越不平衡，以美国为首的主要发达国家从自身立场出发，主导全球化进程，而欠发达国家和地区处于不平等的劣势地位，部分低收入国家甚至面临主权危机。贸易保护主义进一步加剧这种不平衡，其中，关税壁垒等传统贸易保护主义手段已退居次要，而国际范围内的政府采购、滥发进口禁令与出口补贴等新型手段进一步损害部分主权国家，特别是新兴发展中国家的利益。全球经济发展的不平衡直接导致了财富与收入分配的不平衡，贫困问题、受教育问题、就业问题等阻碍了全球经济的复苏与发展。可以说，总体来看，美国对全球经济贸易的主导不能说是以全球和谐为目标的，而是通过独霸和领导全球来扩大自己在全球利益分配中的份额。与此同时，美国大国财政更倾向于在全球利益分配中利己的行为选择，实际上已经造成全球公共风险增加。

另一方面，以中国为代表的新兴经济体推动的全球治理体系方兴未艾，并且在世界经济体系中发挥着越来越大的作用。中国倡始的“一带一路”建设正在给全球化（至少在区域范围内）注入强大的动力。在WTO多哈回合谈判长期没有取得进展、世界各国急需新的全球贸易规则的背景下，中国等新兴经济体所推动引领的二十国集团、区域全面经济伙伴关系协定、亚太自贸区、“一带一路”、亚投行等新的国际多边合作纷纷出现，并积极向前推进。2016年G20杭州峰会构建“创新、活力、联动、包容的世界经济”这一主题，表明中方希望同各方一道推动世界经济走上强劲、可持续、平衡、包容增长之路，推动全球经济进一步开放、交流、融合。中国抓住机遇加入新一轮全球化竞争，积极参与制订新的国际规则，内外联动推进中国的改革，维持已经取得的贸易优势，提升资本优势，建立人才优势，将在全球治理中占据主动，推动全球化的进程。

（六）国际货币体系与货币政策调整

2008 年全球金融危机以来，主要发达国家的宏观调控经历了两个阶段。一是 2009—2010 年，“宽财政、宽货币”的组合。危机爆发后，美国和欧洲大部分经济体大举增加政府支出，作为内外需大幅萎缩的缓冲。二是 2011 年以来，“紧财政、宽货币”的组合。由于长期以来欧美国家政府债务不断增加，金融危机之后的救市措施导致政府债务压力加大，再加上主要面向大型金融企业的救助措施受到大量社会舆论批评等原因，宽松财政政策逐渐退出。同时，在政府去杠杆化过程中，实行宽松的货币政策来托底。2013 年下半年以来，美国又开始调整过于宽松的货币政策。总之，过去几年欧洲主权债务危机和美国财政问题不仅轮流成为影响全球资本市场的主题，也成为扰动经济，影响居民和企业预期的重要变量。

“宽货币、紧财政”政策的形成，是多种因素共同作用的结果。以美国为例，首先是应对 2008 年金融危机的客观需要。20 世纪 80 年代以来，美国推行自由主义的经济政策，国内收入差距持续扩大，社会保障费用居高不下。金融危机沉重打击了中低收入阶层，为了弥补消费需求的不足，政府需要采取宽松货币政策。其次，政府和议院无法在政治斗争中就增加财政支出达成一致，只能转向宽松的货币政策。最后，为了转移日益扩大的国内矛盾，美国选择了宽松货币政策。金融危机爆发后，美国为了挽救金融体系、刺激经济增长、增加就业，美联储先后实施了四轮量化宽松政策。众所周知，美元享有超主权货币的特权，通过超额发行货币，美国实际目的在于稀释政府债务，转嫁危机损失，也因此其政策选择的影响必然波及世界其他国家。

（七）地缘政治风险等政治不确定性增加

近些年来，国际局势剧烈动荡，全球地缘政治风险已经进入了高发期。英国脱欧谈判将进一步加深英国和欧洲的互不信任；法国大选可能会让极右翼的国民阵线上位；土耳其的极权统治趋势将加强，该国与欧盟签订的难民协议可能会瓦解；大规模的恐怖主义对欧洲的威胁仍比任意一个发达国家都要严峻。亚洲方面，朝鲜频繁试射导弹，引发的亚洲地区地缘政治风险也继续上升，未来全球政治风险继续上升的概率很大。

此外，特朗普当选为美国总统，“美国优先”口号的胜利标志着美国不再信奉几十年来的“美国例外主义”以及不可推卸的全球责任，随之而来的是70年美国主导时代的终结。美国放弃TPP和菲律宾新总统号称与美国“分手”，也预示了美国亚太再平衡政策的终结。全球金融市场动荡可能继续加剧，新兴市场国家在政治风险上升、资本外流、汇率贬值的冲击下经济增长更加困难，经济增长趋势分化日趋严重。

总之，从地缘政治角度来看，2016年全球发展局势表明，来自技术、人口与气候的压力威胁全球治理体系，而大国竞争与安全治理工作分散也使得国际体系更为脆弱，将人类的共同生存与繁荣置于危险境地。

二、社会经济发展新常态与供给侧结构性改革对大国财政发展的新要求

当前我国经济面临着较大的下行压力，面对“三期叠加”的经济形势，投资增长乏力、企业经营困难、环境污染严重等重大结构性问题凸显，不确定性因素很多。2013年12月10日，在中央经济工作会议上的讲话中，习近平总书记首次提出“新常态”：“我们注重处理好经济社会发展各类问题，既防范增长速度滑出底线，又理性对待高速增长转向中高速

增长的新常态。”2015 年 11 月 10 日，中央财经领导小组第十一次会议强调，在适度扩大总需求的同时，着力加强供给侧结构性改革，着力提高供给体系质量和效率，增强经济持续增长动力，推动我国社会生产力水平实现整体跃升。在社会经济发展新常态与推进供给侧结构性改革的背景下，我国财政发展必须适应经济发展新常态的要求，要统筹实现稳增长、促改革、调结构、惠民生、防风险等多重财政目标，主动适应经济发展新常态不断开创财政事业新局面①，以财税领域的改革配合供给侧结构性改革。

在我国社会经济步入新常态的同时，我国财政发展也步入新常态。财政部原部长楼继伟指出，科学认识当前形势，准确研判未来走势，是做好财政经济工作的基本前提。其一，财政收入由高速增长转为中低速增长，新常态下的经济状况有资源、要素约束等结构性因素，也有产能过剩的周期性因素。通过改革和政策措施化解和舒缓资源、要素约束，通过反周期政策化解产能过剩是今后一个时期的基本做法，也必然对财政收支政策提出新要求。其二，财政支出刚性增长，要花钱买机制，确保可持续。应对人口加速老龄化、织密织牢民生安全网、加强生态环境修复治理、加快中西部地区基础设施建设、原有基础设施的更新维护等都需要增加投入，财政支出继续刚性增长。因此要转变政府职能、调整优化支出结构、提高资金使用效益，以应对支出刚性压力。政府从一般竞争性领域退出，区分公共性的层次，调整结构，有保有压。立足于保基本、兜底线、促公平。多做雪中送炭的工作，不搞锦上添花。按照国务院的部署和建设现代财政制度的要求，在支出领域要更加注重预调微调，盘活存量，用好增量，统筹资金用于保障重点领域和薄弱环节，以财政结构性调整支持并推动社会整体的结构性改革。

面对我国经济发展新常态与国际经济发展的新形势，财政活动也体现

---

① 财政部原部长楼继伟讲话：主动适应经济发展新常态不断开创财政事业新局面。

了双重性质：一是要实现国富民强的全面小康，保持财政建设的持久性；二是要促进世界和平与发展，彰显大国担当的时代性。展望“十三五”时期，“新常态”将进一步推动中国向经济强国迈进，未来五年是中国全面建成小康社会、全面深化改革的攻坚时期，也是中国的“一带一路”、亚投行等战略实施的关键时期。在新的国际经济发展趋势和背景下，中国与世界经济的新型互动态势开始显现，要求我们在准确把握世界经济和中国经济发展大势的前提下，更加有力地实施应对当前挑战和争取更好愿景的开放型战略体系，在国际合作与竞争中争取更大的国家权益。统筹大国崛起中的内外风险治理需要以大国财政作为支撑，因此，我们财政的一项重要任务是以国际视野，参与国际经济治理（梁云凤，2015）[①]，大国财政要着力提高促进经济平衡和可持续发展能力，治理经济发展中的系统性和结构性风险，注重统筹国内和国外两个市场，瞄准全球需求和新技术革命的趋势，促进扩大对外投资，鼓励企业“走出去”，实现产业全球布局。

第二节　大国财政战略分析

一、财政部原部长楼继伟等对大国财政的基本界定

美国耶鲁大学历史学教授保罗·肯尼迪的《大国的兴衰》，强调大国的兴起源于经济和科技发达以及随之而来的军事强盛和对外征战扩张。美

① 梁云凤：《2015 年中国财政政策回顾与 2016 年展望》，《中国经济分析与展望 2015—2016 会议论文》。

国著名政治学家约瑟夫·奈认为大国不仅要具有硬实力，而且还要有软实力，包括文化吸引力、政治价值观吸引力、外交政策的道义、正当性和亲和力，以及塑造国际规则和决定世界政治议题的能力等。就硬实力而言，中国改革开放30年来，综合国力不断提升，已经成为世界第二大经济体，不断提高科技兴国的能力。但与此同时，中国仍然是世界上最大的发展中国家，经济快速增长实际上建立在粗放型的发展方式上。国家主席习近平2015年9月22日在西雅图演讲时指出：按照我们自己的标准，中国还有7000多万贫困人口。如果按照世界银行的标准，中国则还有两亿多人生活在贫困线以下。就软实力而言，中国有几千年的文明历史，中华民族继承了许多优良的文化传统，中国近两千年的封建统治也流传下许多治国理政的传统经验，如从秦汉至明清，中央都有通过资源垄断获得专营收入①，从而控制国家经济命脉的举措，这对后世仍有指导意义，形成了我国独特的强大的国有经济体系，但长期的封建历史也在一定程度上限制了中国的经济社会转型。

复旦大学林尚立教授认为，中国置身于世界背景中必须思考的问题是：从大国走向强国，大国的治理经验以及强国的治理要求是什么。中央党校张恒山教授认为，处于从大国走向强国的中国，对未来的世界秩序要有构想：国际秩序的价值主题是什么，国与国之间关系的主题是什么，通过什么样的方式实现我们所希望的国际秩序；中国将越来越多地承担国际秩序的建构责任，我们所倡导的价值观与国际社会的主流价值观之间的关系②。

习近平总书记在《切实把思想统一到党的十八届三中全会精神上来》的重要讲话中指出：国家治理体系是在党的领导下管理国家的制度体系，

① 参见：吴晓波：《历代经济变革得失》，浙江大学出版社，2013年。
② 参见：2016年1月18日《学习时报》。

包括经济、政治、文化、社会、生态文明和党的建设等各领域体制机制、法律法规安排，也就是一整套紧密相连、相互协调的国家制度[①]。因此，国家治理体系和治理能力的现代化就是指国家制度的现代化。国家制度现代化本质上是降低国家治理成本，提高国家现代化收益[②]。财政深刻介入国家治理的各个方面，要充分发挥财税改革的基础性支撑性作用。科学的财税体制是优化资源配置、维护市场统一、促进社会公平、实现国家长治久安的制度保障。杨志勇、樊慧霞（2016）[③] 强调国家治理理念与目标要通过制度确立与实现，财税体制改革通过对财税制度的完善，使财政职能集中统一，实现财政管理与专业管理的有机结合，是中国大国财政框架要求的制度。

2013 年 12 月 25 日，财政部原部长楼继伟在谈到本届财政部党组工作思路时，明确指出了财政在做好服务大局、促进改革、完善制度、改进方法等国内工作的同时，要树立“大国财政”的理念，提出“要主动出题、妥为应对、积极参与国际财经事务，努力维护和增进国家利益”。在 2014 年全国财政工作会议上，财政部原部长楼继伟强调：“要牢固树立‘大国财政、统筹内外’理念和全球意识、安全意识，积极参与国际经贸规则制定，主动参与国际财经交流和全球经济治理。”

在一个特定的国家中，国家能力主要体现为资源汲取能力、政治渗透能力和危机解决能力。所有这些能力的提升都要依靠财政活动加以支撑（刘晓路，2014）[④]。从党的十八大“两个一百年”奋斗目标到三中全会

---

① 参见：人民日报 2014 - 1 - 1。

② 参见：胡鞍钢等著：《中国国家治理现代化》，中国人民大学出版社，2014 年版，第 89 页。

③ 杨志勇、樊慧霞：《新财政治理理论：大国财政与全球经济新秩序》，《地方财政研究》，2016 年第 1 期。

④ 刘晓路：《现代财政制度的强国性与集中性基于荷兰和英国财政史的分析》，《中国人民大学学报》，2014 年第 5 期。

《决定》提出全面深化改革的 336 项改革举措，再到四中全会《决定》提出全面推进依法治国的 190 项举措，有目标，也有措施。其中，三中全会 336 项举措中财政部作为牵头单位的有 76 项，作为参加单位的有 129 项。有些问题是政治层面的，是国家治理中的大问题，但要从财政寻找改革的突破口。从财政职能的角度分析，只有财政职能可以覆盖政府的所有职能，只有财税职能部门的活动可以牵动所有政府部门的活动（高培勇，2014）①。

大国财政是大国治理的基础。中国大国财政建设应服从和服务于国家崛起的总体战略，夯实财政硬实力，提升财政软实力。大国财政建设必须坚持统筹国内国际两个大局、量力而行、量入为出等原则，财政硬实力体现在财政规模、结构与效率等方面，大幅提升中国财政的软实力，核心在于推进财政制度的全方位创新，加快现代财政制度建设步伐（卢洪友，2016）②。

欧文汉（2015）③ 认为要树立大国财政理念和全球视野，增强我国在国际财经领域的影响力和话语权，努力争取和营造有利于国内发展的良好外部环境。要牢固树立市场观念、契约精神、法治意识、适度保障理念和国际视野等现代财政治理理念。建立大国财政是我国面对外部新环境的重要战略选择，要树立大国理念和全球意识、安全意识，把财经政策设计放在全球治理框架下统筹考虑；要加快推进由我国主导的国际多边机构的组建，运筹好与主要发达国家和新兴市场国家的财经关系；积极参与国际经贸规则制定，积极推动世行、亚行、国际农发基金、国际财务报告准则基金会等国际经济金融组织改革进程。

---

① 高培勇：《论国家治理现代化框架下的财政基础理论建设》，《中国社会科学》，2014 年第 12 期。

② 卢洪友：《中国的大国财政定位及建设之路》，《地方财政研究》，2016 年第 1 期。

③ 欧文汉：《关于财政促进国家治理现代化的思考》，《财政研究》，2015 年第 8 期。

二、大国财政之与现代财政、强国财政关系分析

财政应当配合我国由大到强的经济发展战略，做好大国财政，实现强国财政，走现代财政之路。现代财政是现代化战略在财政领域的落脚点，强国财政是现代财政的目标与要求。

欧阳峣、罗会华（2010）[①] 将“大国”界定为：世界范围内具有幅员广阔、人口众多、国内市场巨大、资源总量丰富等条件，或具有其中比较突出的条件以至于能够成为国际市场上某些产品价格制定者的享有主权利益的国家。根据这一标准及世界银行对高、中、低等收入国的分类方法，遴选出 24 个大国[②]，包括 10 个高收入大国，9 个中等收入大国，5 个低收入大国。这一界定与分类说明，我国虽然位列世界大国，但仍不属于世界强国。有学者[③]将全球治理的主要参与者区分为传统强国与新兴大国，通过对中国、印度、巴西三个新兴大国在全球治理中的偏好能力与崛起战略对比分析，指出只有中国具有在国际经济和安全议题领域持续提高的能力。传统强国与新兴大国在全球治理责任分配上存在诸多矛盾，只有国际化的制度创新才能推动传统强国与新兴大国的深层次国际合作，推动全球治理秩序的建设。

大国财政首先是财政，要体现国家财政的基本职能；其次是大国之财政，即无论是资源禀赋还是国际影响都能列入大国范畴。大国不仅体现在体量上，更多地体现在国力、软实力和影响力等方面，而大国财政是其中

---

① 欧阳峣、罗会华：《大国的概念涵义层次及类型》，《经济学动态》，2010 年第 8 期。

② 高收入大国包括：美国、日本、英国、德国、法国、加拿大、澳大利亚、意大利、西班牙、韩国；中等收入大国包括：墨西哥、阿根廷、南非、巴西、俄罗斯、伊朗、哥伦比亚、埃及、中国；低收入大国包括印度尼西亚、刚果（金）、印度、苏丹、埃塞俄比亚。

③ ［美］迈尔斯·凯勒，游腾飞编译：《新兴大国与全球治理的未来》，《学习与探索》，2014 年第 10 期。

重要的内容。大国的财政资金为公共风险治理提供物质保障，增强大国在国际组织中的决策能力；大国的财政体系与制度安排是大国在世界范围内配置资源的基础。比如应对全球范围内的资产流动、利润转移等，要加强跨国监管，最大程度上减少本国经济资源与利益的流失。

传统的学科定位中，财政是用来解决市场经济条件下公共产品与服务供给问题的应用经济学，因而传统的财政职能包括：资源配置职能、收入分配职能、经济发展职能。据此财政发挥的只是经济领域的作用。新中国成立以来，我国的财政史也大致沿着“建设财政”到“公共财政”的发展路径，20 世纪 90 年代以前强调财政为计划经济增长服务，20 世纪 90 年代以后强调财政为社会主义市场经济发展服务。但从本质上讲，财政由“财”与“政”组成，既是庶政之母也是邦国之本（吕冰洋，2014）[①]。长期以来，我们只强调财政在经济领域的职能，忽视了财政的政治功能。

在习近平同志《关于〈中共中央关于全面深化改革若干重大问题的决定〉的说明》（以下简称《决定》）中，表述为“全面深化改革重点之一”的只有两处，分别是：“这次全面深化改革，财税体制改革是重点之一”；“司法改革是这次全面深化改革的重点之一”。由此说明了财税体制改革在全面深化改革总布局中的重要性。《决定》使得在经济领域定义的财政扩展至国家治理体系的范畴。在“基础”前未加任何修饰词说明财政是国家治理的唯一基础，“重要支柱”说明财政是为数不多的支柱之一。

邓力平，曾聪（2014）[②] 在对发达大国与发展中大国财政进行一般比较的基础上，基于我国国情提出应当发展“中国特色社会主义大国财政”，指出构建大国财政应该要体现“两特两统筹”。“两特”指的是，应

---

① 吕冰洋：《现代财政制度与国家治理》，《中国人民大学学报》，2014 年第 5 期。
② 邓力平、曾聪：《浅议“大国财政”构建》，《财政研究》，2014 年第 6 期。

具有“中国特色”与体现“时代特征”；“两统筹”指的是，应在“统筹国内外两个大局”进程中发挥作用，应在“统筹推进国家财政治理现代化与参与国际财政治理体系构建”进程中有所建树。财政应是国家财政、公共财政、发展财政与涉外财政的结合，体现国家性、公共性、发展性、改革性与涉外性。涉外财政是面对现代国内外发展形势，赋予财政的重要使命——体现主权利益的财政，一方面要使得国家财经利益最大化，另一方面要更加关注国际财经问题与提供国际公共产品。将国际财经治理体系建立、国际财经秩序规则形成作为一种最重要的国际公共产品来看待与提供。

中国当前财政制度所存在的首要问题在于财力与职能的冲突。“保增长”成为吸纳我国财政资金的无底洞，挤占了原本应该用于化解社会矛盾、优化经济结构、缩小收入分配差距的财政资金（刘国明，2015）[①]。在新常态下应该将可持续发展、优化经济结构和共同富裕作为财政的基本职能。西方国家的公共财政困境在于经济不增长，从而依赖于增量税的财政收入就无法得到保障，为了刺激经济增长而借债，债务不断累积，最终陷入借新债来还旧债的困境，直至主权债务危机爆发、政府破产、政权倒台、社会紊乱。

在全球化背景下我国提出国家治理体系和治理能力的现代化，与之对应，现代财政治理也要突破已有财政范式的束缚，财政不仅仅是理一国之财，在全球化背景下财政职能的内涵与外延都得到了扩展。其一，财政调控全球化：一国财政宏观调控不仅影响本国经济发展，政策传导机制受经济金融要素影响会突破国家界限，产生更深层的影响。其二，财政收支全球化：跨国交易的频繁使得国际税收利益分配十分重要，全球应对税基侵蚀与利润转移（BEPS）已经达成共识；为了解决日益突出的气候变暖、

① 刘国明：《论“新常态”下中国财政的变革方向》，《当代经济研究》，2015 年第 10 期。

环境保护、地区安全等全球问题，国际公共产品与服务的提供成为应有之义。其三，信息化技术的发展很大程度上降低了信息不对称带来的治理成本，但同样带来了新的治理难题，新的国际治理新秩序的建立客观上要求就财经利益开展多方洽谈与合作。

大国财政之与强国财政的关系。欧阳峣（2014）等[①]认为经济大国主要是数量和总量的概念，经济强国则是数量和质量、总量和人均相统一的概念。魏礼群（2013）[②] 着重论述了我国由经济大国走向经济强国的战略，要使我国经济在国际经济体系中具有更加重要地位和更大国际影响力。在迈向经济强国的征程中，我国要进一步适应全球化新形势，扩大对外开放，不断完善开放型经济体系。财政规模做大之后，大国财政更应着眼于向“强国财政”迈进。强国财政的目标是适应国家治理体系和治理能力的现代化需要，向现代财政制度的构建努力（白彦锋，2015）[③]。刘晓路（2014）[④] 从历史角度对现代化进程进行分析，以荷、英两国的财政史作为佐证，现代财政制度至少应具备两个基本特征，即强国性与集中性。英国通过财政国家建设强化了国家对经济的控制，将一国的经济实力转化成对内对外的国家能力。借由财政的改革推动国家的现代化，再由国家的现代化扶持和推进经济与社会的现代化，这是发达国家现代化进程向我们展现出的一般历史经验。结合已有观点分析说明，我国要从经济大国走向经济强国，必须做好大国财政，实现强国财政。在世界历史上，在殖民地与帝国主义的时代，炮舰是强国的标志，侵略为强国之共性，强国需要以统治与奴役他国而生存。但是中国的强盛将改变强国的特征，因为中国的强盛是为了人民的福祉和民族的尊严，更因为中国是在全球化的国际

① 欧阳峣等著：《大国经济发展理论》，中国人民大学出版社，2014 年版，第 407 页。

② 魏礼群：《由经济大国到经济强国的发展战略》，《经济研究参考》，2013 年第 48 期。

③ 白彦锋：《大国财政有容乃大》，《财政监督》，2015 年第 10 期。

④ 刘晓路：《现代财政制度的强国性与集中性——基于荷兰和英国财政史的分析》，《中国人民大学学报》，2014 年第 5 期。

合作中走向强盛[1]。

大国财政之与现代财政的关系。胡鞍钢等（2014）[2] 对现代化的定义为：全社会范围，一系列现代要素以及组合方式连续发生的由低级到高级的突破性的变化和变革的过程。对于现代国家来说，治理现代化要求的是如何进一步优化财政资源的使用，以提高财政资金效率，促进国家治理能力的进一步提高。按照《深化财税体制改革总体方案》要求，建立现代财政制度，具体包括改进预算管理制度、完善税收制度、建立事权和支出责任相适应的制度。马蔡琛（2014）[3] 从国内制度层面探讨现代财政制度核心要义在于，建立全面规范、公开透明的现代预算制度体系；按照统一税制、公平税负的原则，完善现代税收制度体系；遵循划分事权、以支定收的思路，构建现代政府间财政关系。

新中国成立以来，最早是周恩来总理代表国家最高领导层提出工业、农业、国防和科学技术“四个现代化”，2013 年，习近平总书记提出“国家治理体系与治理能力的现代化”。从根本上讲，“四个现代化”是生产力的现代化，第五个现代化是生产关系的现代化。实现中华民族伟大复兴的中国梦、“两个一百年”奋斗目标——到 2020 年全面建成小康社会，到 2049 年建成社会主义现代化强国，正是要在生产力和生产关系方面都要实现现代化。财政作为国家治理体系和治理能力现代化的基础和重要支柱，同样是我国实现全面现代化的基础；而现代财政便是“五个”现代化在财政领域的落脚点，通过建立现代财政制度支持和保障我国的现代化进程。在“大国财政、统筹内外”的理念下现代财政更具有时代性。

现代财政制度体现民主财政和法治化财政理念，是一套由专门部门主

---

① 张幼文：《探索中国的强盛》，《世界经济研究》，2003 年第 1 期。

② 胡鞍钢等著：《中国国家治理现代化》，中国人民大学出版社，2014 年版，第 82 页。

③ 马蔡琛：《国家治理视野中的现代财政制度——解读十八届三中全会《决定》中的深化财税体制改革问题》，《理论与现代化》，2014 年第 3 期。

导，多部门制衡，与国家现代化建设目标一致的财政制度。我国要建立中国特色社会主义的现代财政制度，在借鉴西方公共财政制度经验的同时，要重视我国的具体国情：一是针对大量国有企业、国有土地、国有资源，做好国家财富管理。二是在全面深化改革背景下，适应经济社会转型，做好提供公共服务的财政制度安排。三要服务于国家治理能力现代化建设的要求，协调经济、政治、文化、社会、生态文明建设。杨志勇（2014）①强调现代财政的自我完备性，即通过建立民主财政、法治化财政、专门治理机构与技术，适应现代国家治理的要求，体现现代化建设的基本特征，促进社会公平正义。马骁和李雪（2015）②指出，现代财政制度建设，必须以国家治理体系和治理能力的现代化为逻辑起点，必须服务于政府与市场关系、政府与社会关系、政府与纳税人关系及政府间财政关系的重新定位与优化。

因此，纵观大国的治理经验，财政在各大国的国家发展中起到显著的支撑作用，对我国的大国财政治理具有重要借鉴意义。无论是英国自中世纪到近代逐步演进为世界大国，还是后来的美国崛起、德日的复兴，财政治理在其中起到了至关重要的作用，主要表现为财政实力增强与制度创新改善了国家治理，大大促进了经济发展和社会进步。因此，研究大国财政，需要明晰在大国中如何定位财政职能和发挥财政作用。

三、大国财政的特征

（一）大国财政应当体现财政职能

大国财政首先是财政，应体现国家财政的基本职能。传统的学科定位

① 杨志勇：《现代财政制度：基本原则与主要特征》，《地方财政研究》，2014 年第 6 期。

② 马骁、李雪：《法治财政：现代财政制度建设的核心》，《经济研究参考》，2015 年第 3 期。

中，财政是用来解决市场经济条件下公共产品与服务供给问题的应用经济学，因而传统的财政职能包括资源配置职能、收入分配职能、经济发展职能。据此财政发挥的主要是经济领域的作用。新中国成立以来的财政史也大致沿着“建设财政”到“公共财政”的发展路径，20 世纪 80 年代以前强调财政为计划经济增长服务，90 年代以后强调财政为社会主义市场经济发展服务。但从本质上讲，财政由“财”与“政”组成，既是庶政之母也是邦国之本（吕冰洋，2014）。长期以来，主要强调财政在经济领域的职能，而忽视财政的政治等功能。习近平同志《关于〈中共中央关于全面深化改革若干重大问题的决定〉的说明》指出，“这次全面深化改革，财税体制改革是重点之一”。由此说明了财税体制改革在全面深化改革总布局中的重要性。《决定》将在经济领域定义的财政，扩展至国家治理体系的范畴。在“基础”前未加任何修饰词，说明财政是国家治理的唯一基础，“重要支柱”说明财政是为数不多的支柱之一。

大国政府虽然需要确保在财政管理方面“走出去”的政府管理职能的履行，但是其首先要把握和满足财政的基本职能。近年来，随着经济和社会的发展，中国的财政体系有了很大的改进。财政在中国的经济和社会发展中的作用越来越明显：回应公众对公共产品和服务的要求，充分重视资源配置和社会财富的分配，增强宏观调控能力。服务大国的财政需要更加完善的制度设计、更高的治理水平。

大国财政的提出对我国财政制度的建设和完善提出了更高的要求。我国财政领域依然存在着预算不够透明、财政供给越位与缺位并存、财权与事权划分不合理、财政监督不到位、财政风险不断累积等诸多问题，都影响形成大国财政的合力，财政基础有待进一步夯实。2014 年 6 月 30 日，中共中央政治局召开会议，审议通过了《深化财税体制改革总体方案》等方案，会议认为，应重点改进预算管理制度、深化税收制度改革、调整中央和地方政府间财政关系，并指出新一轮财税体制改革 2016 年基本完成重点工作和任务，2020 年基本建立现代财政制度。当前，财税体制改革稳步推进，财政制度的改进将不断完善国家治理体系，推动国家治理能力现代化，更好地履行政府职能。

（二）大国财政应当反映大国的基本特征

大国不同于小国，一般要具备幅员辽阔、经济发达、有极强的国际影响力等特征。大国财政是大国之财政，即无论是资源禀赋还是国际影响都能列入大国范畴。大国不仅体现在体量上，更多地体现在国力、软实力和影响力等方面，而大国财政是其中重要的内容。大国财政，在应对大国政府实施战略意图之时，应具有较强的保障作用和稳定的央地关系，能保障政府职能有效履行。这决定了大国在制定路线、方针、政策时需要考虑世情国情，兼顾国内国际影响。相应地，大国财政也就需要将大国的要素和特征反映在本国财政的建设之中。面对我国幅员辽阔、人口众多、地域间差异大等现实问题，无论是公共基础设施建设还是社会保障建设都需要一个强大的财政制度体系给予支持，无论是国防、科技，还是民生等领域都需要财政站在宏观的视角下统筹考虑，构建大国财政。

面对我国当前为全球第二大经济体的现状，我国的财政规模同经济规模一样，相当可观，如何使用好、管理好如此庞大规模的财政资金，使财政的发达程度和发展水平与本国的经济状况相适应，这对我国的财政管理提出了更高要求。

纵观各大国，强大的财政为大国治理提供财力保障，是大国崛起的物质基础。大国均具有较强的资源配置能力。美国作为大国，其崛起伴随着财政收入绝对量和相对量的不断扩张。英国通过财政建设强化了国家对经济的控制，将国家的经济实力转化成对内对外的大国国家实力。从各大国财政支出总量占 GDP 比例来看，按照 IMF 统计口径，2015 年法国、意大利和德国财政支出占比为前三，分别为 57.4%、50.5% 和 44.1%。而中国财政支出占 GDP 比例为 31.4%，财政支出占比在 12 大国中排名第 11 位，仅高于印度（见表 2－1）。

表 2－1 大国财政收支比重数据表① （单位：%）

国家＼支出占比	2015 年	2010 年	2005 年	2000 年	1995 年
德国	44.10	47.30	46.91	45.10	54.86
英国	40.00	44.90	44.09	36.76	43.90
美国	35.00	40.00	42.46	33.88	37.08
法国	57.40	56.40	53.57	51.69	54.39
日本	39.30	38.90	34.21	37.28	34.01
意大利	50.50	49.90	47.92	45.86	52.49
俄罗斯	36.30	35.40	32.80	32.84	/
印度	28.00	27.20	25.78	26.99	24.31
巴西	42.00	38.80	39.30	35.29	/
中国	31.40	24.00	18.61	17.05	12.73
加拿大	40.40	43.20	39.20	41.11	48.48
澳大利亚	37.50	37.10	33.93	35.63	36.88

按照 2016 年的财政预算，在包括一般公共预算、政府性基金预算、社会保险基金预算和国有资本经营预算的四类政府预算中，一般公共预算支出所占的比重，仅为 67% 左右，其余的三类预算支出所占比重较大，说明财政职能被其他三本预算所肢解，财政统筹政府资源的能力不够。从表 2－1 看，虽然我国已经在经济总量上跻身于世界第二，但是财政支出占 GDP 的比重却相对较小，这并不是说明政府对宏观经济的资源配置能力不够，而是财政配置宏观资源的能力不足，与我国当前的经济大国地位不相吻合。

（三）大国财政在服务大国目标的同时，应当承担国际责任

大国财政应是国家财政、公共财政、发展财政与涉外财政的结合，体

① 数据来源：IMF 数据库。

现国家性、公共性、发展性、改革性与涉外性。涉外财政是面对国内外发展形势，赋予财政重要使命、体现主权利益的财政，一方面体现国家财经利益最大化，另一方面更加关注国际财经问题与国际公共品提供。

大国财政在服务好大国目标的同时，在全球经济治理中应具有较大的影响力，具有较强的规则制定能力。面对开放条件下复杂多变的国际形势，大国财政的活动范围远不限于国内，会随着本国影响力的扩大而不断扩大，具有较强的涉外性、国际性。大国财政作为大国政策的一部分，任何变化都会对周边国家和主要利益关系体产生影响，故而大国财政需要具备全球化的视角和眼光。大国制定各方面政策时不会仅仅只关注当前利益得失，往往存在着长远的战略考虑和综合布局。在保障国家具有“硬实力”的同时也能支持国家具有较强的“软实力”，在国际上具有较强的影响力和规则制定能力。经济大国在国际上，能实现自己的战略意图，也能遏制违反自己意图的主张，有能力参与全球治理规则的制定，并在解决国家间纠纷和全球性事件方面具有较大影响力。

在国际公共品方面，各大国也在加强国际合作打击反恐的力度，减少温室气体排放，制定针对气候变化的战略框架并加大节能减排政策实施力度等方面发挥重要作用。在经济全球化的背景下，国家间的交流合作日益密切，各大国在国际税收治理方面具有较大的影响力和规则制定能力。

综上所述，大国治理需要匹配大国财政，大国财政具有自身的特征：一是具备较强的财政硬实力，在财政规模、结构、效率及管理等方面拥有较强的实力，这些方面的实力为大国治理和大国崛起提供支撑和物质基础。二是具有较强的财政软实力，有能力参与全球治理规则的制定，拥有较强的国际话语权。三是能统筹国内国际两个大局和资源，兼顾国内发展和国际治理。

第三章

建立大国财政预算制度

国家财政伴随国家建立而产生，但公共预算制度直到 19 世纪才在欧洲国家诞生，至今只有两百年的历史。在短短的两百年时间中，预算体系一直经历着理性化和民主化的改革，至今没有一个规定的范式，它与特定的时间和地点相联系，在不同的发展阶段，预算体系所面临的最紧迫的问题不同，预算管理改革的目标和重点也应不同。只有将政府预算管理放入一个动态演变的框架中，才能得到对现代政府公共预算的真正理解，也才能深刻认识我国当前预算体制改革的方向。

第一节　现代公共预算的变迁

简单回顾预算制度的发展历程，虽然在 19 世纪之前的国家已存在收支活动，但财政资金的使用效率较低，财政收支对社会的负责程度也不高。随着现代预算制度的建立，国家吸纳和支出财政资源的方式发生了根本性的转变，开始用一种与以往不同的方式从公民那里汲取财政收入，并将之用于公共的目的。这些现代民主国家终于建立了“被广泛视为有效率的、有生产率的，而且比以前更加公正的”财政制度（Webber & Wildavsky, 1986）。而进入 20 世纪，尤其是 20 世纪 50 年代以来，世界各国开始运用财政政策调节宏观经济，福利国家建设的目标也被越来越多的国家所接受，为了在有限的资源条件下提高配置效率，出现了数次改革，将理性预算向前推进，一些经典的预算原则受到挑战。随着这些改革成果的积淀和推广，结果导向的预算模式走向成熟，现代预算制度又发展到一个新的阶段。

为了总结以上发展过程，Caiden（1989）发展出三个标准来分析和鉴别预算模式。第一，收入获取，一个预算体制从社会中吸纳资源的能力；

第二，公共责任，一个预算体制是否对社会公众承担一种政治责任；第三，行政控制，政府内部是否存在严格的财政控制。通过这三个标准，她将预算的发展划分为三个时期：前预算时代（Prebudgeting Era）、预算时代（Budgeting Era）、超预算时代（Super - budgeting Era）。19 世纪以前的君主专制统治下的政府财政管理都处于“前预算时代”，在 19 世纪现代公共预算体制确立之后，预算史开始进入“预算时代”，20 世纪 50 年代之后，随着各国的政府预算逐渐偏离 19 世纪形成的现代公共预算的基本原则，开始进入“超预算时代”。这三个时代的区别在于，尽管“前预算时代”的政府也能够从社会中汲取足够资源，但政府内部缺乏集中统一的行政控制，也没有一个机构从外部监督约束政府的财政活动，政府财政活动对社会的负责程度较低。“预算时代”则将一系列预算控制植入政府的财政活动，在政府内部建立集中统一的行政控制，立法机构也从外部监督政府的财政活动，促使政府对议会负责，进而对纳税人负责。而到“超预算时代”，“预算时代”形成的公共预算面临新的挑战，财政实践出现了一些弱化行政控制的做法。

一、前预算时代

这一时代的政府财政以最大限度获取收入为目的，缺乏对社会的公共责任和对政府的内部集中控制，主要有四个特征。

第一，连续性。没有衍生出年度预算的概念，政府根据资金流量和资金的可获得性来进行预算。第二，私有化。私人商人以包税商的身份参与到财政管理过程中，承担了大部分的管理业务，他们既为政府征收税收，又帮助政府管理这些税收收入的支出，很多情况下，导致了私人账户和国家账户的混淆。第三，分权。无论是财政收入还是支出都分散在不同的部门和个人，没有集中的财政控制。财政收入的征收者不仅包括政府机构，还包括一些私人的包税商，征收的资金不经过国库的统一集中调度，而是由征收者直接支付到支出者手中，对支出者行为也缺乏必要的控制。第四，权宜性。由于征税行为和税收支出行为存在很大的随意性，人们对政府财政管理行为不配合的情况时有发生，当政府陷于资金短缺的困境时，不得不采用诸如短期债务一类的其他权宜性手段来筹集收入。

总体来看，在这一阶段，政府内部缺乏一个部门对财政收支进行集中统一的行政控制，在政府外部也不存在能够对政府收支活动进行政治控制的机构，很多财政活动常常在政府财政管理的控制范围之外。这种制度安排所带来的一个难以避免的后果是财政管理中腐败行为盛行，正如 Caiden 所指出的，多方分权和私有化的财政管理方式、权宜性的管理安排都为滋生腐败行为提供了便利条件（Caiden，1989）。

无论从哪个方面来评判，“前预算时代”都不是一个理想的预算模式，它的产生和存在是由特定的历史背景决定的。其一，这一时期的政治体制多是专制君主制国家，缺乏有效的制约机制，政府的行为也不必对公众负责。其二，受经济和技术发展水平的限制，政府在预算管理中实行严格的行政控制要耗费极为可观的交易成本。

二、预算时代

随着欧洲越来越多的国家由君主专制体制过渡到民主政治体制，“前预算时代”预算管理中存在的问题越发凸显，成为国家治理中的薄弱环节，建立一种对公民负责的预算体制的需求越来越强烈，促使预算改革向前推进。19 世纪，预算管理制度掀起了一个改革的浪潮，现代公共预算制度逐渐成形。

改革的目的主要在于从政府内部和外部两个方面建立预算管理规则。一方面，通过建立议会监督将政治问责引入预算管理，建立对政府预算的外部政治控制；另一方面，将行政控制落实进预算过程，在政府内部建立统一的财政控制机制。为了达成这一目的，中世纪末期的一些欧洲城市国家实行了严格的基金会计，建立君主立宪制后的英国要求政府每年向议会提交预算估计，成为早期试验的典范。真正意义上的现代预算实践发生在 1814 年的法国，这次改革将对政府部门的拨款进行改革，每年按照需要进行，政府财政管理从而改变了连续性的弊端，具有了周期性的特征。Caiden 以此作为进入预算时代的分界线。

Caiden（1989）将预算时代的政府预算特征概括为四个方面，这些特征逐渐演变为经典的预算原则，并在 20 世纪初得到进一步的强化和发展。第一，年度性，即预算决策每年进行一次。第二，一致性，将所有的预算决策和资源都集中在一起，以保证所有分配资源的预算都得到相应的关注。第三，拨款性，预算拨款只有通过议会同意且公开进行，才能合法地进行支出。第四，审计要求，政府部门的收支必须受到外部机构的审计监督。

现代公共预算体制之所以能够逐渐发展起来，首先是上文提到的国家管理体制变化所带来的预算变革需求。在议会民主制度中的“议会至上”原则下，控制政府的收支行为成为议会对政府实行政治控制的主要措施。在这种制度下，预算收入的筹集和配置必须获得纳税人代表机构的同意，主要用于生产纳税人需要的公共服务，体现政府对公民的责任。另一方面，还得益于工业革命带来的技术更新和经济发展所带来的金融繁荣，这大大降低了实行更为严格的预算控制的交易费用。

三、超预算时代

到 20 世纪 70 年代，上文所提到的经典的预算原则不断受到现实形势发展的冲击。其一，预算越来越表现出连续性的特征，这与现代公共预算所强调的非连续性抑或年度性原则产生了矛盾。这主要是因为，社会发展所带动的公共投资项目越来越庞大，对某一对象形成的预算承诺不能随意终止，致使很多预算决策反而又具有了非年度性的特征。其二，随着国家间交流的日益密切，经济波动等不可控因素的作用越发不容忽视，预算变得更加不可预测，预算政策的制定必须依赖于去年的政策。其三，受经济活动多样化的影响，某些领域逐渐形成自己自由支配的资金，预算外活动逐渐出现，预算不断被各种隐蔽的方法拆散，预算原则中的全面性和完整性难以保证。其四，公共服务的提供方日益多样化，公共部门和私人部门的界限越来越模糊，导致预算又具有了一些私有化的特点。

在这些冲击的影响下，预算管理模式不得不随着制度背景的变化而进行自身调整，进入一个新的发展时期，Caiden（1989）称其为“超预算时代”。

第二节　职能取向转变中的预算管理改革

一、预算模式的职能取向分类

任何公共预算体系都由计划、管理、控制三个过程组成（Schick，1966）。其中，计划更多地与和预算准备联系在一起，涉及目标确定、替代方案制定等内容。管理是在目标确定之后，将其具体化为行动，包括设计所需的组织结构以及配备人员和资源。控制更多地体现在预算执行和审计阶段，确保行动与计划的一致性。但实际上，由于预算具有一定的时间限制，这三个过程所要求的人员技能、信息焦点、决策过程等方面都有明显的不同（如表 3－1 所示）（Schick，1966），现实中的预算体系不可能同时对这三个过程都赋以同等重要的权重，而是根据自身制度目标和实施基础，各有侧重。从职能取向的角度分析预算管理改革，能更为清晰地抓住每一类管理方法的内涵。

表 3－1　预算职能取向的差异比较

特征	控制取向	管理取向	计划取向
人员技能	会计	行政	经济学
信息焦点	目标（Objects）	行动	目的（Purposes）
关键预算阶段	预算执行	预算准备	预算准备之前
测量宽度	零散的	零散的、活动导向的	全面的
预算机构的角色	受托的（Fiduciary）	效率	政策
决策流向	向上、聚合的	向上、聚合的	向下、分解的
抉择类型	渐进的	渐进的	非渐进的
控制责任	预算核心机构	操作机构	操作机构
管理责任	分散的	预算核心机构	监督机构
计划责任	分散的	分散的	预算核心机构
预算和拨款分类	相同	相同	不同
拨款与组织的联系	直接的	直接的	交叉的

二、预算职能取向转变中的预算管理改革

正是由于在以上三种职能取向上的侧重点不同，促成了各种预算模式的形成和演变。19 世纪建立起来的现代公共预算制度是“控制取向”的，即通过建立各种预算约束公共管理者的行为，确保公共资金使用的合规性，进而保证政府对人民负责。这充分地体现在这一时期所形成的经典预算原则上。预算的年度性保证了政府机构定期去议会争取预算资金，从而为政府的内部预算控制提供了制度基础。同时，一致性的原则保证所有的

政府支出都放入预算管理，保证预算控制的全面性。而拨款性原则实际上是在议会和政府之间形成了一种预算合同，使得资金流出的控制导向更加鲜明。

从20世纪30年代开始，各国都试图改进19世纪形成的现代公共预算制度，将预算理性引入预算过程，从而在预算投入和产出之间建立紧密的联系，这也就使得预算体系职能取向的重心由支出控制转变到管理和计划功能。在这个转变过程中，出现了诸多新的预算管理方法，如绩效预算、计划项目预算、零基预算、新绩效预算等。

（一）绩效预算（Performance Budgeting）

绩效预算理念萌芽于1907年纽约市政研究局提供的“改进管理控制计划”的报告中，最早的实践开始于20世纪30年代，美国农业部利用绩效预算在一定程度上提高了部门运作效率，其后，从20世纪50年代开始在美国联邦政府层面全面推广，政府预算的“绩效、效率”概念开始深入人心。

美国预算管理办公室（OMB）对于绩效预算的界定是：它阐述请示拨款是为了达到什么样的目标，为实现这些目标而拟定的计划需要花多少钱，以及用哪些量化的数据衡量在实施每项计划的过程中取得的成绩和完成工作的情况。Brizius（1994）认为，绩效预算是根据达到的可计量结果来进行资源分配的过程。Miller（1992）强调，绩效预算重视功能、行为和计划，而不是计划单一的品种项目。学者们虽然表述方式不一，但归纳起来，采用基于绩效的预算（Performance－Based Budget），关注的重点是政府在做什么而不是谁在做，关注政府部门产出而不仅仅是预算投入。因此，绩效预算有时被称为“资源和效果”的结合。

通过绩效预算，可以提高预算项目的效率，更好地评估预算项目的结果，为决策者提供关于公共服务的更好的信息，对于监督和控制预算支出、提高支出效益、防止浪费有积极作用。

（二）计划项目预算（Planning – Programming – Budgeting，PPB）

绩效预算的关注点是完成了什么工作，但无法保证因完成工作而发生的支出本身是具有价值的，推行的成效并不尽如人意，并未出现政府行政绩效的大幅提高。从 20 世纪 60 年代开始，绩效预算逐渐消失，取而代之的是计划项目预算模式。

计划项目预算模式不再将财政信息按照组织单位分类，而是按项目和方案分类，并把各类方案尽可能和确认的政策目标相靠拢，可以冲破部门边界进行统一设计，有利于提高预算支出的效率。

计划项目预算模式另外一个特点在于在对方案规划的目标进行成本收益分析时要对成本收益进行量化评估，在成本收益分析的基础上对预算支出进行有效率的调整。对支出方案的评估需要确定一个适当的时限，一般考虑五年的长度。与绩效预算相比，计划项目预算虽然也属于以成本—效益为标准来衡量支出、重视资金使用成效的预算形式，但是绩效预算的基本构想重点放在一个预算年度上，而计划项目预算制是把政府活动的长期计划和年度预算所包括的各项活动规划结合起来考虑的，属于滚动式预算的一种类型，其视野更为开阔，设计更为科学。

（三）零基预算（Zero – base Budgeting，ZBB）

零基预算的思想萌芽于 1952 年，但直到 20 世纪 70 年代才正式引入政府预算。相对于传统预算，零基预算是一种颠覆性的预算模式。传统预算模式下，资金配置的基础是上一个预算年度形成的预算基数。但零基预算的基本逻辑是，一个机构和项目上一年获得的预算资金数量不能作为下一年继续获得预算资金的基础，预算决策必须从零基础开始（Kettl，1992）。其鲜明的特点包括以下两点：其一，以零为基础编制预算，即本期的预算是根据本期经济活动的重要性和可供分配的资金量决定的，与上一期预算资金数量无关。其二，注重从业务活动的必需性以及重要程度来分配有限的资金，并对预算期内所有经济活动进行成本—效益分析。

（四）新绩效预算（New Performance Budgeting）

20 世纪 80 年代，在继承以往预算改革的一些有价值的成分并进行新的探索的基础上，产生了新绩效预算模式。到 90 年代，以美国、澳大利亚和新西兰为代表的 OECD 国家纷纷推行了以绩效为基础的“新绩效预算”框架，促使这一模式进一步发展，走向成熟。

这种预算模式的核心是主张政府预算必须与政府的中长期战略计划相结合，强调以政府职能的整体目标为导向，用绩效目标作为约束手段，以绩效责任换管理自由，将集权与分权整合进一个制度框架中，在强调高层机构对支出总量进行控制的同时，将自由使用预算资金的权力赋予中、低层管理者，在预算制度中实现政策（目标和结果）与管理（产出和激励）的有机融合。其特点表现在两方面：首先，这种预算模式强调运用战略计划引导资金分配，强调资金的分配应该是结果导向的。在部门编制预算之前，政策制定者对支出总额和目标进行集中控制，并制定一个具有约束力的中长期支出框架。其次，在预算执行中放松各种支出控制，赋予各个部门及其管理者使用资金的自主权和自由度。这是一种希望将中、长期计划与管理职能融合进一个预算体制中的预算模式。

从 OECD 成员国推行新绩效预算的实践来看，新绩效预算在有效地促进政府改革，以及有效地制止财政资金浪费、实现财政收支平衡等方面的效果是相当明显的。

三、职能取向视角的预算管理改革趋势

受政府管理模式、经济和技术发展水平等因素的影响，国际通行的预算管理方法经历了渐次替代的逐步发展过程，预算管理方法处于经常性的变革之中。通过以上对每一种预算编制方法的分析，可以发现，在新的预算管理方法中，往往可以看到旧方法的影子。即每一次变革，对原有的预算编制方法并不是全盘抛弃，而是扬弃，在吸取原有方法优点的基础上进行进一步的创新。

绩效预算强调对工作项目和活动业绩的计量，通过编制绩效预算，可以对投入成本和产生的效益进行比较，侧重于管理职能；项目预算依据实施项目或执行功能的总成本来组织支出预算，计划职能更为突出；零基预算不考虑过去的预算项目和收支水平，以零为基点编制预算，主要是作为计划工具，带有一定的控制职能；新绩效预算整合了集权和分权的管理，以政府职能所设定的整体目标为导向，实现预算与政府中长期战略计划的结合，管理职能和计划职能都较为明显。各预算管理方法的职能取向对比见表 3－2（马骏等，2011）。

表 3－2　各类预算模式的职能取向

	控制职能	管理职能	计划职能
传统预算模式	√		
绩效预算模式		√	
计划项目预算模式			√
零基预算模式	√		√
新绩效预算模式		√	√

追溯预算管理模式的变迁历程，从根源上讲，绩效预算改革虽然历经反复，甚至遭遇过失败，但实践证明，绩效预算所倡导的“效率、绩效”

理念符合预算制度改革发展的趋势和方向，对世界范围内的预算改革都具有普遍的借鉴意义。从国家治理的层面来看，新绩效预算在目前具有明显的优越性，并在世界范围内得到了广泛推广。

依据预算模式职能取向的转变和各国预算管理的近期实践，以下几个方面体现了预算管理改革的基本原则和方向。

第一，全面性。政府的所有收支必须纳入预算，进入预算程序，受预算机制的约束，不得有预算外财政活动。

第二，一致性。在政府收支全面纳入预算之后，预算中的所有部分都应该被同等对待，同时，应该通过一定的渠道将预算各部分联系起来。也就是说，要用同一种预算方法处理所有的财政收支（Sundelson，1935）。

第三，中长期预算。在过去的一个时期内，特别是随着新绩效预算模式的兴起，传统公共预算中的年度预算原则越来越不受欢迎。随着越来越多的国家开始实行两年或多年预算，编制中长期预算成为一种趋势。

第四，绩效审计。早期对预算的审计集中在政府的收支行为是否与通过的预算保持一致，自 20 世纪 80 年代以来，审计的重点开始向绩效审计转移。

第五，公开透明。预算的制定过程必须是透明的，同时，预算的内容必须保证真实、详细、准确、及时公开，以便于接受公民监督。

第三节　对构建大国财政预算管理的启示

近年来，随着经济的快速发展和财政体制改革的推进，我国的预算管理改革取得了巨大的成绩。20 世纪末 21 世纪初，集中进行了包括部门预算改革、国库集中支付制度改革、收支两条线管理改革、政府集中采购制度改革等多方面的改革。但这些“零敲碎打”的改革并未从根本上改变预算管理制度的整体框架，正像有学者指出的，仍未建立起真正意义上的现代预算制度，预算的完整性、预算权力机构建设都有待加强（马骏等，2014）。随着 2014 年 8 月《预算法》修正案通过，我国预算管理改革又跨出了重要一步，这次修订坚持现代国家治理的理念，从我国国情出发，并借鉴国际上预算制度发展的经验，实现了向预算管理科学、民主、法制方向迈进的重要跨越。是推进我国预算体系整体建设具有里程碑意义的重要一步。新《预算法》的主旨思想体现了国际上预算管理发展的基本趋势，是我们在下一步改革中要持续加强的重点。

一、继续推进全口径预算管理改革

“实行全口径预算管理”的政策目标于 2003 年在十六届三中全会上提出，自此之后，已经成为定位政府预算管理改革方向的一个关键词。党的十八大又将“全口径预算”写入报告，并明确提出“加强对政府全口径预算决算的审查和监督”。新《预算法》明确规定“政府的全部收入和支出都应当纳入预算”，实行全口径预算管理，这是建立现代财政制度的基本前提。

在已有的文献中，学者们一般认为，全口径预算应该是预算全面性原则的另外一种表述。(王雍君，2013a) 认为，全面性原则本身会受到各国国情、价值观及其他原因的影响，其主要内涵可以做出不同的界定与解读，而全口径预算管理正是具有中国特色的概念。高培勇（2009）系统梳理了全口径预算管理的概念、内涵、演进与未来发展趋势，认为“全口径预算管理”的主要目标是为了实现将所有政府收支纳入预算管理，尤其是预算外资金、制度外资金等长期游离于政府预算管理体制之外的公共资金。

从长期来看，“全口径预算管理”是一个不断演变的概念，其所包含的内容会随着中国经济社会发展而不断发生变化，更会随着政府预算改革的进程而有所拓展和丰富。不应孤立地将其视为一个偶然为之的改革动作，而应将其融合到中国特色的改革过程中，使其更加系统化，提高对实际改革的指导意义。

二、推动实现预算各组成部分的一致性

新《预算法》明确规定，预算包括一般公共预算、政府性基金预算、国有资本经营预算、社会保险基金预算，并对四本预算的功能定位、编制原则及相互关系做出规定，使四本预算成为有机衔接的整体。但实际上，时至今日，我国虽然在形式上实现了预算对全部政府收支的覆盖，将所有的政府收支都关进了预算“笼子”，但对于不同预算的政府收支使用的是不同的管理标准和管理规范，因而本属同一性质、名义上都“姓公”的政府收支被分割为若干块儿分属于不同政府部门安排的“私房钱”便具有了可能性（高培勇，2014）。在这样的基础上建立起来的政府预算，即便是全口径的，也难以做到全面规范和公开透明。

在下一步的改革中，在完善四本预算的同时，还要进一步探索他们之间的相互衔接机制，逐渐将他们纳入统一的标准和制度框架中。

三、推动实现中期滚动预算

中期滚动预算指在“中期”的时间跨度内准备年度预算的制度安排，在国外通常称为“中期支出框架”（MTEF）（White，2005）。一般而言，中期界定为紧接下个财政年度的2—4年。中期滚动预算制度一旦建立，便可以依据每个特定财政年度的预算文件，前瞻、解读和评估各级政府未

来 3—5 年财政变量（收入、支出、财政余额和债务）以及纳入预算的公共政策、规划和活动（王雍君，2013b）。这符合国际上推行中长期预算的趋势，能够弥补年度预算的很多不足之处。

虽然中期预算与年度预算不同，主要着眼于宏观经济和财政发展趋势以及周期性财政收支平衡目标的实现，但中期预算与我们现在所实行的年度预算并不是相斥的。年度预算是中期预算的起点和基础，而中期预算则使年度预算变得更加明智和有效率，二者之间的结合，使预算的编制更加符合社会经济的发展趋势，能够为推动社会经济的发展做出更大的贡献。

我国预算制度至今一直采用传统的年度预算，受限于年度预算固有的制度缺陷，我国政府预算存在诸多的问题，预算审批过程粗放，通过审批的预算在实际执行过程中对政府财政收支活动约束力十分有限，对年度预算执行情况总结的决算也难以起到实际作用，从基础上限制了全口径预算的审查监督。推行中期滚动预算制度，能以此为基础加强预算对各项收支的约束监管，提高透明度，有利于推进全口径预算的实现和发展。

四、加强预算的绩效管理

从国际上预算管理变革的历程看，对绩效和效率的追求是一以贯之的，在任何社会体制下都是一项重要的原则和标准。新《预算法》多处强调了“绩效管理”，例如，编制预算要参考“有关支出绩效评价结果”，人大出具的预算审查报告，要就“提高预算绩效”提出意见和建议等。在下一步的改革中，从项目编制、到执行、再到结果检验，都要引入绩效管理，从“一拨了之”转为重视资金的使用效率，这有助于解决拨款性财政的弊端，带动整个预算管理模式的转变。推进绩效管理应该在财政资金分配中更多地引入竞争性机制，减少政府部门的自由裁量权，同时要引入第三方机构对政府的资源支配进行绩效评价，但如何建立独立公正的第三方评估机制仍旧是个需要突破的崭新课题。

参考文献：

[1] 高培勇：《中国财政政策报告 2008/2009：实行全口径预算管理》，北京：中国财政经济出版社，2009 年版。

[2] 高培勇：《由适应市场经济体制到匹配国家治理体系——关于新一轮财税体制改革基本取向的讨论》，《财贸经济》，2014 年第 3 期。

[3] 马骏等：《公共预算：比较研究》，北京：中央编译出版社，2011 年版。

[4] 马骏等：《中国公共预算面临的最大挑战：财政可持续》，《国家行政学院学报》，2014 年第 1 期。

[5] 王雍君：《"全口径预算"改革探讨》，《中国财政》，2013 年第 6 期。

[6] 王雍君：《中期滚动预算：新一轮预算改革突破口》，《中国财经报》，2012 年 7 月 30 日。

[7] Brizius, Jack. (1994). *Deciding for Investment: Getting Returns on Tax Dollars*: National Academy of Public Administration, Alliance for Redesigning Government.

[8] Caiden, Naomi. (1989). A New Perspective on Budgetary Reform. *Australian Journal of Public Administration*, 48 (1), 53 - 60.

[9] Kettl, Donald F. (1992). *Deficit politics: Public Budgeting in its Institutional and Historical Context.* London: Prentice Hall.

[10] Miller, G. J. (1992). Productivity and the Budget Proeess. In M. Holzer (Ed.), *Public Produetivity Handbook.* NewYork: Dekker.

[11] Schick, Allen. (1966). The Road to PPB: The Stages of Budget Reform. *Public Administration Review*, 26 (4), 243 - 258.

[12] Sundelson, J Wilner. (1935). Budgetary Principles. *Political science quarterly*, 50 (2), 236-263.

[13] Webber, Carolyn, & Wildavsky, Aaron B. (1986). *A History of Taxation and Expenditure in the Western World.* New York: Simon and Schuster.

[14] White, Barry. (2005). Performance and Accountability Reports: Revealing Government's Results. *Journal of Government Financial Management*, 54 (3), 32.

第四章

大国财政与强国财政

第一节　强国财政的内涵与特征

一、从大国财政到强国财政是我国财政的历史使命，是现代财政的目标与要求

欧阳峣等（2014）[①] 认为经济大国主要是数量和总量的概念，经济强国则是数量和质量、总量和人均相统一的概念。魏礼群（2013）[②] 着重论述了我国由经济大国走向经济强国的战略，要使我国经济在国际经济体系中具有更加重要的地位和更大的国际影响力。在迈向经济强国的征程中，我国要进一步适应全球化新形势，扩大对外开放，不断完善开放型经济体系。魏礼群（2013）提出由经济大国到经济强国的发展战略，指出应该从如下的角度来理解经济强国：相对靠前的经济规模和较高的人均收入；具有较强的科技创新能力，掌握相当一批核心关键技术；具备高端化和生态化的产业结构，在全球产业分工中占据有利地位；具有高度的城市化，形成一批具有国际影响力的城市群；具有可自由兑换的国际货币，发达稳健的金融体系；在国际经济体系中具有重要地位，拥有较强的国际影响力。

从硬实力看，经过近40年的持续快速发展，我国的GDP、财政收支、外汇储备等经济指标，在世界上已屈指可数，但从人均水平看，无论是财政经济水平，工业化和城市化水平，还是其他社会综合性发展指标如教

---

① 欧阳峣等著：《大国经济发展理论》，中国人民大学出版社，2014年版第407页。

② 魏礼群：《由经济大国到经济强国的发展战略》，《经济研究参考》，2013年第48期。

育、医疗、社会保障发展水平等，中国都还处在世界发展中国家行列。例如，2015 年，中国的 GDP 总量突破了 10 万亿美元，排在世界第二，但按人均则只有 7990 美元，排在世界第 76 位，排在第 6 位的美国高达 55805 美元，德、英均超过 4 万美元，排在第 26 位的日本为 32486 美元，31 位的韩国为 27195 美元。中国正处于工业化、城镇化加速推进阶段，经济高速增长以及财政收入超经济增长，实际上是建立在粗放式增长方式之上的，是难以为继、不可持续的。考虑到人均财政经济水平与发达国家存在的巨大差距，以及中国经济增长方式转型、结构调整、经济增速和财政收入增速放缓的实际，与美欧发达国家比较，中国离发达国家还有很大的距离。中国还并非富国强国，在相当长时期内都还属于发展中国家，要让 13 多亿人真正过上富强、民主、文明、环境优美的幸福日子，还有很长的路要走。要让经济成为强国经济，财政也需要以强国财政做支撑。

财政规模做大之后，大国财政更应着眼于向“强国财政”迈进。强国财政的目标是适应国家治理体系和治理能力的现代化需要，向现代财政制度的构建努力（白彦锋，2015）①。刘晓路（2014）② 从历史角度对现代化进程进行分析，以荷、英两国的财政史作为佐证，现代财政制度至少应具备两个基本特征，即强国性与集中性。英国通过财政建设强化了国家对经济的控制，将一国的经济实力转化成对内对外的国家实力。借由财政的改革推动国家的现代化，再由国家的现代化扶持和推进经济与社会的现代化，这是发达国家现代化进程向我们展现出的一般历史经验。结合已有观点分析说明，我国要从经济大国走向经济强国，必须做好大国财政，实现强国财政。在世界历史上，在殖民地与帝国主义的时代，炮舰是强国的标志，侵略为强国之共性，强国需要以统治与奴役他国而生存。但是中国

① 白彦锋：《大国财政有容乃大》，《财政监督》，2015 年第 10 期。

② 刘晓路：《现代财政制度的强国性与集中性——基于荷兰和英国财政史的分析》，《中国人民大学学报》，2014 年第 5 期。

的强盛将改变强国的特征，因为中国的强盛是为了人民的福社和民族的尊严，更因为中国是在全球化的国际合作中走向强盛①。

当今中国正处在全面建成小康社会、实现中华民族伟大复兴的中国梦的历史时点上。“中国梦”是复兴梦，是要实现国家富强、民族振兴、人民幸福。而这三个方面无一不与财政工作有着千丝万缕的联系。实现国家富强、民族振兴，需要强大的综合国力，需要强国财政；实现人民幸福，需要良好的社会环境和社会制度，也需要有强国财政。构建强国财政，推进国家财政治理体系现代化，充分发挥财政在国民经济和社会发展中的重要作用，有效配置社会资源，优化社会结构，促进社会发展，助力“两个一百年”奋斗目标的实现，助力国家战略目标的完成和战略地位的提升。积极参与国际财经合作，提升中国在国际各领域的竞争力和影响力，为中国参与国际事务提供支持和保障，促进世界和平与发展。构建大国财政，推进国家财政治理体系现代化，为实现中华民族伟大复兴的中国梦做出财政应有的贡献。

二、提高财政的现代化、提升财政实力是强国财政的必备条件

加快从经济大国走向经济强国，是实现“两个一百年”奋斗目标的战略要求。建设经济强国是“两个一百年”奋斗目标在经济建设领域的具体化，这个目标彰显了党带领全国人民走向全面小康、走向中华民族伟大复兴的坚定意志和决心。当前，我国经济总量已跃居世界第二位，成为名副其实的经济大国，但还不是经济强国。站在新的历史起点上，加快从经济大国走向经济强国，是实现“两个一百年”奋斗目标的战略要求，是习近平同志经济战略思想的集中体现。

---

① 张幼文：《探索中国的强盛》，《世界经济研究》，2003 年第 1 期。

（一）借鉴国际经验，实现强国战略

15 世纪以来，先后有葡萄牙、西班牙、荷兰、英国、法国、德国、日本、俄罗斯和美国这九个国家成为世界性的经济大国，但最终仅有美国、日本和德国成为了当今世界上名副其实的经济强国。这些经济强国，在其走向强国之路，都有些规律性：重视世界历史的发展机遇；重视科技的创新；重视人力资本的投资；重视城市化的持续推进；重视体制机制的变革；重视实施海洋强国的战略；重视扩大对外开放（魏礼群，2013）。遵循此思路，强国当中的财政，应当服务并置身其中，通过财政的收与支，鼓励科技创新，重视人力资本的投资，推进城镇化进程，推动体制机制变革，扩大对外开放，提高国际话语权和参与度。

（二）解决财政自身问题，夯实财政实力，凝聚力量，提高财政的国家治理能力，实现强国之梦

中国当前财政制度所存在的首要问题在于财力与职能的冲突。“保增长”成为吸纳我国财政资金的无底洞，挤占了原本应该用于化解社会矛盾、优化经济结构、缩小收入分配差距的财政资金，在新常态下应该将可持续发展、优化经济结构和共同富裕作为财政的基本职能（刘国明，2015）[①]。西方国家的公共财政困境在于经济不增长，从而依赖于增量税的财政收入就无法得到保障，为了刺激经济增长而借债，债务不断累积，最终陷入借新债来还旧债的困境，直至主权债务危机爆发、政府破产、政权倒台、社会紊乱。

从经济表现上，我国已经位居事实上的第二经济大国，但是并未成为名副其实的经济强国，财政的表现则更为不符实际，虽然我国当前财政实

① 刘国明：《论“新常态”下中国财政的变革方向》，《当代经济研究》，2015 年第 10 期。

力不断提升，并为国家的经济社会发展提供坚实的物质保障，但是人均财政实力不足、财政风险不断积聚、财政对国家财力的统筹能力有限、中央与地方财政的博弈始终存在，目标不一致性问题突出，财政的资金浪费和配置无效率现象较为普遍等，这些问题的存在，都使得财政力量难以聚焦于一处，财政职能肢解。在国际财经交流合作方面，我国财政职能与其他大国相比明显偏弱，与大国经济的地位不协调，缺位较多，同台不同位，对口不对等，话语权不大，影响力不足。

（三）推进国家财政的现代化，提高财政的强国性和集中性

刘晓路（2015）通过荷兰和英国两个国家在发展过程中的财政地位和作用的分析，认为现代财政制度的建设，以增强国家能力为第一要务，税收与国债是达到这一目的的两种重要工具，其中税收的作用更为基本，因为它是国债发行和偿还的基础。在我国市场经济体制改革尚在进行、社会矛盾日益激化的当下，不能削弱国家能力，妨碍现代化进程。财政强国要通过财政集中来实现，因此现代财政制度必须具有较高的集中性，这种集中性体现在财政收入是政府收入的主要甚至是唯一来源，中央政府也应当成为全部财政收支活动的中心，要节制地方政府的行为，避免由于政府内耗削弱国家推进改革的能力。

在提高集中性方面，要重视我国的具体国情：一是针对大量国有企业、国有土地、国有资源，做好国家财富管理。当前国有土地、国有企业及其他国有资源，都可以转换为政府可支配财力，与财政收入以及政府可直接支配的资金没有本质的差别，有必要采取统一的财政管理。二是应让分散的财政功能回归财政部门。过去众多财政功能分散在政府各个不同部门，适应了特定时期发展的需要。但是，这也带来了问题，不利于国家财政合力的发挥，且易固化为部门利益和地方利益，从而导致制度僵化，财政管理低水平，活力不易释放。事实上，各部门都是大大小小的财政部

门，各部门或有收费或征收政府性基金的权限。而财政功能从其他部门到财政部门的回归，从形式上会表现为行政上的财政部门集权。做大做强财政部门，才有可能保证大国财政——“财政是国家治理的基础和重要支柱”定位的实现，最终实现强国财政。

（四）强化财政对经济的控制力，将一国的经济实力转化成对内对外的国家实力

强国财政通过财政建设强化了国家对经济的控制，将一国的经济实力转化成对内对外的国家实力。在现代财政制度的框架下，财政应当思考如何提高国家动员、引导全社会经济资源的能力；如何提高服务国家重大利益关系调整和重大改革举措的资源配置能力；如何提高以有限公共资源实现国家重要目标的财政管理能力；如何形成能够牵动其他领域体制机制改革，实现国家治理制度化、法治化和民主化的制度创新能力；如何通过财政制度创新和体制创新，实现国家汲取、分配公共资源和调整社会利益格局的制度化、法治化和民主化；如何进一步厘清社会主义市场经济体制下政府的边界及其工作重点；如何进一步完善能够有效发挥中国特色社会主义制度优势的政府体制，既保障中央政府在国家改革发展重大方向、重大原则和重大决策上的主导地位，又充分发挥地方政府在提供公共服务和产品上的主动性和有效性；如何将财政作为实现国家目标的主要手段和工具，重点保障和服务好国家发展目标和政策重点；如何构建良好的财政运行机制，提高财政资金配置和管理效率，调整收支规模和结构（吕炜，2017）。

现代财政制度的建设，以增强国家能力为第一要务。而增强国家能力，推进国家治理能力和治理体系现代化的重要支柱，即现代财政制度，必须服务于国家治理能力和治理体系的现代化。从财政是国家治理的基础和重要支柱这一论断来看，财政作为国家治理体系的重要内容和推进国家治理能力现代化的重要保障，对应的是优化资源配置、维护市场统一、促进社会公平、实现国家长治久安等制度保障功能，显然属于层级很高、内涵很广的国家治理范畴。在国家治理的视域中，财政应当思考如何通过发挥财政的基础作用、通过制度创新和政策设计，服务和保障国家发展的政治意图、战略部署和改革方向，理顺和规范国家与社会、政府与市场、中央与地方、人大与政府等重大关系，有效发挥中国特色社会主义的制度优势（吕炜，2016）。

三、提高财政的可持续性是强国财政的根基

从多数西方国家的发展历程看，一些当初的大国之所以没能成为强国，重要的原因在于经济、财政缺乏可持续性，财政与经济社会之间没有形成良性互动关系。荷兰的历史发展告诉我们，为了满足财政需要而举借大量债务，若无法保证税收和财政的持续性，最终财政将陷入无本之源，影响经济发展的可持续性，最终经济大国也就无法发展为经济强国。要保证财政的可持续性，对内至少需要有良性的税制改革，以促进经济增长和社会正义；可控制和具有偿还能力的政府债务规模；通过财税政策，发展国家的主导和支柱产业，保证经济自主权；现代化国家预算制度，为国家财政的持续健康发展奠定坚实基础；理顺中央与地方财政关系，提高财政配置资源、分配财富等方面的功能。对外，强国应当承担更多的国际责任，提供符合强国特征的公共品。

复旦大学林尚立教授认为，中国置身于世界背景中必须思考的问题是：从大国走向强国，大国的治理经验以及强国的治理要求是什么。中央党校张恒山教授认为，处于从大国走向强国的中国，对未来的世界秩序要有构想：国际秩序的价值主题是什么，国与国之间关系的主题是什么，通过什么样的方式实现我们所希望的国际秩序；中国将越来越多地承担国际

秩序的建构责任，我们所倡导的价值观与国际社会的主流价值观之间的关系[①]。

四、立足国情，统筹内外，放眼全局，实现强国财政

（一）强国财政，首先是大国财政

一国的制度应从国情出发，与国情相适应，财政制度也不例外，新形势下构建大国财政更是如此。立足国情，要求从我国的实际出发，在构建大国财政的过程中充分体现中国特色，逐步建立符合中国国情的大国财政，而不能照搬美国、俄罗斯财政的做法。大国财政与小国财政最大的差异就在于是否在国际舞台上主动承担责任，统筹内外便成了构建大国财政所必须遵从的原则。统筹内外要求，同时处理好国内及国际两个层面的财政事务，并将内外两方统一纳入宏观战略布局考虑，形成系统、全面、完备的大国财政。面对艰巨繁重的国内改革发展稳定任务和错综复杂的国际形势，财政建设一方面要保持并发挥好固有的特性和职能，另一方面又要具有顺应新形势应对新挑战的新特性和新职能。财政工作本身具备宏观调控的性质，要求财政工作者始终站在全局高度考虑各方问题。大国财政的构建无疑提高了“全局高度”的层次，从一国的全局观提升到了世界的全局观。放眼全局，要求我们在财政工作的各个环节改变以往的就财政论财政的做法，建立全球视野，积极参与国际事务，在国际援助、基础设施建设、共同应对气候变化等方面发挥积极主动的作用。

在制定财政政策时，要抛弃过去着眼国内、服务国内的观念，注重国内国际双重影响，承担双重责任，有意识地站在全球经济一体化的角度通盘考虑。在规划财政收支时，主动将相关国际事务纳入考虑范围，如注重

---

① 参见：2016 年 1 月 18 日《学习时报》。

世界范围内公共物品及服务的提供、注意协调国际范围的税收等。

（二）承担大国责任，提供与自身能力相符的国际公共产品，在国际上树立强国形象，最终实现强国之梦

在全球化背景下，我国提出国家治理体系和治理能力的现代化，与之对应，现代财政治理也要突破已有财政范式的束缚，财政不仅仅是理一国之财，在全球化背景下财政职能的内涵与外延都得到了扩展，统筹内外。其一，财政调控全球化：一国财政宏观调控不仅影响本国经济发展，政策传导机制受经济金融要素影响，会突破国家界限，产生更深层的影响。其二，财政收支全球化：跨国交易的频繁使得国际税收利益分配十分重要，全球应对税基侵蚀与利润转移（BEPS）已经达成共识；为了解决日益突出的气候变暖、环境保护、地区安全等全球问题，国际公共产品与服务的提供成为应有之义。其三，信息化技术的发展很大程度上降低了信息不对称带来的治理成本，但同样带来了新的治理难题，新的国际治理新秩序的建立客观上要求就财经利益开展多方洽谈与合作。

大国责任在国际上的担当，也是以财政为基础的。要让大国财政真正发挥作用，就要按新的思维设计改革。这就要求大国财政给予充分的资金保障支持，在对外交流中服务于本国长远的战略布局。将国际财经治理体系建立、国际财经秩序规则形成作为一种最重要的国际公共产品来看待与提供。比如应对全球范围内的资产流动、利润转移等，要加强跨国监管，最大程度上减少本国经济资源与利益的流失。又如，将财政资源在全球范围内进行有效配置，为中国公民提供更多、更好、更及时的公共服务。再如，当前我国正在积极筹备的亚洲基础设施投资银行和“一带一路”战略，都需要财政在其中发挥重要作用。大国财政在涉外事务中发挥至关重要的作用，也将会引起世界经济的连锁反应。因此，大国财政需要在本国的国际交往中主动承担责任，积极参与国际合作，协调国际利益关系，共同防范风险，推动国际资源合理配置，促进世界和平与发展，承担大国责任，提供与自身能力相符的国际公共产品，在国际上树立强国形象，最终实现强国之梦。

（三）积极开展对外交流合作，主动设置议题，提升中国财税话语权，体现中国理念

中国经过三十多年的大发展，经济进入一个新的阶段：增长速度放缓，产业结构需要调整，发展模式需要转型。30 多年的大发展告诉我们，中国要解决自身的问题，关起门来是不行的。唯有坚持改革开放，与世界合作，才能找到妥善解决的办法。“一带一路”的倡议也适应了国际社会对中国的期望。随着中国接近世界舞台的中心，国际社会期待中国提供更多的公共产品。“一带一路”就是中国向国际社会提供的公共产品，也是中国向国际社会履行自己的职责。“一带一路”的根本目标是为了实现欧亚大陆的持久和平和共同繁荣。随着“一带一路”这个宏伟的倡议逐步地实施，东亚、南亚、中亚的合作会进一步加强，欧亚之间的经济关系会进一步深化，必定会对美国、欧洲、非洲、拉丁美洲的经济增长均有很强劲的推动作用。习近平主席倡导以合作共赢为核心构建新型国际关系，“一带一路”的倡议就是中国为构建新型国际关系的具体行动。

积极参与多边和双边对话机制，主动设置议题，体现大国理念。推动组建中国主导的多边开发机构，实施我国对外政策主张，体现大国政治意图，提升强国实力，如推动组建亚洲基础设施投资银行，金砖国家开发银行，上海合作组织银行等。

积极参与 GPA 谈判，发挥大国市场和经济优势，为国内企业争取有利的国际环境。GPA 是世界贸易组织多边协定之一，它不仅将政府采购标的从货物扩展至货物和服务（包括工程服务），而且将采购实体范围从中央政府扩展至次中央政府和公用企业。加入 GPA 不仅可以节省开支、促进改革，而且能够提升国际话语权，为此，我国要加快从 GPA 观察国到成员国身份转变的步伐。

积极参与国际税收治理，提升中国财税话语权。随着 BEPS 的提出，国际税收规则正进入近百年来最大规模的重塑时期，中国作为第二大经济体、发展中大国，在国际税收规则重塑过程中应当拥有重大话语权，发挥建设性作用。

第二节　农业安全与可持续发展：跳出财政看财政问题

一、农业安全的现状解析

（一）农业安全的地位

一般来说，世界上，关于农业安全主要包括两个方面：第一是农产品数量安全，第二是农产品质量安全。由于经济社会发展阶段的不同，不发达国家和发达国家的侧重点有所不同。不发达国家侧重的是数量问题，发达国家如欧美现在主要关注的是质量问题。对我国现阶段的农业发展而言，由于我国是人口大国，同时也是农业大国，因此农业安全不仅仅是一个数量安全、质量安全的问题，同时也有生态安全问题和面临外部冲击的农业安全问题。比如，非洲的某些国家，由于受欧美等国的一些大公司的控制，他们的农业发展受制于欧美国家，这种限制将会导致一旦欧美国家通过政治手段掐断对他们的援助，农业乃至整个经济体系都要崩溃。

需要知道的是，农业的安全不仅仅是农业发展的自身问题，而且是经济社会可持续发展面临的重要问题，同样也是国家战略安全的重要组成部分。所以，对于农业安全问题，本身不能仅看农产品的数量安全、质量安全，需要从整体的角度看待它，将农业安全放置于整个国家的战略安全角度去考虑，以制定政策，确保中国的农业安全。

（二）农业安全的总体状况

鉴于农业生产所具有的天然弱质性以及各个方面的原因所形成的不利条件，当前我国农业安全形势所面临的风险比较严峻，值得进一步思考与防范。

近些年，在西方大国的外交政策和跨国公司资本运作以及操纵炒作的共同作用下，世界上的石油、水和粮食等资源越来越稀缺，各个国家对这些资源的争夺态势已经显现，将来势必愈演愈烈。粮食、种子等农产品资源将会成为大国之间综合实力竞争与博弈以及用来限制中国崛起的重要武器之一。因而，必须要认识到，当前中国农业安全面临的风险是复杂而多重的：

1. 我国农业缺乏足够的国际竞争力

建设现代农业，加快转变农业发展方式，一个重要目的是提高农业效益。但近年来我国主要农产品生产成本持续攀升，国内粮棉油糖价格高于国际市场，给提高农业效益、维护农业产业安全带来新挑战，国内农产品缺乏国际竞争力。主要体现在以下几个方面：

（1）大宗农产品国内外价差不断扩大。随着劳动力、土地、环境保护等成本不断提高，我国农业成本快速上升。2006—2012 年，我国水稻、小麦、玉米、棉花、油菜籽、甘蔗价格年均涨幅均低于同期成本涨幅，到 2013 年我国大宗农产品国内价格已全面高于国际价格。

（2）关税的防火墙作用受到削弱。近年来，主要农产品进口税后价低于国内最低保护价和临时收储价，关税的防火墙作用受到削弱。这导致边收储边进口，政策成本过高。2013—2014 年度我国临时收储玉米 6919 万吨，临储棉花 629 万吨，每吨棉花库存 1 年的利息和维护成本在 2000 元左右。临储菜籽油高达 600 万吨，若按当前市场价格销售，价差损失超过 150 亿元。食糖临储库存累计 500 万吨左右，隐亏估计超过 200 亿元。

（3）进口对国内农业产业的影响加深。受价差驱动，我国主要农产品进口激增。国内外价差不断扩大，是造成洋货入市、国货入库的重要原因。“大豆之殇”是我国农业产业安全问题的典型表现。我国大豆种植户均面积小，难有规模效益，生产成本比美国高 30% 以上。由于大豆市场高度开放，国内大豆种植比较效益低，导致大豆种植面积不断减少。食糖进口价格过低，导致国内价格持续下跌，造成糖企全面亏损、蔗农收入下降。

（4）农产品质量安全面临新挑战，使得农产品缺乏国际竞争力。调查显示，目前城市居民感到最不放心、最不安全的社会问题是食品药品安全。而且农产品的质量安全，关系到农产品的国际竞争力。因此，提升农产品质量和食品安全水平，具有很强的现实针对性。

引发农产品质量安全问题的因素有很多。（1）农业生产环境恶化。据专家估算，我国粮食生产每年因重金属污染造成直接经济损失超过 200 亿元，环境污染严重地区的农产品质量安全难以保障。（2）农业生产技术低。我国农业生产技术比较落后，非科学使用农药、化肥、除草剂等现象屡见不鲜。（3）农产品质量安全监管难度大。从农田到餐桌的整个食物链条中，种、养、收以及初加工等环节是决定农产品质量安全的基础。相对于食品安全，农产品质量安全更加难以控制。一方面，化肥、饲料、农药、兽药等各类投入品使用的技术千差万别，生产经营者众多，农产品种类繁多，难以全面监管。另一方面，农产品中微生物、重金属、兽药和农药残留等有害物指标，以目前的检测技术，再考虑成本等因素，难以全面检测。

2. 粮食安全面临新挑战，粮食自给率不断降低，“大国农业”难

粮食是一种特殊商品，需求缺乏弹性，人们不会因为价格低而多吃，也不能因为价格高而不吃，一旦发生粮食短缺，势必引起恐慌乃至社会政治的不稳定。在这个意义上，粮食不是一般的商品，而是具有战略价值的商品。中国人口多，对粮食的需求量大，再加上“民以食为天”的传统观念，粮食短缺的后果可能更加严重，势必影响政治稳定与国家安全。

现代意义上的“粮食安全”，源自 20 世纪 70 年代初的全球粮食减产，当时全球粮食储备由 18% 下降至 14%，粮价上涨 2 倍，导致了“二战”后最严重的粮食危机。为应对危机，1974 年 11 月，联合国粮农组织（下称“粮农组织”）在罗马召开了第一次世界粮食首脑会议，通过了《世界粮食安全国际约定》，首次提出了“粮食安全”（Food Security）概念。这一概念在当时的定义是：保证任何人在任何时候都能得到为了生存和健康所需要的足够食物，要求各国政府采取措施，保证世界谷物年末最低安全系数，即当年末谷物库存量至少相当于次年谷物消费量的 17%—18%。一个国家谷物库存安全系数低于 17% 则为谷物不安全，低于 14% 则为进入紧急状态。

我国粮食安全新战略发轫于 2013 年。2013 年的中央农村工作会议是一次高规格布局粮食安全的重要会议，中央政治局常委全体出席，习近平总书记首次对新时期粮食安全战略进行了系统阐述。他强调粮食安全的极端重要性，“我国 13 亿多张嘴要吃饭，不吃饭就不能生存，悠悠万事，吃饭为大”。尽管我国粮食产量十一连增、产能达 6 亿多吨且库存充足，但随着工业化、城镇化进程加快以及农业开放度提高，我国粮食安全面临新挑战。

2015 年，英国经济学人智库发布《全球食物安全指数报告》指出，中国在全球 107 个参评国家中位居第 42 位，列入“良好表现”一档。相对于人均 GDP 第 52 位的排名，中国是为数不多的食物安全水平超越其社

会富裕程度的国家之一。这部分应归功于中国自2004年以来的粮食“十连增”。但产量递增背后，需求增加更甚的情况，则在有意无意间被忽略：中国实际已连续多年处于产不足需状态。2008年，中国粮食首次产大于需。从2009年开始，供求关系又开始变得越来越紧张，当年产大于需仅782万吨。到2010年，又重新进入产不足需状态，当年缺口为352.3万吨。这一态势至今未变。进口快速增长，粮食安全战略受到挑战。自2009年我国谷物由净出口转为净进口以来，进口量一路激增。我国对于征收配额外关税后的进口是完全放开的，这将给“以我为主”和“适度进口”的国家粮食安全战略带来挑战。以2012年数据计算，中国进口的大豆数量相当于其粮食产量的16.6%，相当于中国粮食消费有14%左右需要通过进口解决。粮食自给率不足86%，已低于95%的粮食供给自给率目标。

增产潜力减弱，保持产能难度加大，供不应求的矛盾逐渐突出，“大国农业”难以自保。在增产方面，主要通过一是提高单产，二是增加或至少稳定耕地面积。按照以往经验来看，中国的粮食增产大约2/3依赖于单产水平提高，播种面积增加的贡献约为三分之一。

当前主要增加粮食产量的途径，却受到了挑战：

首先，改造中低产田，加强水利基础设施建设，把中低产田建成旱涝保收、高产稳产、节水增效的高标准农田，但是水利整治资金匮乏，缺口逐渐增大。

据测算，通过加强中低产田改造可使每公顷中低产田提高单产1500公斤，按2007年全国耕地面积12178万公顷，中国现有耕地面积中低产田占三分之二，现有耕地中2/3用于粮食种植计算，如果能够有一半的中低产田获得改造，可使得粮食增产4059万吨。过去十多年，中国通过土地整治建成的旱涝保收高标准基本农田（下称高基农田）为2亿亩，照此速率，18亿亩耕地全部整治完毕，需近百年时间。《全国土地整治规划

（2011—2015 年）》对“十二五”期间的土地整治提出了要求：“十二五”期间，中国新建 4 亿亩高基农田、新增 2400 万亩耕地。以数字计算，此期间中国每年新建的高基农田数量，将是之前十年间每年新建数量的 4 倍。数字目标的激增，更加凸显整治资金短缺的痼疾。地方政府缺乏激励，不愿为中央政府层面关注的粮食安全目标埋单，资金来源有限且波动性颇强等原因造成的“差钱”，是造成之前十年土地整治“蜗行”的最大掣肘。按照现有的整治资金投入模式，仅新建 4 亿亩高基农田一项，缺口已达 750 亿元。此外，目前的整治资金体系中，并未考虑必需的维护费用。随时间推移，费用缺口将日益增大。

其次，科技进步可增加粮食产量，但是科研投入不足成为诟病。

良种良法、病虫害防治、测土配方、节水灌溉、防灾减灾保护性耕作技术和避灾技术、农业机械化技术、农业产业链综合管理技术的进步和推广应用，不同区域之间、农业产业链不同环节之间分工协作关系的完善等，都有利于提高粮食单产和总产。在作物改良时，中国已将增加品种的抗病虫性、营养高效利用、耐旱、抗逆等性状作为重要目标。但在具体实践中，中国农业的相关研究却存在厚薄不均，具体表现为育种技术比耕种栽培更受重视，前者获得的资金比后者多出几十倍、上百倍。而在育种领域，转基因又比非转基因“受宠”。

在需求方面，国务院发展研究中心在 2015 年出版的《中国特色农业现代化道路研究》一书中，则首次指出：到 2020 年，按 14.3 亿人口、人均消费 409 公斤至 414 公斤计算，总需求量将达到 58487 万吨至 59202 万吨。按照中国的粮食生产能力计算，届时国内粮食（不含大豆）的供给缺口将在 4000 万吨至 5000 万吨。但是在供给上，我国粮食发展纲要要求到 2020 年粮食产能达 5.5 亿吨以上，尽管近些年粮食产量已超过该目标，但受耕地面积逐年减少、自然灾害和资源环境制约，在农业科技没有重大突破的情况下，保持现有粮食产能难度加大。

再次，在耕种面积方面，由于受多年的土地财政迅猛发展等原因，耕地面积可利用量在逐渐减少和萎缩。

近几年土地征用规模达到了每年250万亩至300万亩。如果按人均1亩地推算，每年大约有250万到300万农民失去土地。

最后，农业自身的生产经营特点，使得农业缺乏吸引力，农业难以进行农业产业化、规模化经营，传统经营模式广泛存在，降低了农业的规模和产量。

由于农业较低的收益率和较高的经营风险及其特殊地位，世界发达国家一般都会采取各种措施来确保本国农民经济利益的实现，降低农业的经营风险。尽管进入21世纪以来党和政府出台了一系列惠农政策，但由于我国农业生产的不利条件的阻碍，总体来说中国农民难以通过市场来充分实现自身经济利益的最大化，农业对于农民的吸引力不断衰减，进而引致农民普遍对农业生产缺乏兴趣，或者不愿意从事农业生产，或者仅仅为了自己生活需要种植少量农作物，而不愿意进行商业化生产，更不愿意去研究如何提高农业生产的技术。同时，由于缺乏必要的指导和帮助，农民更愿意遵循短期市场的信号进行自己的生产决策，当某种农产品价格下跌时他们便会纷纷退出这种农产品的生产。

二、国家财政对农业安全的支持作用

中国的农业安全问题已经成为中国农业发展，特别是中国农业现代化发展当中不可回避的重要问题。国家财政支持农业安全和发展主要体现在四个方面：

（一）维系大国财政的思维，确立大国农业地位

我国作为人口众多的发展中国家，农业是我国得以安邦治国的基础，

应发挥大国的地位和优势，实现大国农业的战略。大国农业体现在，通过进出口贸易，输出我国优质的、具有比较优势的农产品；输入比较劣势的农产品，实施以劳力换土地的战略，获取农产品外贸的比较效益；更体现在确保我国农产品、粮食自身的安全战略。这就需要我国强劲的财政实力的保障和支持。

（二）工业反哺农业，确保农业基础地位

长期以来，农业作为弱势产业，一直被工业以各种形式的剪刀差提取农业剩余。我国当前已经进入后工业化时代，在此背景下，工业反哺农业，确保农业的国民经济基础地位，是经济社会自然发展的必然规律，也是世界多数国家的普遍做法。以 2014 年为例，我国财政从第一产业获取的税收仅为 204 亿元，占全国税收的比重仅为 0.15%，而剩余的 99.85% 来自于第二产业和第三产业，可见农业税收已微不足道，完全有实力实行第一产业的轻税政策，甚至工业反哺农业的补贴政策。如将更多的工业税收投入第一产业，通过加大对农业基础设施建设和农业科技技术进步的力度，确保农产品有效供给和农产品质量安全。具体来说，包括对水利、基本农田建设保护、农业科研、农业科技、农产品质量监测等方面的支持。

2016 年，中央财政年初预算对农业发展安排 1.22865 万亿，也就是 1.23 万亿，增长幅度 17.9%。这个增幅超过了中央财政预算总收入和总支出的增长幅度，体现了国家公共财政资源不断向农业农村倾斜的整体政策要求。

（三）发挥大国财政的优势，创造条件，解决农民、农村问题

创造多种渠道来增加农民收入。农民作为特殊群体，在工业化、城镇化的进程中，处于不利的地位。在农业用地被征用后，将承受土地的经济价值损失。在融入到城镇化的进程中，因经济条件受限、身份受限、技能受限等原因，使得农民难以有一席之地。因此对于大国农业而言，应加大

对农民的补贴力度，尤其是直接补贴途径，由国家承担越来越多的农业基础设施建设的责任，相应降低农业生产成本，加大扶贫开发力度，减轻农民的各种负担。

支持农村社会事业发展，探索建立健全农村公共福利制度和社会保障制度，促进城乡基本公共服务均等化。对农村的公共道路、重大的生态环境建设工程、农业的基础科学研究建设等可以由中央和地方财政无偿投入。除此之外，中央财政和地方财政应列出一部分预算用于补偿性财政支出，即向有政策性农村金融业务的机构提供贴息资金和呆账损失的弥补，用财政贴息、担保、以及税式支出等形式鼓励和引导资金流向农村和农业。城乡之间的基础公共服务的差距，是当前亟待解决的关键问题，基本公共服务的差距直接造成城乡间居民享受的教育、公共卫生、社会保障等方面的区别待遇，不利于农业的持续健康发展，不利于农村地区农民生活水平的稳步提高。

三、确保我国农业安全的财政对策

党的十八大以来，以习近平同志为核心的党中央始终把粮食安全作为治国理政的头等大事，高屋建瓴地提出了新时期国家粮食安全的新战略，“饭碗论”“底线论”“红线论”……形成了一系列具有重要意义的粮食安全理论创新与实践创新，走出了一条中国特色的粮食安全之路，为国家长治久安奠定了重要的物质基础，并且为维护世界粮食安全做出了重要贡献。

（一）从战略高度重视农业，发展大国农业，提高竞争力，为其他产业奠定坚实基础

中国必须要重视农业，不仅仅是从农业产业的角度来重视，而是应该

把农业提升到国防军事等国家安全的战略高度来重视。实际上，不仅是中国重视农业，西方发达国家同样非常重视农业。如在美国，农业人口的比例已经下降到人口总数的1%—2%，数量不到600万，但农业部却是雇员人数最多的联邦机构之一，高达10万之众。并且，美国政府一直在提高对农业的直接补贴。1995—2002年，美国提供1140亿美元的农业补贴，年平均142.5亿美元。即使是进入21世纪以来，美国政府也从未停止过对农场主的补贴，每年高达数百亿美元。根据国际食品政策研究所2003年的研究报告显示，发达国家每年对国内农业实施的补贴总额为2350亿美元，因此使发展中国家每年减少出口额达400亿美元。如前所述，由于农业对于中国的特殊性，必须始终从战略高度认识和对待中国农业。

1. 本着四化建设同步发展的总体要求，转变农业财政补贴思维，提升农业竞争力

从国内看，经济发展进入新常态，呈现速度变化、结构优化、动力转换三大特点，要求推动新型工业化、信息化、城镇化、农业现代化同步发展。在四化同步发展中，农业依然是短板，迫切需要加快农业发展方式转变和农业结构调整。我国应当借鉴发达国家和地区的做法，越来越注重提高农业竞争力，通过调整法律和政策逐步取消对农业的直接补贴，转而加大对农业经营主体在市场领域的支持力度，以提高其竞争力、推动农业市场化进程。

2. 在土地财政迅猛发展的客观现实下，坚持严防18亿亩耕地红线的底线思维，真正落实保护耕地的具体措施

确立工业反哺农业的具体措施，为大国农业发展奠定坚实的财力基础，并实现城乡统一的、三次产业协同发展的整体思路和现代农业产业体系。在工业进入后工业化、重工业化的过程中，有必要通过工业反哺农业的有效措施，将工业税收更多的引导到、反哺到农业发展的领域。也有必要降低农业市场主体的税收负担，使农业企业获得更好的利润空间。这些

措施包括，不断增大对农村地区教育、医疗、社会保障体系的支持力度；减少农业产业企业的所得税政策，以吸引更多的资金加入到农业的开发发展中；降低农产品的增值税，并在适当情况下实行免税政策；对粮食主产区进一步加大政府间转移支付力度，实现主体功能区的优先发展；加大对农产品、粮食的财政支持力度，提升农业的国际竞争力；通过有效的制度设计，如引导农业用地更多地参与到被征农业用地的收益分配，改革土地投融资体制机制，引导地方政府更多地关注土地价值的使用和保有环节，严防各地发展土地财政的热情，避免将农业用地不合理地转变为非农业用地，避免新的“工农剪刀差”的出现。

3. 认清比较优势，努力发展特色农业、优势农业，提高大国农业竞争力

相对于美国、加拿大、澳大利亚等农业资源禀赋丰裕的国家，我国农业资源总量不足、人均资源稀缺。但从比较优势角度看，我国农业资源存在多类型及其他相对优势，具备通过发挥比较优势提高农业竞争力的条件。与美国、加拿大等国家相比，我国在园艺、畜牧等非资源性产品上具有相对竞争力；与日本、韩国相比，我国在粮食生产上又具有绝对竞争力。发挥农业比较优势，就是尽快将资源优势转化为产业优势、将产业优势转化为竞争优势，努力提高我国大国农业竞争力。

（二）确立财政的支持方向和重点，完善农业产业安全战略，保证农业的自主发展，提高农业自给率

在涉农国际贸易谈判中坚持粮棉油糖关税税率不减让、关税配额不扩大、农业“黄箱”支持空间不削减。加强产业损害预警，积极利用“两反一保”措施，使贸易救济常态化。建立农业产业损害补偿机制，加强对国内产业的贸易补偿，对因进口农产品竞争而受到损害的农业产业和农民提供补偿性援助。借鉴台湾地区关于农产品生产安全的财政政策，在农

业预算中具体列为2005—2008年的“安全农业”专项和2009年后的“健康农业”专项。

粮食安全是国家安全的重要基础。国家要加大对粮食主产区的支持，增强粮食主产区发展经济和增加财政收入能力，实现粮食主产区粮食生产发展和经济实力增强有机统一、粮食增产和农民增收齐头并进。

实施差别化的粮食安全战略。根据“谷物基本自给、口粮绝对安全”的要求，区分口粮、工业用粮和饲料粮的不同需求特点，明确国内必须保有的基本面积和基本产量，确定农业支持优先重点，以此进一步明确财政支持的方向和重点。合理确定粮食进口预警阈值，运用有效手段把握进口时机和节奏，确保进口规模适度适当。

（三）强化农业支持战略，完善财政支农的长效机制，为大国农业提供强有力的支持

1. 完善财政支农长效机制

探索“普惠制”与“特惠制”相结合的财政支农政策，使真正从事农业生产的经营主体得到更多补贴。由于农业基础设施存在广泛的外部性，在很大程度上需要财政以提供公共产品的方式来解决。因此，财政支农要坚持经济效益、生态效益和社会效益相统一，近期开发与长远利益相结合；要注意做到科学规划，保证规划实施的持续性。农业基本建设的重点是要加快农田水利设施建设，把新增投资有序地用于重大或重点的水利工程项目上来，搞好大型灌区更新改造和配套工程建设，发展节水灌溉，并且结合农业市场化加快农村道路、邮电通讯、电网等基础设施建设，为农业持续发展提供外部条件。构建激励机制，鼓励地方政府主导农田水利等基础设施建设的积极性，提高农田整治的综合能力。

2. 加强农业基础设施建设，增加对农业的资金投入力度，改善现有的农业生产条件，形成合理化的资金来源渠道，为农业发展提供保障调整支农分配结构，提高用于农业生产的资金比重，尤其是对于农业重大基建项目、农业科研及重大农业技术推广等方面的资金投入，要在增量结构上向农业倾斜。要充分利用财政资金的导向作用，引导并增加集体、农民及全社会资金对农业的投放，形成稳定增长的农业投入机制。

3. 结合农业“走出去”战略，加快农业产业化进程

抓住重点环节，突出重点领域，主攻周边国家，发挥企业主体作用，实行有效的财政支持政策。建立多元稳定可靠的进口渠道，充分利用双边协定和多边协定，把握好农产品进口规模和节奏，稳定进口来源。引导和支持按照比较优势原则进行结构调整。在财政投入方向上，应重点关注和发展具有比较优势、在国际市场上具有竞争力的产业，如养殖业、蔬菜业、林果业等；在大农业内部，充分发挥各业之间的互补关系，根据区域比较优势安排农业生产，更加集约地利用各种农业资源。加强财政税收政策的支持力度，推进农业产业化经营进程。积极发挥财政税收政策，形成优惠政策，引导社会资金发展农业产业化，对农业企业实行低税率政策，对农业科技投入实行企业所得税的税前扣除政策，对新型安全农产品、生态农产品实行有效的财政引导政策和补贴政策，大力扶持科技含量高、市场开拓能力强、尤其是愿为农民服务的龙头企业，同时注重与小城镇建设、完善农村社会化服务体系以及推进乡镇企业二次创业结合起来。

4. 加大对农业科技的投入，提升农业科技实力和农产品的技术支持，提升农产品的技术含量，为大国的农业地位服务

由于农业科技创新具有显著的公共性、基础性、社会性，因此要求政府充分发挥主导作用，由财政承担主要责任。应把农业科技摆在更加突出的位置，下决心突破体制机制障碍，大幅度增加农业科技投入，推动农业科技跨越发展。

可以加强对农业大专院校、科研单位的财政支持，促进相关科研机构、大专院校及业界农产品质量安全生产研发能力的提升，提高农产品安

全卫生基准与健康价值。引导科技创新，大力引进适合农产品安全生产要求的高产、优质、高效的新品种和先进试用的栽培、养殖等技术，为发展安全农产品提供技术支撑。

加强动植物防疫检疫科技专项财政支持，确保动植物生产安全，以提升竞争力，如动植物疫病虫害监测与风险评估技术、改进动植物疫病虫害诊断鉴定与防治、动物用药品生产与质量安全技术、畜产品药物残留检验与肉品卫生检查技术等；加强农产品生产全过程的技术支持，包括农业资材研发、植物防疫检疫、有机生产技术、育种及配套技术、农产品质量安全检测技术、产品卫生安全检测技术、废弃物处理与利用技术、农产品收获安全技术等；建议建立专门机构，促进两岸农产品检疫相互认可，进行快速的对口协商与管理，共同做好动植物防疫、监测和控制。

第三节　老龄化挑战：如何实现精算平衡？

卢洪友（2016）[①] 提出大国财政的建设既要提高财政硬实力，又要提高财政软实力。硬实力体现在财政规模、结构与效率等方面，软实力体现在规范、完备的财政法律制度体系及运行机制。目前，我国在大国财政的构建中已取得了一些成就，如 1994 年分税制改革保证了中央能够获得充足的财政收入、以基础设施建设等“投资”为“抓手”拉动经济发展、依托我国的财政实力增强国际话语权等，但当前财政制度还存在诸多问题，需要逐渐化解，经济社会形势的变化也对财政提出全新的挑战。

① 卢洪友：《中国的大国财政定位及建设之路》，《地方财政研究》，2016 年第 1 期，第 28—31 页。

随着我国社会经济从高速增长转向中高速增长，我国财政收入也由高速增长转为中低速增长，财政压力加大。我国人口老龄化的进程也在不断加快，居民赡养比下降，这意味着未来一代社会养老的负担在加剧，政府也将背负起沉重的社会养老保障负担。这对我国财政的硬实力和软实力都会造成很大冲击。因此，只有妥善解决人口老龄化带来的一系列问题，才能更好地构建大国财政。

一、老龄化的挑战

（一）老龄化的现状

人口老龄化是经济和社会发展到一定阶段的产物，21 世纪人口老龄化，已成为全球化的社会问题。所谓人口老龄化，是指老年人在总人口中的相对比例上升。按国际通行的标准，60 岁以上的老年人口或 65 岁以上的老年人口在总人口中的比例超过 10% 和 7% ，即可看作是达到了人口老龄化。

1. 我国的老年人口总体规模迅速膨胀，人口老龄化速度加快

如表 4 – 1 所示，我国近些年来，老龄化人口的总体规模在迅速膨胀，从 2008 年的 10956 万人，上升到 2017 年的 15831 万人，总规模增加 4875 万人，预计到 2020 年，老年人口达到 2. 48 亿，老龄化水平达到 17. 17% ，其中 80 岁以上老年人口将达到 3067 万人；2025 年，六十岁以上人口将达到 3 亿，成为超老年型国家。但与此同时，总人口并未呈现如此快的增长速度，因此，老龄人口占总人口的比重从 2008 年的 8. 2% ，逐步上升至 2017 年的 11. 4% ①。有机构研究显示，预计 60 岁及以上人口所占比例将

① 中国 65 岁以上人口占总人口比重 1982 年为 4. 9% ，1990 年为 5. 6% ，2000 年为 7. 1% ，2010 年为 8. 9% ，2014 年为 10. 1% ，2017 年为 11. 4% 。从这组数据中可以看出，中国的老龄化正呈加速度上升状态。

由当前的比例升至 2050 的 33%，届时中国将成为全球老龄化程度最高的国家。关于老年人口抚养比①也从 2008 年的 11.3% 迅速提升到 2017 年的 15.7%，预计 2020 年这一比重会达到 23% 左右。

进一步地，根据联合国公布的人口数据，1990—2010 年世界各国老龄人口平均增长速度为 2.5%，中国为 3.3%。发达国家老龄化进程长达几十年到一百年，比如法国 115 年，美国 60 年，德国 40 年，日本 24 年，而中国仅用了 18 年时间。

表 4-1　　2008—2017 年中国人口的变化情况②

指标	2008 年	2009 年	2010 年	2011 年	2012 年	2013 年	2014 年	2015 年	2016 年	2017 年
年末总人口（万人）	132802	133450	134091	134735	135404	136072	136782	137462	138271	139008
0-14 岁人口（万人）	25166	24659	22259	22164	22287	22329	22558	22715	23008	23348
15-64 岁人口（万人）	96680	97484	99938	100283	100403	100582	100469	100361	100260	99829
65 岁及以上人口（万人）	10956	11307	11894	12288	12714	13161	13755	14386	15003	15831
总抚养比（%）	37.4	36.9	34.2	34.4	34.9	35.3	36.2	37	37.9	39.2
少儿抚养比（%）	26	25.3	22.3	22.1	22.2	22.2	22.5	22.6	22.9	23.4
老年抚养比（%）	11.3	11.6	11.9	12.3	12.7	13.1	13.7	14.3	15	15.9

① 老年人口抚养比或称老年人口抚养系数，或赡养率，是指 65 岁以上人口数量占工作人口（15-64 岁）数量的比重。

② 资料来源：国家统计局官网。

2. 未富先老迹象显现，经济发展压力增强

从国际上发达国家的经济发展和人口结构变化来看，大部分国家都是在物质财富积累达到一定程度后，才开始进入到人口老龄化阶段，相应地这些国家有足够的财力来解决老年人的养老问题。而21世纪初我国进入人口老龄化社会时，物质财富积累则相对不足。如，2001年，我国65岁及以上老年人口占比达到7.1%，按照联合国标准正式进入到老龄化社会，而当年人均GDP仅为1041.6美元，不及德国、英国和加拿大的1/20，仅为美国和日本的3%左右，与发达国家存在较大差距。近些年更是如此，虽然我国已经跻身于世界第二大经济体，但是按照人均水平进行衡量，人均GDP为5.2万元，约合8016美元，与美国、日本、德国、英国等发达国家3.7万美元以上的水平仍有很大差距[①]。但是我国的人口老龄化却相当突出，截至2017年年底，全国60周岁及以上老年人口24090万人，占总人口的17.3%，其中65岁及以上人口15831万人，占总人口的11.4%[②]。另一方面，资料显示，到2050年左右，中国的劳动力人口总数将比目前减少18%—35%。

3. 老龄化地区差异显著，存在城乡倒置

在人口老龄化形势日益严峻同时，我国人口老龄化程度也存在很大的空间差异性。2017年，在我国各31个省市中有30个省市65岁以上老年人口比例超过7%，仅西藏自治区老年人口比例还未超过7%，意味着我国基本上全面进入了人口老龄化社会。东部地区老龄化系数均值为11.17%，11个省市中有8个省市的老龄化程度达到了10%。这与东部地区经济发达、医疗卫生条件优越有关。其中江苏老龄化程度最高，老龄化系数为14.26%，广东老龄化程度最低，老龄化系数为7.75%。广东省由

① 2015年，中国GDP世界第二，人均GDP不如发达国家，http：//mt. sohu. com/20160120/n435165526. shtml。

② http：//politics. people. com. cn/GB/n1/2016/0711/c1001－28544762. html。

于其经济发展优势，吸引了大量外来年轻劳动力流入，人口的流动在很大程度上减轻了老龄化程度。中部地区老龄化系数均值为 10.76%，8 个省市中 6 个省市老龄化程度在 10% 以上。西部地区老龄化系数均值为 9.39%，12 个省市中仅有 5 个省市老龄化程度在 10% 以上。相对而言，东部地区老龄化程度最为严重，中部地区相对于东部地区而言人口还较为年轻化，西部地区老龄化程度最低。但西部地区也有例外，例如重庆和四川人口老龄化程度遥遥领先于全国其他省市，一方面这两个地区人口控制力度较大，人口增长率低，另一方面，当地人口特别是青年人口迁出率大，进一步加剧人口老龄化程度。除了地区间的差异，农村年轻劳动力向城市迁移的过程中，使城乡人口年龄结构发生了显著变化，导致农村人口老龄化程度高于城市，从而发生了城乡倒置的情况。

4. 从发展趋势看，老龄化将是我国人口结构的长期特征

在现有人口政策保持不变的情况下，我国人口结构呈现出的老龄化特征将会持续较长时间。联合国发布的《世界人口展望（2017 修订版）》对中国人口做出了 3 种不同总和生育率方案下的长期预测。通常认为中方案（假定未来中国总和生育率会从现在的 1.6 左右逐步回升到 1.8 左右）是最符合现实的情况。该方案预测 2029 年中国将到达人口峰值 14.416 亿，随后开始缓慢下降。中国 0—14 岁、15—64 岁人口比重都快速下降，65 岁以上人口比重快速上升，在 2070 年后保持稳定。基于此，我们认为未来中国人口有“三大趋势”不可逆转：一是少儿人口数量和比例都将会下降；二是劳动力数量和比例也将会下降；三是老年人口数量和比例将激增。随着老龄化程度的加深，老年抚养比会进一步提高。而少子化预示着未来社会劳动力供给将进一步减少，老年抚养比也随之进一步上升，这样会使老龄化问题更加凸显。由于人口结构变化和调整具有一定的滞后性，需要的时间较长，而老龄化又是不可逆转的。因此，我国人口老龄化将会持续相当长的时间。

总的来说，人口出生率下降和寿命延长是推动中国老龄化和劳动人口相对数量下滑的两股基本力量。中国即将经历一次惊人的人口转变，一个原本年轻的国家即将老龄化，人口的老龄化问题将很快成为中国面临的前所未有的新挑战。

（二）财政的机遇与挑战

改革开放以来，伴随着中国经济的持续快速增长，医疗卫生服务体系不断健全，居民的平均寿命不断提高，由 1981 年的 67.9 提高到 2017 年的 76.7 岁，人均预期寿命增加 8.8 岁，加上计划生育政策的影响，中国人口老龄化的进程不断加快。1978 年我国 65 岁及以上人口为 4636 万人，占总人口的比例不到 4.9%，而到 2017 年，这一群体的规模达到了 15831 万人，占总人口的比例达到 11.4%，已超过了国际公认的老龄化社会标准线。而且，持续加速的老龄化仍然是未来中国人口结构演变的主要趋势。人口老龄化社会的到来，引发了中国经济社会深层次的调整和变革。其中，最为明显的变化集中表现在劳动供给、居民消费和社会养老保障三个领域。老龄化对这三个领域的影响最终通过财政可持续性问题得到集中体现，影响我国构建大国财政：

1. 人口老龄化对劳动力市场形成持续冲击，公共财政收入增长放缓

从 20 世纪 60 年代中期开始一直到 2010 年，我国劳动年龄人口占总人口的比重一直呈现上升趋势，持续释放的人口红利成为支撑我国改革开放以来经济高速增长的重要源泉。统计数据表明，1978—2010 年间，我国 GDP 年均增长率达到 9.9%，创造了改革开放以来中国经济持续高速增长的奇迹，快速增长的国民经济有效保障了我国公共财政收入的来源。然而自 2010 年起，我国劳动年龄人口占比逐渐进入拐点，比重持续下降，且从 2013 年开始我国劳动年龄人口的绝对数量也呈现出下降趋势，人口抚养比由下降转为提升，这意味着我国传统意义上的人口红利已经逐渐消

失，劳动力有效供给出现短缺。

此外，根据经济学家莫迪利安尼提出的生命周期假说，年轻人工作时期倾向于将劳动收入用于投资和储蓄，而老年人则将年轻时期的储蓄用于各项养老消费，因此老年群体一般比年轻人具有更高的边际消费倾向和更低的边际储蓄倾向。理性消费者为实现其一生的效用最大化，必须合理安排各个阶段的消费与储蓄，使一生的总收入与消费支出相等。从生命周期理论假说来看，人口老龄化将使得老年人口数量占总人口数量的比重增加，而老年人对养老服务的消费需求更加强烈，劳动年龄人口用于赡养老年人口的养老支出增加，而可用于生产投资（储蓄）的比例将趋于下降，国民经济分配格局将向老年群体倾斜，导致储蓄水平下降。因此，人口老龄化将对我国国民储蓄率产生负面影响，不利于长期资本积累。

由此看来，人口老龄化不仅对我国劳动力的有效供给产生很大的负面冲击，也会对我国长期资本积累产生影响。劳动力与资本都是推动经济增长的基本要素，因此人口老龄化将会对我国国民经济增长产生不利影响。根据国家应对人口老龄化战略研究课题组的模拟预测结果显示，2011—2050 年间，人口老龄化将有可能导致我国潜在年均增长率降低 1.7%。人口老龄化对国民经济产生的负面冲击将会导致税基缩减，而在宏观税收负担保持稳定的情形下，税基缩减必将引发我国政府的财政收入减缓。事实上，国家统计局相关数据表明，我国财政收入增长速度从 2011 年开始已经呈现大幅度下滑趋势，由 2011 年的 25% 快速下降至 2017 年的 8.12%，人口老龄化对我国财政收入的可持续性将构成威胁。

2. 人口老龄化改变了财政运行的总体结构，增加财政压力

（1）老年人实际数量的增加促使更多人口需要政府予以社会医疗以及养老保险方面的扶持，这也就促使国家在卫生医疗以及养老保险政策上面临较大的挑战。人口老龄化的快速发展，带来了更多的低收入人群和更多的弱势群体，而这些低收入人群和弱势群体更加需要国家和政府的关

爱。就国家社会保障体系来看，社会福利、公共卫生设施、最低生活保障、退休金和养老金等方面，国家都需要增加其覆盖面积，而且要投入更多的人力、物力和精力，造成财政负担加重。人口老龄化将提高社会养老保障的收支比例，导致政府社会养老保险金的支付压力和融资负担日趋加重，老龄化会降低一个经济体的活跃度，老龄化与少子化（即0—14岁人口过少）叠加，则意味着巨大的养老风险，养老保险会面临“缴费的人少，领钱的人多”的窘境。鉴于中国卫生资源有限、社会安全网不够完善，老龄化将对医疗卫生服务的提供造成资金压力，尤其是对日益增多的老年人的长期护理。由于此类服务主要由地方政府提供，这将使地方政府的财政更为吃紧。

以医疗保险为例，在人口老龄化不断增长的情况下，人口老龄化对整个医疗费用的承受能力提出了严峻挑战。老年人本来就是比较容易患各种慢性疾病的特殊群体，因疾病、伤残、衰老而失去生活能力的老年人显著增加，给国家、社会和家庭都带来沉重的负担。卫生部调查表明，老年人群中60%—70%有慢性病史，人均患有2—3种疾病。60岁以上老年人慢性疾病患病率是全人口的3.2倍，伤残率是全人口的3.6倍。根据中国老龄科研中心的调查，60岁以上老年人在余寿中有2/3的时间处于带病生存。老年病多为肿瘤、心脑血管病、糖尿病、老年抑郁症和呼吸道疾病等慢性病，花费大，消耗卫生资源多。另有研究表明，在医疗服务价格不变的条件下，人口老龄化导致的医疗费用负担年增长率为1.54%，未来的人口老龄化造成的负担将比目前增加25%—30%，对医疗保险和社会服务的需求显得越来越迫切。

以养老保险为例，人口老龄化会增加我国政府在城镇养老保障方面的压力。不断加深的人口老龄化主要是通过改变赡养比来影响基本养老保险基金。赡养比主要是指领取社保基金人口与缴纳社保基金人口之比，这一比率对于基本养老保险制度的收支会产生重要影响。当该比率较低时，说明该制度下缴费者多于领取者，从而形成收入大于支出的情况；当该比率较高时，表明领取者相对增加，会逐步形成收入少于支出的情况。

2017 年我国 65 岁及以上老年人占总人口的比例约为 11.4%，而 2050 年我国 65 岁及以上老年人占当时总人口的比例约为 30.8%。2017 年我国 15—64 岁的劳动年龄人口占总人口的比例约为 71.8%，而 2050 年该比例约为 56.7%。从这些数据可以看出，在保持现有人口等政策基本不变的前提下，未来 30 多年我国基本养老保险制度的赡养比会不断下降，且很有可能下降为 2∶1 以下，即两个在职职工供养一个领取养老金者。老龄化加深带来的赡养比下降意味着依靠在职职工不到 20% 的工资收入所积累的养老基金收入会远不足以支付约占领取养老金者工资收入 60% 的养老基金支出。

（2）在不改变财政相应总支出的条件下，财政的养老负担的增加将带来财政其他支出的相应减少，随之而来的可能是国家应用于生产投资方面的财政政策需要及时调整。随着政府职能由“经济建设型”向“公共服务型”转变，政府财政支出规模在不断做出调整和变革。目前，从“全口径”预算管理的口径看，政府财政支出中投资建设型支出占比仍然过半，政府用于教育、医疗卫生等民生领域的投入比重仍处于“欠账”状态。在老龄化进程加快的情形下，投资建设方面的支出会进一步减少。

老龄化还可能导致公共教育支出的减少。不同年龄段人群对公共服务需求存在差异。主观上，人们对公共教育支出的支持意愿随着年龄的增加而降低，表现为公共资源配置的主观上的代际冲突。而客观上，人口年龄结构的变化也可能会导致公共资源在代际之间配置结构发生改变。在民主选举制的国家，政府的公共资源配置取决于“中位选民”。人口老龄化意味着“中位选民”的年龄在逐渐增加。因此，人口老龄化会导致公共资源逐渐偏向于中老年人。在我国，长期来多轨制的社会养老保障体系加深了多元利益相关群体的分化。人们对关系到自身的养老制度安排缺少认同，又对整个养老体系的公平性充满质疑。所以人们热衷于请求或鼓励政府加大养老方面的投入，对自身的养老待遇进行“福利竞争”，这对政府产生很大的维稳压力（中国社会科学院经济研究所社会保障课题组，2013）[①]。公共教育投入的不足会进一步恶化财政收支状况。一方面，老龄化意味着人口红利渐渐消失，经济增速放缓，经济增长对技术和资本的依赖性更强。公共教育投入的减少会阻碍技术和人力资本的积累，影响国民经济发展，财政收入也会随之减少；另一方面，教育水平影响人口流动。年轻人趋向于选择公共教育服务好的地方，便于让自己和后代获得更好的教育机会。年轻居民的进入会缓解当地的人口老龄化程度，从而降低政府对公共教育支出的预算约束。政府的公共教育支出的增加又会进一步吸引更多的年轻人进入，形成良性循环；相反，人口老龄化程度进程较快的地区，如果公共教育服务不足，留不住年轻人，则会加剧人口老龄化程度，财政养老负担进一步加大。长此以往，必然造成区域间的不平等甚至两极化。

从财政税收方面来讲，老年人实际数量的增加降低了社会整体劳动人口数量，而相应国民收入也会大大降低，宏观上国民收入不断减少同样会引起税基大幅降低，加之政府有意于老龄产业予以优惠财政政策，更加会促使财政收入整体降低。

3. 老龄化催生“银发经济”，有助于增加财政收入

老龄化带来了居民消费水平和结构的改变，主要表现为健康保健品、医疗护理服务等高层次服务消费的比例将会提高。据报告显示，当前与老年人相关的商品和服务占中国消费结构的8%，到2050年，老年人消费将会占到国民生产总值的三分之一。目前，我国政府刚刚着手于发展“银

---

① 中国社会科学院经济研究所社会保障课题组，朱玲：《多轨制社会养老保障体系的转型路径》，《经济研究》，2013年第12期，第4－6页。

发产业”，又称为老年产业，在老年教育、老年保险、老年医疗，老年娱乐等方面皆处于完全空白或未完善的低水平阶段。而中国的民营企业发现“银发商机”的时间较晚，目前所经营的以护理、看护为重心的老年服务场所的规范性、专业性也有待加强。但是这也从侧面体现了中国的银发市场极具发展空间，潜力巨大。相关产业的蓬勃发展将扩大增值税、消费税等间接税的税基，从而有助于提高政府的财政收入，这可以说是老龄化所带来的机遇。

二、财政措施应对老龄化的挑战

2014 年以来，我国社会经济发展进入“新常态”，突出表现为“增长速度换挡期、结构调整阵痛期、前期刺激政策消化期”的“三期叠加”。与我国社会经济正从高速增长转向中高速增长相伴随，我国财政收入正由高速增长转为中低速增长。新常态是我国现代财政制度建设面临难得的机遇，但也是严峻的挑战。在新常态时期，人口老龄化问题日益突出，如何应对新时期社会保障问题、延长人口红利，又避免滋生“福利病”成为财政政策调控的重点。

（一）发达国家应对老龄化的主要对策

从国际上来看，西方发达国家是较早进入人口老龄化社会的地区，也是当今人口老龄化程度最高的地区。在更早面对老龄化问题的挑战的同时，加之当前全球经济形势持续低迷、复苏乏力仍在继续，发达国家的高福利社会保障制度也面临新的严峻考验，但他们尽早实施了持续性财政政策来应对，很好地处理了人口老龄化与社会经济发展之间的平衡。就东亚地区而言，以日本和韩国为代表的东亚国家也先于中国已进入老龄化社会。在社会发展历程、老龄化社会进程及文化传统等诸多方面，中国与日本、韩国存在较多共同之处。解决人口老龄化没有“一劳永逸”的药方，加之国情的差异和财税体制的不同，我们难以照搬西方发达国家的应对经验，但在应对老龄化的过程中，发达国家的财政政策可以给我们提供很好的一个借鉴。

1. 鼓励生育，保障女性职工权益，保证劳动力充足供应

老龄化和少子化同时存在于老龄化社会，两者紧密相关且影响劳动力的供应。因此应对少子化是解决老龄化问题的一个重要方面。国外进入老龄化较早的国家从完善刺激生育的福利待遇和保障因生育而暂时离职的女性职工重返劳动力市场两个方面解决少子化和劳动力短缺问题。一方面，政府采取育儿津贴和带薪假期，向离职生育期间的女性提供一定的医疗、营养和薪资等补助和津贴，刺激女性的生育意愿；另一方面，政府加大公共福利在儿童教育、看护和医疗等方面的投入，推行并延长“爸爸月”；缩短低龄儿童父母的工时，实行父母保险（即企业给父母双方带薪假期以照顾幼儿；保证因生育而暂时离职的女性能重回原工作岗位或者提供类似的工作等）等，以缓解家庭看护幼儿的压力，使父母双方兼顾工作和育儿的双重责任，保证女性职工能重回劳动力市场。

2. 调整税收政策，为福利政策提供财力保障

虽然国外许多国家都通过调整税收政策，增加政府的财政收入，缓解不断增加的老年人口对公共财政支出的短期压力和长期风险，但国家间税收调整的方向不同：一种是开辟新税种或提高税率，直接用于养老及福利事业支出。如德国通过增值税税率的上调和扩大生态环境税征收范围增加税收收入；英国政府提高普通增值税税率，以更好地应对不断增加的社会养老金支出；美国提高工薪税税率；日本上调消费税税率、取消个人所得税中的部分税收优惠政策、征收高额遗产税等。另一种则是降低税率，促进国民经济增长，间接为不断增加的老年人口筹集财政资金。如韩国调低个人和公司所得税税率，促进经济增长。

3. 延长退休年龄，缓解政府养老金支付压力

国外主要老龄化国家普遍通过延长退休年龄的方法对退休年龄制度进行了改革。延长退休年龄，一般有两种方式：一种是提高领取退休金的最低年龄，将现行领取退休金的年龄向后延迟，相应延长工作年限，如日本政府在 2006 年把领取养老金的最低年龄从 60 岁提高到 65 岁，法国在 2011 年将最低退休年龄从 60 岁提高到 62 岁；另一种是设立弹性退休年龄制度，即对不同退休年龄的老人给予不同数额的退休金，退休年龄越大，退休金数额也越大。瑞典和美国等主要采取弹性退休年龄制度，如瑞典的法定退休年龄为 65 岁，60—64 岁提前退休的职工，每提前一年退休减发退休金的 5%，65—70 岁推迟退休的人员，每延迟退休 1 个月增发退休金的 0.6%；美国的法定退休年龄为 66 岁，据此确定的弹性退休年龄为 62—70 岁，年满 62 周岁的职工，每提前一个月退休，养老金扣除 0.5%，达到正常退休年龄后，每推迟一年，退休金增加 7%，直到退休或年满 70 周岁。

4. 完善社会服务支撑体系，推行以居家式社区养老为主，社会养老为辅的养老模式

目前国外老龄化国家的养老模式主要以居家式社区养老服务模式为主，社会养老为辅，在以“家庭为基础，社区为依托，机构为支撑”的居家式社区养老的服务体系中，家庭养老发挥着基础作用，但在个人和家庭无能为力的情况下引入社会化服务。瑞典建立了政府服务体系，养老院由政府主办。地方政府聘用有爱心和能力的人组成社区组织，社区则雇用走家串户的家庭服务员，定时上门为散居的老年人提供帮助，服务内容包括住房维修、日常照料、医疗保健、精神慰藉等，服务费用主要由政府社会局支付，如果想获得更好的服务就必须自己支付一定比例的费用，属于国家负担型；日本推行的是“黄金计划”，大规模扩充在宅服务人员、老人保健机构、日间照护中心以及养护所等机构，采用分级护理的制度，优

先满足需要特殊照顾和服务的老年人的需求；美国的养老服务所需的资金主要由个人承担，养老机构派出护理人员到老年人家中帮助完成日常事务，建立康复中心或者上门提供医疗服务，为患慢性疾病的老年人提供治疗和关怀服务，这种“个人负担型”的方式也使得美国“以房养老”的发展在世界上最具代表性，最常见的模式为“住房反向抵押贷款”，即“倒按揭”。

5. 建立多样化的养老金保障体系，保障老年人的基本生活

经过不断改革和调整，世界主要老龄化国家的养老保障体系逐步实现了从单一养老保障制度向多支柱体系的转变。目前这些老龄化国家的养老保障体系主要包括三种基本的保障制度：基本养老金制度、企业年金制度和个人储蓄养老保险金制度。其中，基本养老金制度是养老保障体系的重要基础，一般由国家按照统一政策规定向符合条件的人员支付；企业年金制度是养老保障体系的第二大支柱；个人储蓄养老保险是社会养老保障体系的重要补充。后两种制度对缓解国家养老金支付压力起到了重要作用。主要老龄化国家的基本养老金的资金都来源于政府，用于保障职工退休后的基本生活需要。各国也十分重视企业年金保障制度的建设和完善，如美国政府推出“整合企业年金计划”，把企业年金计划提供的养老金与公共养老金制度所提供的基本养老金进行协调。目前，美国企业年金的规模已经超过了国家管理的社会养老金规模。另外，美国不同运营规模的企业间养老金的资金来源不同；日本则依据国内劳动力结构，在不同的行业实行不同的养老金支付方式和资金分配比例，从而使得养老保障体系不仅具有“多支柱”的特点，还具有“多层次性”。

6. 发展“老年产业”，提高老年人的生活质量

开发老年市场，发展“老年产业”既能缓解老龄化问题，也能促进经济发展。国外发达国家的老年产业一般遵循“政府引导，市场化运作”的发展模式，即政府建立市场规范和行业标准，并采取相关的优惠和扶持

措施，按老年人的消费需求引导企业向老年产业领域投资，推动老年产业的社会化和产业化经营。目前，国外的老年产业主要包括以下几类：第一类是围绕老年人日常生活需求发展的产业，如老年餐饮、老年人用品生产、老年房地产开发等；第二类是围绕老年养护形成的产业，包括老年保健、老年保险、长期看护等；第三类是与老年人相关的文化娱乐业，包括老年教育、老年旅游、心理咨询等。

总结国外在应对人口老龄化带来的一系列问题的公共政策选择，不难发现，财政政策，尤其是税收政策在世界各国政府应对人口老龄化问题上是强有力的宏观调控手段；优化公共财政支出结构、增加社会人力资本投资积累，以及加大对老年人各项事业发展的财政支持力度，是各国政府一致的财政政策倾向；通过开辟新税源或调整税制结构等举措激发国民经济活力，以更好地筹集财政收入，缓解不断增加的老年人口对公共财政支出的短期压力和长期风险，是各国应对老龄化社会的主要途径。与此同时，以政府财税支持政策为导向，充分调动地方政府和社会力量参与发展老龄事业的积极性，不断丰富和完善政府主导下的老龄化机制框架是各国政府应对人口老龄化的要义所在。

（二）大国财政战略下，我国应对老龄化的主要思路

周春英（2015）① 提出大国财政包括国内财政和涉外财政两个要素，包含了两层要旨：现代财政和国际财政。构建大国财政，就是要研究如何通过财政体系建设和制度设计来确保有限的财政资源在国内外进行最优配置，既实现政府职能的正常发挥和有效履行，为居民提供更多、更好、更及时的均等化公共服务，又能加强与国际间的联系与合作，在国际经贸规

① 周春英：《“大国财政”构建之困境与出路》，《财政监督》，2015 年第 21 期，第 68 – 74 页。

则、全球资源新的定价机制等事务中进一步扩大中国的影响力和话语权，使财政成为维护国家正当权益的主权国家财政。老龄化问题更多涉及国内财政，与建设现代财政制度息息相关，应从以下几个方面入手：

首先，塑造正确的政府角色，发挥社会治理的作用。建设现代财政制度以国家治理现代化为逻辑起点。随着政府治理、市场治理和社会治理的不断推进，随着技术的不断进步，思想观念的不断更新，客观上要求我们必须认真思考政府、市场、社会的相互关系，特别是随着社会治理创新的不断推进，社会组织将不断完善，社会自治水平将不断提高，一些具有不完全的竞争性和排他性的准公共产品，诸如社区医院、社区安全、社区防疫卫生、社区养老、社区文化建设、社区物业管理、行业行为规范等的供给责任在一定程度上将可由社会组织承担；随着市场机制不断完善，私人产品供给责任理应主要由市场承担。

"社会化养老产品"① 都具有准公共品性质，一方面表现为非排他性，我国《老年人权益保障法》赋予了每个老年人享有基本养老服务、获取物质帮助、共享发展成果的权利，任何人都无权将老年人享有的该项权利排除在外；另一方面表现为竞争性，如果一个国家的经济发展水平非常高，政府财政能力非常雄厚，政府可以提供全部的"社会化养老产品"，这时候的"社会化养老产品"就具备了纯公共产品属性。但我国因为经济发展水平和政府财政能力明显滞后于当前的人口老龄化进程，现有的"社会化养老产品"难以满足广大老年群体的需求，不同层次不同需求的服务供不应求，这就在一定程度上造成老年人对"社会化养老产品"的需求量与供给量的不平衡化，存在边际成本不为零的情况，这就造成了竞争和拥挤。

---

① "社会化养老产品"主要包括关于养老基金的缴纳、保值增值、支出等各个环节的养老金服务、为老年群体提供医疗保健服务、日常生活照料服务、文化体育服务心理疏导服务等。

“社会化养老产品”的准公共品性质决定了我国政府在“社会化养老产品”的有效供给、保障老年群体的合法权益等方面有主导责任，但随着市场经济的成熟和社会服务组织自主能力的逐渐增强，促使政府不得不给自己重新定位，改变长期以来形成的“错位”和“越位”的状态，确立以“为社会提供公共产品和服务”作为核心责任的民生供给型财政。

其次，开源与节流并举，提高财政的可持续性。提高财政可持续性既是强国财政的根基，也是推进现代财政制度的重要目标。二战后，西欧国家福利纷纷建立起福利制度，但老龄化的冲击很快造成政府财政赤字剧增，社会不稳定因素增加。延迟退休、推广私人养老金制度等缓解政府支出压力的公共措施应运而生。虽然我国尚未建立起像西欧一样的高福利制度，但我国老年人口的规模和老龄化速度远超西方国家，对财政可持续性的冲击不容小觑。

面对老龄化问题对财政可持续性的冲击，一方面要开源，增加可用于养老、医疗等事业的财政收入。国外广泛采用的提高增值税、所得税税率的措施在我国结构性减税的背景下并不适用，目前我国的税收政策以降低企业税负，促进经济增长为目标，间接为解决老龄化问题提供财力保障。但从长期来看，开征社会保障税、房地产税等税种均有利于保障财政收入。老龄化带来的“银发经济”也将成为中国经济新的增长点，而财政政策正是撬动“银发经济”的关键。另一方面，需要节流。节流并不意味着减少投入，而是利用税式支出促进企业年金制度和个人所得税递延型商业养老保险的发展。虽然从短期来看，政府会损失一些税收收入，但可以充分调动民众参保的主动性和积极性，为长期内应对人口老龄化奠定一定的物质基础，摆脱以一己之力维持社会养老服务的困境，减轻财政负担。政府局部和短期的“舍”，从全局和长远来看则是更大的“得”。

再次，抓住机遇，进一步深化税制改革。税制改革是现代财政制度建设的重要内容，老龄化问题再次为税制改革的关键性和急迫性敲响了警钟：第一，如何在人口老龄化和全球化背景下平衡经济增长和增加财政收入的关系。人口老龄化对税收的影响可体现在两个方面：一是宏观税负水平，二是税制结构。随着人口老龄化的加剧，我国税负水平面临着上升的压力。一国的税制结构对经济主体的经济决策和社会经济规模会产生影响。如何在保证财政收入的前提下完善所得税制度，是税制改革的首要目标。第二，如何缩小收入差距，缓解贫困化日益加重现象。随着人口老龄化的进程加快，老年人群体内部的收入不平等会逐渐扩大，直接影响整体收入分配；另外，整体储蓄率会随着人口老龄化程度的加深而下降，会影响老年人的投资性收益，扩大老年人与其他年龄群体之间的代际收入差距；此外，在相对完善的养老与医疗保障体系下，庞大的老年人口还会造成财政支出的巨大压力，造成代际间的收入再分配的不平等。这些负面影响促使政府进行公平税收制度改革。第三，如何进一步完善地方税制。我国政府职能正在由“建设性政府”转向“服务型政府”，表明政府职能重心发生变化，基础设施、公共事业、民生领域将成为政府职能的重点。目前，我国地方税制并不完善，地方政府缺乏主体税种，财源不稳定，对中央政府的转移支付依赖程度高，未来难以维持在民生投入特别是老龄人口相关事业的投入。如何在人口老龄化到来之际进一步完善地方税制，提高地方财政能力，满足地方的基本公共服务需要，为我国的税制改革提供了新的挑战。

最后，推进基本公共服务均等化，促进区域协调发展。大国财政的“大”一方面是经济实力和人口规模的“大”，就我国而言，更是国土面积的“大”。因此，如何协调区域间均衡发展、缩小城乡差距是国内财政治理的重要命题。我国幅员辽阔，各个地区的自然环境、历史条件和经济发展水平千差万别，老龄化程度也有所差别。东部地区虽然老龄化程度高，但人均收入水平也较高，养老、医疗等服务业发展得也更为完善；中西部地区老龄化程度较轻，但人均收入水平较低，养老、医疗等服务业发展相对落后。除了区域间的差距，城乡基本公共服务也存在较大差距，农村地区在社会保障、医疗卫生服务等领域远远落后于城市，然而城乡倒置现象却意味着未来农村老龄化问题可能会更严重。

自 2006 年 3 月《中华人民共和国国民经济和社会发展第十一个五年规划纲要》首次明确提出基本公共服务均等化以来，党在十六届六中全会、十七大、十八大和十九大上多次声明了基本公共服务均等化的重要性。基本公共服务包括教育、医疗卫生、社会保障和就业等方面，其中教育、医疗卫生、社会保障等服务与老龄化问题息息相关。以财政作为支撑的基本养老、基本医疗等服务是对老年公民提供的最基本的保障，无论是发达地区还是落后地区，无论是农村还是城市，每位老年人都有享受的权利。妥善解决老龄化问题，需要推动基本公共服务均等化，使老年人口都能享受最基本的公共服务，在此基础上才能追求更高层次的养老需求。除了社会保障、医疗等服务外，教育均等化也是一个重要的方面，落后地区教育水平的提高有利于当地人力资本的积累，有利于地区经济发展。

（三）大国财政战略下，我国应对老龄化的具体措施

1. 建立多元化、多层次的养老体系，缓解政府的基本养老支出责任

我国城镇职工养老保险采取的是“统账结合”方式，即现收现付制和将来支付两种方式相结合。在“统账结合”制度下，因为改革之前已退休的老人没有个人账户及部分人员个人账户建立时间短，而政策规定这部分人的工龄视同缴费期限，由此形成了基金的隐性债务（转轨成本）。养老金的发放是由社会统筹账户和个人账户共同支付，在支付压力下，政府不得不挪用新人缴纳在个人账户的资金，实际情况就是个人账户的资金被用来减轻政府的支付压力，且依赖财政补贴，我国政府面临的养老支出压力巨大。因此，我们需要寻求多元化的养老机制。可以鼓励企业更多参与到职工养老当中，对于积极配合的企业可以给予财政上的补贴或者税收

上的优惠。同时，可以通过保费补贴等方式鼓励个人采用商业养老保险。现在，国际上有“五个支柱”和“三个支柱”等不同的养老金制度。内容基本上为缴费型养老金、非缴费型养老金、个人储蓄、补充养老保险等。可以在现有养老保险的基础上，通过适当的财政补贴，建立多层次、多渠道的养老保险体系，以缓解我国政府在养老保险方面的支出，防范财政风险。

2. 建立多渠道、多层次的医疗保障体系，缓解政府的基本医疗保障支出压力

我国老龄化的不断加深，势必会对我国基本医疗保障体系带来支出压力。我们可以采取财政补贴、减税等方式鼓励商业医疗保险加入到我国老年人的基本医疗保障体系。此外，还可以鼓励企业开展补充医疗保险，与商业医疗保险进行合作，为老年人提供更全面的医疗保障。对于老年人保健、护理行业给予一定的政策优惠和扶持，在全社会形成一个良性循环、互助互惠的医疗保障体系。这样，个人和家庭可以根据自身的需求选择不同层次的医疗保险，以满足自身的医疗需要。同时，多渠道、多层次的医疗保障体系，也可以缓解我国政府的基本医疗保障支出压力。

3. 动员社会力量参与老年社会服务体系的构建

老年人口的不断增多、失能老人的不断增加，要求必须尽快构建比较完善的老年社会服务体系。除了财政补贴、专项转移支付以及福利彩票收益的资金来源以外，我们可以提倡慈善事业等社会力量也参与到老年基础设施改建、养老机构筹建等工作当中，调动全社会力量来尽快构建老年社会服务体系，缓解我国政府的财政支出压力。

4. 完善我国现行税制结构，择机开征社会保障税

当前我国的税制结构中，是以流转税和所得税为主，但是流转税的比重远远高于所得税。对于西方发达国家而言，基本上已经形成了以直接税为主体的税制结构。值得注意的是，发达国家的社会保障税所占比例也是

逐年提高的，甚至超越个人所得税成为第一大税种，这与我国社会保障税的缺失形成了鲜明的对比。对于我国税制改革而言，对现行直接税体系加以完善，在经济运行中，对所得税的“内在稳定器”功能加以合理应用，在条件成熟的情况下，开征社会保障税，是完善和优化我国税制体系的需要及大势所趋。社会保障税是一种直接税，税负不易转嫁，提高直接税在整个税收收入中的比重，有利于优化我国现有税收体系，建立合理的税制结构。

当前我国社会保险基金在筹集、运营和管理等方面存在的问题日益凸显，以行政收费方式筹集社会保险基金导致资金筹集效率低下，且部门之间的碎片化管理方式弱化了社会保障功能，这一系列问题的存在不利于我国社会保险基金的保值与增值，因此，择机推动我国社会保障“费”改“税”已经具备现实可行性与必要性。一方面，基于税收的强制性、无偿性与固定性三大特点，能够有效保证社会保障资金的来源，增强社会保障收入的可持续性，减轻政府的财政支出压力。另一方面，社会保障税能够实现社会保险基金收支分离，使得资金的使用得到有效监管，提高政府治理效率和质量。

5. 财政政策要扶持我国养老服务产业发展，促使老龄化转化为第二人口红利

虽然我国的老龄化带来了很多的负面影响，但是任何问题都具有两面性。在看到老龄化逐步消耗掉人口红利的同时，老龄产业的发展也将带来“第二人口红利”：

（1）拉动就业。到 2030 年，3.5 亿老龄人口，按照每 60 人需要 3 人护理的基本水平计算，拉动护理方面就业人员 1750 万，加上产业链上计算至少增加几千万就业机会。

（2）推动经济发展方式转型，有估计认为，2020 年老龄产业消费将超过两万亿，占 GDP 的 3%；2030 年将超过 8 万亿，占 GDP 的 5%。对向

消费增长为主的增长方式的转型，及其对服务业发展和产业结构调整，都产生积极影响；

（3）按最低税率，每 1 亿老龄人口个人所得税缴纳能力接近 286 亿元，3.5 亿老龄人口个人所得税缴纳能力超过千亿，老龄产业链上各行业产生的税收就更高；

（4）随着老年产业的发展，养老基金在资本市场的投资将不断扩大，逐渐变成资本市场的主力。有计算认为，2030 年养老基金可能占到资本市场市值 30%；

（5）老年产业的发展，可以使人口老龄化转化为老龄人口红利，即第二人口红利——由老龄人口的就业能力、纳税能力、消费能力和投资能力组成的经济贡献率，以及其对调整产业结构、拉动消费和市场发展后劲，乃至社会和谐与文明的经济影响，构成未来经济增长的新的人口红利。

为此，当前我国政府应当规范和完善财政补贴和税收优惠等相关制度，加大对民办养老服务机构的财政优惠力度，破除财政税收等政策在促进养老产业上的公私二元结构，鼓励和引导更多社会资本参与到养老服务中去，促进我国养老服务产业多元化发展。中央政府应建立扶持农村等偏远地区养老服务产业发展专项资金，加强和完善地方养老服务的财政专项转移支付制度，增加政府购买数量，确保财政资金向农村等偏远地区低收入群体倾斜，缩小不同地区的养老服务发展差距。同时要转变政府对养老服务产业的财政投入方式，养老服务作为准公共品，可以大力推动 PPP 模式在养老产业中的运用，充分发挥财政资金四两拨千斤的作用，有效减轻政府的财政支出压力，促进城乡与地区之间基本公共服务均等化目标的实现。

第四节　地方政府债务安全与大国财政

众所周知，基础设施是经济社会发展的重要推动力量，地方政府在基础设施建设中发挥着投融资的主体责任，但是由于长期以来的投融资体制问题使得很长一段时间内地方政府主要通过土地财政和投融资平台等渠道获得基础设施的投融资资金，以弥补体制内资金不足问题。但是近些年来，我国经济进入新常态运行阶段，投融资体制也发生了重大的变化。土地财政随着房地产行业调控而逐渐失去了原先的光环，同时政府出于风险防控的考虑而剥离了投融资平台的融资功能而使其也不再具有往日的辉煌，与此同时，新预算法的修订让地方政府发债成为了现实，PPP 模式也在我国大规模推广，这些变化对基础设施投融资方式产生显著的影响，使其逐渐走向规范化。另一方面，在实践中，各种融资方式却以各自不同的方式积累着债务风险，不得不引起足够的重视，比如在“两面夹击”的背景下，PPP 被部分地方政府委以融资功能，甚至地方政府通过非正规途径对其隐性担保，使得 PPP 模式成为了地方政府隐性债务的主要风险来源。在新常态下，如何全面、系统地把握地方财政风险的内在规律和运行机制，并化险为夷，是加强地方财政管理的关键，关系到地方财政的可持续性发展和健康运行。

一、地方政府融资需求强劲且持续

一般来说，与一国的投融资需求最为密切相关的事项，主要来自于城镇化。我国走的新型城镇化，需要地方政府在地方性基础设施、地方性公共服务方面有更大力度和更加持续的财政资金支持。

《国家新型城镇化规划（2014—2020年）》明确，到2020年我国实现常住人口城镇化率达到60%左右，户籍人口城镇化率达到45%左右。据测算，“十三五”期间我国要实现城镇化目标，就需要让1亿左右人口在城镇落户，同时需要完成约1亿人居住的棚户区和城中村的改造任务。截至2017年年底，我国常住人口城镇化率达58.52%，户籍人口城镇化率42.35%。未来欲不断抹平户籍城镇化和常住人口城镇化的差距，就需要不断地进行城市投资为其提供均等化的公共服务和公共设施，而每“城镇化”一个人，需要配合以包括供水、燃气、供热、道路交通、污水处理、绿化、卫生等在内的巨量城市投资。过去10年的统计数据表明，城镇化率每提高一个百分点，平均拉动投资增长3.7个百分点，照此估算，“十三五”期间基础设施投资的需求总量要高达40多万亿[①]。可见，城镇化产生了体量巨大的城市投资需求。

二、当前地方投融资方式的选择与地方政府债务风险的控制

现实中，地方政府进行举债或者其他融资，均会受到一定程度的制度约束，这使得地方政府难以在上述三种主流的融资方式之间游刃有余，各取所好，尤其受到地方债务风险的严格约束。即使如此，也可以看到，地方政府往往容易避开正规渠道的制约，而巧妙地进行风险转移，玩“跷跷板”游戏。比如，在地方发债受到明显法律约束的客观条件下，利用当前大力推动PPP的时机，部分地方政府以其为掩盖进行回购安排、保底承诺、固定回报、明股实债等不规范运作和变相融资时有发生，因此融资

① 基础设施投资依然大有可为，详见：http：//www.xinhuanet.com/politics/2016－07/24/c_129172836.htm。

活动就将举债转向了 PPP 模式，最终形成实际的或者隐性的债务或偿债责任等，并使地方政府债务限额管理大打折扣。

（一）地方债券与地方政府债务风险

地方政府债券，作为银边债券，是受政府信用担保的，是阳光化的债务存在形式，因此其融资风险是显性化的，易于受控制。地方政府债务，包括新增债券和置换债两种，新增债代表地方政府从当年财政收支运行角度提出的债券融资需求，反映当时情况；置换债则是代表着以城投债形式为主累积起来的存量债务的置换需求情况，反映的并不是当年地方政府财政预算运行对地方债务资金的需求情况。从历年的新增债券发行情况看，2015 年新增债规模仅为 6000 亿，是置换债券规模（32000 亿元）的 18.75%；2016 年新增债券规模为 11698.41 亿，是置换债券（48760 亿元）的 24%；2017 年的新增债券规模为 15898 亿元，是置换债券（27683 亿元）的 57.4%。可以看出，新增债的需求在逐年提高，而相比之下，置换债的规模因政府实际控制需求而存在较大的变动，而且置换债于 2018 年到了三年置换期的尾声。待置换结束后，填补地方政府新增资金缺口的“新增债券”及满足债务本金到期额度的“再融资债券”将成为地方政府债券的主要成分。

2017 年地方债限额，约为 18.82 万亿元。2017 年 12 月末，全国地方政府债务余额 164706 亿元，而地方债务限额为 18.82 万亿元，可见 2017 年还有 2 万亿左右的债务限额空间尚未利用，这说明在中央防控风险的背景下，政府多方面规范地方政府发债行为，各种防范风险的举措落地，对于违规违法举债行为进行了严厉控制，地方政府发债方式和管理逐步规范和市场化。

（二）PPP 与地方政府债务风险

本质上，在公共服务的提供方式上，引入 PPP 模式，主要目的在于通过打破公共服务提供的垄断局面，引入社会资本，减少政府资金的即时支出，也创新了政府公共品的供给方式，通过技术引入，提高了资金的使用效率，避免了不必要的资金浪费，为公共品和公共服务提质增效。通过引入社会资本，减少了地方政府对债券融资等方式的依赖，从而降低政府的债务风险；与此同时，地方政府出于提供公共服务的职责需要，对 PPP 模式提供的公共服务进行最低保障。PPP 模式并非天然地降低地方政府的风险，需要取决于交易结构的设计、风险的分担机制、风险的承受能力等因素。从全生命周期角度看，PPP 模式各个阶段都需要政府的承诺支出。据相关资料显示，2015—2045 年间，需要从一般公共预算中安排的 PPP 支出责任总额为 9.9 万亿元，年均支出 3194 亿元。以各地全部 PPP 项目年度支出责任占当年一般公共预算支出的比例计算，从地区分布看，PPP 主要分布在四川、湖南、河南、内蒙古、贵州等地。

PPP 模式，通过引入社会资本，在一定意义上极大满足了政府在基础设施建设过程中的融资需求，但是如果利用不当，PPP 融资模式很可能破坏政府债务秩序，从而导致政府预算约束软化。在当前 PPP 模式尚未发展成熟的情况下，制度、监管等严重缺位，难以规范政府的运作行为。当下政府由于种种驱动因素存在着强烈的项目建设和投资冲动，若其在不符合条件的情况下以融资为目的推行 PPP，势必导致该模式的泛化和滥用。

从表 4－2 情况看，当前大多数 PPP 项目的回报机制是可行性缺口补贴类和政府付费类，但是 PPP 项目定价机制和补贴机制不成熟，无法准确合理地确定项目付费标准、补贴基准和数额，使得难以在 PPP 项目入库之时就准确预测和确定好 PPP 项目中的政府承诺支出责任，由此就隐含着巨大的债务风险。以政府承诺支出中的可行性缺口补贴支出为例，可行性缺口补贴，在内容上涵盖了对 PPP 价格、需求等风险因素，存在较大的不确定性，也就是说，即使在 PPP 立项之初就已确定风险补偿机制和方式，但是因为诸如公共服务消费需求、价格、成本等因素无法事先完全明确，因此无法准确把握可行性缺口补贴额度是PPP管理中的常有之事，这也意味着政府预算对PPP项目的政府承诺支出难以有效地把控，无法在预算（无论是年度预算还是中期财政规划）中如实准确地表达出来，这就容易带来政府财政承受能力超过其负担能力而形成的债务风险。

表4-2　管理库项目入库金额按照回报机制占比统计情况①

	2016年9月	2016年12月	2017年6月	2017年9月	2018年2月
使用者付费	24.4%	23.6%	20.3%	15.8%	25.8%
可行性缺口补助	49.9%	49.1%	49.8%	54.5%	36.6%
政府付费	25.7%	27.2%	30.0%	29.7%	37.6%

（三）城投债与地方政府债务风险

地方政府融资平台公司是中国目前财政和金融风险的积聚交汇点。城投债在经历了前期的起步阶段和逐步发展阶段，随着宏观经济环境的宽松和政策的松弛，于2009年开始进入爆发式增长时期。在宏观经济受世界金融危机的影响出现需求减弱，中央政府通过“4万亿”经济投资计划以促进经济复苏，此时货币政策开始出现宽松倾向，地方政府通过搭建投融资平台作为发债主体，通过发行“城投债券”，投资和完善地方基础设施。地方政府借道融资平台公司、事业单位等非正规渠道，为地方基础设施建设融资，结果也造成了融资机构预算软约束、地方政府债务大量积累的后果。

地方政府通过投融资平台等手段，向银行借款、发行城投债，绕过了法律监管进行债务融资，形成地方政府债务（张立承，2018）。根据Wind数据统计，从2008年年初至2017年年末，中国地方政府融资平台的债务体量从不足5万亿元急剧增到30万亿元，此期间，投融资平台通过向银行间债券市场、合格机构投资者等对象，共累计发行10.02万亿元的债

① 资料来源：财政部政府与社会资本合作（PPP）中心。

务，仅 2018 年，城投债到期规模达到 1.2 万亿元。在城投债融资环境收紧以及地方融资平台与地方政府剥离的背景下，其债务的“刚兑”保障消失，债务负担和债务偿还压力增大，违约风险将随之增加，甚至一旦发生资金断裂情况，在某种情况下可能引发市场恐慌，最终形成系统性的流动性风险。

（四）隐性债务与地方债务风险

中央对于地方政府债务的表述经历了从“政府性债务（2014 年前）”到“地方政府债券（2015 年至今）”到“隐性债务（2017 年 7 月至今）”的变化。其中，“地方政府隐性债务”是在 2017 年 7 月 24 日召开的中共中央政治局会议上首次提出。

从管理角度看，隐性债务一般认为是未纳入预算管理、最终需要政府承担的债务。从预算管理角度看，2014 年年底在相关文件的界定下，投融资平台的融资功能与地方政府债务进行剥离，政府针对政府性债务开展了清理甄别工作以锁定政府性债务规模，由此之后融资平台债务将不再纳入到政府债务范畴，不再新增政府性债务，只有发行地方政府债券能计入地方政府债务，新增的政府债券信息和存量债务在地方债管理系统里可以查到，所以属于显性债务。而 2015 年以后融资平台、PPP 模式产生的债务等，因未计入系统中，所以属于隐性债务。

目前关于我国地方政府隐性债务的规模莫衷一是。国际清算银行和国际货币基金组织对我国 2017 年底地方政府隐性债务的估算分别为 8.9 万亿元和 19.1 万亿元，而国内学者的估算普遍在 30 万亿—50 万亿元之间，若采用地方投融资平台有息债务规模测算，2017 年底我国政府隐性债务约为 30.6 万亿元[①]。

从城投债形成的隐形债务来看，根据 Wind 数据统计，从 2008 年年初至 2017 年年末，中国地方政府融资平台的债务体量从不足 5 万亿元急剧增到 30 万亿元，此期间，投融资平台通过向银行间债券市场、合格机构投资者等对象，共累计发行 10.02 万亿元的债务（李升等，2018）。近些年，融资平台的财务杠杆率持续走高，反映了平台公司的融资功能持续强化（张立承，2018），债务风险也将持续提升。仅 2018 年，城投债到期规模达到 1.2 万亿元。城投公司发行的城投债以及向银行获取的贷款，在未来一段时间内，将很大程度上直接转换为地方政府的隐性债务。在城投债融资环境收紧以及地方融资平台与地方政府剥离的背景下，其债务的“刚兑”保障消失，债务负担和债务偿还压力增大，违约风险将随之增加，甚至一旦发生资金断裂情况，在某种情况下可能引发市场恐慌，最终形成系统性的流动性风险。

从 PPP 形成的隐性债务看，与之前不同的是，地方政府也将 PPP 模式当做行之有效的融资工具，而相对忽略了其对公共服务提供的质效改善，通过各种违法违规的担保等行为，由此形成了地方政府未来事实上的隐性债务。据 IMF 的估计数据，我国当前涉及政府性基金和 PPP 模式的隐性债务约为 3.1 万亿元。如果按照张明等（2018）[②] 的测算方法，将 50% 的 PPP 投资额视为其可能产生的隐性债务规模，则当前我国 PPP 的隐性债务规模将高达 5.5 万亿元。此外，根据财政部发布的《PPP 项目财政承受能力汇总分析报告》，经济相对欠发达的中西部地区支出压力反而较大。2015—2045 年间，PPP 的财政支出责任总额前五位的分别为湖南

① 姜超等，《地方政府隐性债务规模有多大?》，http://finance.sina.com.cn/china/gncj/2018-07-31/doc-ihhacrcc9954495.shtml。

② 张明，《中国政府债务规模究竟几何? 地方政府隐性债务有多大?》，https://www.sohu.com/a/244512001_465587。

8047 亿元、河南 7086 亿元、四川 6906 亿元、内蒙古 6241 亿元和云南 5896 亿元，年均支出分别为 260 亿元、229 亿元、222 亿元、201 亿元和 190 亿元，分别占 2017 年本省一般公共预算支出的 3.8%、3.1%、2.6%、4.4% 和 3.3%。从时间分布看，各年度支出呈先增后减趋势。现有项目存量 2024 年支出责任总额将达到峰值，为 5891 亿元，其后逐年下降①。面对如此规模的财政支付压力，一旦出现较大的经济下行压力以及财政运行困境，地方政府违约后的隐性债务风险随之增加，并可能波及到债券市场，最终也将引起系统性的流动性风险。可见，PPP 模式所产生的隐性债务风险，值得高度重视。

三、地方政府债务风险的总体概况

2008 年，为应对金融危机提出“四万亿”计划，地方政府承担了 28200 亿元的资金投入②。为保证资金供给，《财政部关于加快落实中央扩大内需投资项目地方配套资金等有关问题的通知》（2009 年）提出，地方政府可通过中央财政代理发行地方政府债券和政府融资平台等渠道筹措配套资金。之后，随着地方政府举债限制的不断放宽，地方政府债务逐年上涨。

近些年，政府部门多次对地方政府债务进行摸底，相继发现了地方政府的巨额债务情况。2010 年度审计署报告显示，截至 2010 年年底，除 54 个县级政府外，全国省、市、县三级地方政府性债务余额共计 10.7 万亿元。2013 年，审计署进一步公布公告，截至 2012 年年底 36 个省市的政府

① 财政部：《筑牢 PPP 项目财政承受能力 10% 限额的“红线”——PPP 项目财政承受能力汇总分析报告》，http：//www.ahcz.gov.cn/portal/zdzt/PPP/gzdt/1525650883632819.htm。

② 《国家发展改革委有关负责人就 4 万亿元投资计划执行情况答记者问》http：//www.ndrc.gov.cn/zcfb/jd/200910/t20091027_ 503286.html。

性债务余额为 3.85 万亿元，比 2010 年增加 4409.81 亿元，而且此次审计没有涉及债务风险可能更为严重的县级政府融资平台，中国整体的地方政府债务状况令人担忧。全国人民代表大会常务委员会预算工作委员会发布的调研报告显示，截至 2014 年年末，全国地方政府负有偿还责任的债务余额 15.4 万亿元，地方政府或有债务 8.6 万亿元，地方政府总债务规模达到 24 万亿元，比 2013 年审计署报告的地方政府债务总规模，增长了 34.15%。根据公开数据显示，2016 年年末，地方政府一般债券余额、专项债券余额和非政府债券形式的存量政府债务余额，合计 153164.01 亿元，地方政府债务率（债务余额/综合财力）为 80.5%。2018 年的审计工作报告显示，2017 年的全国金融工作会议后，相关地区风险防范意识进一步增强，举债冲动得到有效遏制，违规举债问题明显减少，目前债务风险正得到有序有效防控。但仍发现 5 个地区 2017 年 8 月以后违规举债 32.38 亿元，还有 3 个地区政府违规提供担保 9.78 亿元；一些地方落实债务管理要求还不到位；5 个省本级尚未筹建债务大数据监测平台等。在地方政府债务规模急剧攀升的同时，地方政府债务风险已成为了政府部门和学界普遍关注的焦点。党的十九大报告进一步指出，要坚决打好防范化解重大风险、精准脱贫、污染防治的攻坚战，使全面建成小康社会得到人民认可、经得起历史检验。

表 4-3 可以看出，自 20 世纪 90 年代开始，我国地方政府债务规模开始迅速膨胀，债务余额年均增速基本保持在两位数的增长率。其中 1998 年和 2009 年的债务增速更是超过了 50%，2014 年的债务增速也高达 35%。受我国 2008 年应对世界性金融危机的挑战而出台的适度宽松宏观政策的助推，近年来地方投融资平台，作为一种解决基础设施资金筹集和供给的创新型机制，获得前所未有的快速发展。在新预算法修订、地方债务置换等宏观政策的支持下，财政困难所引致的债务资金需求，以及地方政府在政绩考核和 GDP 标杆竞赛中对基础设施建设切实且强劲的融资需

求，使得近些年来地方政府债务得到了释放，地方政府进行疯狂式的债务扩张，其背负的债务规模不断攀升。表4－3结果显示，以负债率衡量的债务风险，虽然未突破警戒线，但在不断堆积着风险；以地方财政收入为衡量基准的地方财政债务率在2009—2014年间达到了前所未有的高度。

表4－3　　地方政府债务、地方财政收入与GDP情况①

	地方政府债务余额（亿元）	地方财政收入（亿元）	GDP（亿元）	债务率（%）	负债率（%）
1997	2995	4424.22	79715	67.7	3.76
1998	4438	4983.95	85195.5	89.05	5.21
1999	5917	5594.87	90564.4	105.76	6.53
2000	7889	6406.06	100280.1	123.15	7.87
2001	10517	7803.3	110863.1	134.78	9.49
2002	14022	8515	121717.4	164.67	11.52
2003	17712	9849.98	137422	179.82	12.89
2004	22374	11893.37	161840.2	188.12	13.82
2005	17697.3	15100.76	187318.9	187.16	9.45
2006	22355.23	18303.58	219438.5	195.05	10.19
2007	28239.12	23572.62	270232	191.32	10.45
2008	34869.67	28649.79	319516	194.37	10.91
2009	56460.97	32602.59	349081	276.57	16.17
2010	67109.51	40613.04	413030	263.89	16.25
2011	80383.77	52547.11	489301	152.97	16.43
2012	96281.87	61078.3	540367	260.1	17.82
2013	114302.1	69011.2	595244	259.4	19.2
2014	154074.3	75876.6	643974	316.3	23.93
2015	160074.3	83002	689052	192.86	23.23
2016	153164	87239.4	744127	175.7	20.58
2017	164706	91448	827122	180.11	19.91

① 数据来源：Wind数据库以及各年《中国统计年鉴》。

四、地方债务风险的生成机理剖析

（一）分税制改革后形成的财税体制

一方面，由于分税制改革之后，地方财政状况吃紧，扣除经常性支出之后的地方财政，无力承担公共基础设施建设所需要的项目资金，由于预算软约束和金融危机时的信贷宽松，使得地方政府不顾偿债能力而盲目扩张举债规模。同时，上级政府往往将支出责任层层下压给下级政府而导致下级政府不堪重负而不得不举债。近些年来地方政府也同样如此，经济逐步进入新常态，财政收入也开始由原来的高速增长变为中高速或中速增长，在这种情况下，地方财政的运行状况往往捉襟见肘，不少地方政府开始通过借助举债的方式来发放养老金等。根据全国人大的调研报告显示，落后的西部地区的债务规模，开始在近些年超过中部地区，表明了这一事实。按照这一事实，未来化解落后地区的债务风险，应关注扩宽地方政府的收入来源，优化财政体制。

表 4－4 表明，我国 2004 年的政府债务主要包括确定性负债和或有负债，其中确定性负债主要是国债、政策性亏损、养老基金缺口；或有负债主要集中于其他公共部门发行债券、外债、与国债投资配套的资金、国有商业银行不良资产、资产管理公司留存不良资产等。从这些政府负债的表现形式看，主要源于体制转轨时期所遗留下来的欠债、经济社会发展必须举借的负债等，对于地方政府而言，地方政府的债务，主要表现为政策性亏损、养老基金缺口、乡镇政府或基层政府负债等方面。究其原因，这些负债，主要来自于分税制改革造成地方财政困难所带来的结果。如果这种财政缺口假说成立，则地方政府债务将主要用于地方财政缺口的弥补上，那么化解地方政府债务风险，应该主要让地方政府“开源节流”，改善地方财政状况。

表 4－4　　　　2004 年年底公共债务规模①　　　　单位：亿元

	确定负债（无条件的支付责任）		或有负债（特定条件下的支付责任）	
法定负债（由法律明确规定的或政府以各种形式承诺的支出责任）	1. 国债[(1)]	21477	1. 其他公共部门（如政策性银行、铁道）发行债券[(6)]	14962
	2. 特别国债	2700	2. 外债（结算为人民币）[(7)]	16127
	3. 以国务院部委借入的主权国债[(2)]	2778	其中：登记外债	12281
	4. 欠发工资[(3)]	14	未登记外债	3846
	5. 未弥补政策性亏损[(4)]	7456	3. 与国债投资配套的资金[(8)]	18000
	其中：粮食亏损	7000	4. 政策性银行的不良资产[(9)]	3361
	棉花亏损	456	5. 政府各部门（为融资）办的融资机构不良资产	——
	外贸亏损	——	6. 政策性担保公司不良资产	——
	6. 乡镇政府负债[(5)]	2500	7. 资产管理公司当年处置后未能收回的资产[(10)]	4100
			8. 政府各部门为引资而担保的其他债务	——
小计	36925		56550	
推定负债（政府职能中隐含的应由政府承担的支出责任）	1. 社会保障资金缺口		1. 国有商业银行不良资产[(12)]	19168
	其中：养老基金缺口[(11)]	4000	2. 国有企业未弥补亏损	7531
	失业救济缺口	——	3. 农村合作基金不良资产	2000
	医保基金缺口	——	4. 资产管理公司留存不良资产[(13)]	8838
	2. 农村社会保障缺口	——	5. 拖欠企业在职职工、下岗职工和农民工的工资	——
	3. 国债投资项目资金缺口	——		
小计	40000		38537	
总计	76925		95087	

① 资料来源：刘尚希：《财政风险：从经济总量角度的分析》，《管理世界》，2005 年第 7 期。

注：(1) 中国债券信息网行情统计2004年12月债券托管量余额为24176.74亿元，减去2700亿元的特别国债，约为21477亿元。(2) 据国家外汇管理局公布的2004年年底以国务院部委借入的主权外债余额为335.91亿美元，折算为人民币为2778亿元。(3) 据财政部金财工程简报2002年第2期，到2002年6月底，全国仍有19个省的404个县存在欠发工资情况，欠发国家统一规定工资25.64亿元，2003年6月，欠发工资数额减少11.24亿元，欠发工资县减少了94个。(4) 2001年，粮食收购部门累计亏损达7000亿元；棉花部门达456亿。这是政府应支未支而形成的债务，构成政府显性的直接负债。(5) 中国乡镇将近5万个，平均每个乡镇负债400余万元，1999年乡镇负债为2200亿元左右。也有人估计，全国乡镇政府一级的负债大约为3000亿元。加上县一级政府的负债，总数估计在5000亿元之上。在这里，我们取低值，设定2004年乡镇债务为2500亿元。(6) 据中国债券信息网，2004年年末，公共部门债务余额包括政策性银行债13730亿元和中央企业债券1232亿元。(7) 2004年我国政府外债为12281亿元（扣除主权外债的余额），未登记外规模大约有465亿美元，折算为人民币3846元，二者累计为16127亿元人民币。(8) 截至2002年年底，累计发行长期建设债6600亿元，建设国债带动了各方面的投入，到2002年底累计可完成投资24600亿元（贾康、赵全厚，2005）。扣除政府6600亿元的直接债务，大约有18000亿元构成政府的或有负债。(9) 资产，包括国外资产、储备资产、对中央政府债权、对企业或其他部门债权以及对非货币金融机构债权5类。在中国，贷款在资金运用中占比例最高，2/3强。而且，国外资产、对中央政府债权的风险近乎零。因此，不良贷款占不良资产的主要部分。2003年年末，政策性银行不良贷款的余额为3361亿元（唐双宁，2004）。(10) 截至2003年年底，4家资产管理公司累计处置资产5094亿元，以现金方式回收的资产994亿元（唐双宁，2004）。(11) 据国家体改部门与国外保险机构联合进行的一项课题研究推测，近年我国养老金隐性债务累积规模按相关因素的平均水平计算，将高达近40000亿元左右。(12) 到2003年年末，国有商业银行不良贷款余额19168亿元，占全部贷款的20.36%（唐双宁，2004）。(13) 资产管理公司于2000年收购国有商业银行不良资产13932亿元，截至2003年年底，不含政策性债转股，已累计处置资产509亿元，则资产管理公司当年未处置的不良产8838亿元（唐双宁，2004）。

我国1994年实行的分税制改革，财权向上集中，事权下放，地方政府面临支出压力不得不负债维持运转。这一理论很好地解释了分税制实施后的前10年里，我国地方政府被动负债和县乡级政府财政困境的现象。如果财权与事权不匹配是造成地方政府债务的主要原因，那么我国地方债务的投向应主要为地方经常性支出，并且越贫困的地区，财政收支越不平衡的地区应该拥有更高的地方债务，而在分税制后的10年内地方债确实具有如此的特点。

尤其是，我国正处于转轨的中后期，财政需同时承受着处理体制欠账和新体制欠账的双重压力，隐性债务、或有债务的风险（吕炜，2005）。财政需承担的体制欠账包括：有偿解除劳动合同，完善社会保障体系，银行不良资产，回赎国有资产的支配权（陈淮，2002）。而这些转轨成本并没有结束，将伴随着整个战略机遇期（2000—2020），体现在财政运行机制上就是财政需通过在经常性收入中列支来不断增加对转轨成本的支付，如“社会保障补助支出[①]”，由于这些转移支付成本基本上由基层财政承担，这增加了地方财政困难。

（二）地方政府积极发展地方经济，筹措地方基础设施建设资金，地方主动负债

时红秀（2010）发现我国当前并不符合以上推断。因此，除了分税制所造成的财权和事权不平衡以外，还有更重要的原因导致地方债务形成。

地方政府债务的产生，尤其是近些年来，地方投融资平台的举债，与上述并不相同。当前，中国地方融资平台债务的规模和风险正在受到国内外前所未有的关注。这些巨额“隐性”债务风险是否可控，更是成为当前中国经济健康状况的重要指标。

近些年来，地方政府的投融资平台负债，产生于分税制背景下对地方政府举债的预算法限制，但是正是在此法律限制之下，受宏观经济的影响和宏观贷款政策宽松的助推，地方政府开始绕过法律限制，通过类似国有企业性质的地方投融资平台进行融资。地方政府债务由原来维系行政支出

① 2006年社会保障补助支出占各省财政支出的比重，平均为6.65%。

（刘尚希、赵全厚，2002）转变为城市化进程中城市建设和基础设施投资为主（时红秀，2010）。刘煜辉等（2010）认为，地方政府债务规模的膨胀，不能仅从财政体制进行思考。而且越是发达地区，举债越多，这种情形完全与上述的情况不同，因此这里对区域间的负债进行研究。对于东部地区来说，因为这些地区的预算内资金缺口并不明显，而且财力来源相对充裕，地方政府的债务并非主要用于地方财政缺口。从实际情况看，2014年底，东部地区的债务规模高达6.7万亿元，远高于中部和西部地区，这表明，东部地区的举借债务的动机，并非用于填补地方财政缺口，而是出于弥补当前财政体制关于投融资体制不足所带来的，对于基础设施等方面的建设需求，更多的是由于相关地方政府主动负债的结果，是经济发展过程中地方政府对基础设施建设的自然诉求和不彻底的财政分权体制下地方建设资金不足的矛盾，是地方政府面临的财政激励和财政体制中地方债务管理的缺失带来的。主动负债，归根结底，来自于地方政绩考核制度带来的地方政府竞争以及地方政府自身的行为模式（马海涛，2014）。

此外，地方债务的盛行，也与土地财政的不断发展密不可分。分税制造成了地方政府财权减少而事权增加，自上而下的转移支付难以满足投资需要。并且，由于分税制只是规范了预算内的财政收入运作方式，而没有对预算外和非预算资金进行更加规范化的管理，地方政府逐步将财政收入的重点由预算内转到预算外、由预算外转到非预算，从侧重“工业化”到侧重“城市化”，通过利用土地征用和转让所产生的巨大财政收益来实现地方经济扩张，“土地财政”应运而生（陶然等，2007；Wong和Bird，2005；周飞舟，2006；张青和胡凯，2009）。

对表4-5的分析，我们可以进一步验证上述的研究。虽然表中的科教文卫债务、保障性住房、生态建设和环境保护等三个方面的债务，不具有经营性，或更多的是公共性或准公共性，但是除此之外的其他债务，则主要是具有经营性质的，是地方政府出于投资考虑而举借的债务，而非弥补预算内资金不足所造成。投融资平台的负债用途，更多地体现为建设用途，这与过去的时期政府债务用途具有明显的不同。在2013年年底的地方政府负债中，市政建设、交通运输设施建设等方面，是负债的主要投向，可以知道，地方政府的这些负债，恰恰是为了弥补分税制体制内投融资体制的不足。从理论上看，若地方债务的激增主要是由于地方政府投资行为所致，治理之道则在于构建遏制地方政府过度投资的决策机制。

表4－5　　2013年年底地方政府债务余额支出投向情况表①

债务支出投向类别	政府负有偿还责任的债务	政府或有债务	
		政府负有担保责任的债务	政府可能承担一定救助责任的债务
市政建设	37935.06	5265.29	14830.29
土地收储	16892.67	1078.08	821.31
交通运输设施建设	13943.06	13188.99	13795.32
保障性住房	6851.71	1420.38	2675.74
教科文卫	4878.77	752.55	4094.25
农林水利建设	4085.97	580.17	768.25
生态建设和环境保护	3218.89	434.60	886.43
工业和能源	1227.07	805.04	260.45
其他	12155.57	2110.29	2552.27
合计	101188.77	25635.39	40684.31

（三）不规范的土地制度，土地财政得以产生并不断膨胀，但是也形成了以土地财政为依托的地方债务模式

《宪法》《土地管理法》虽然规定城市土地所有权属于国家所有，但是在具体执行过程中，土地所有权和使用权相分离，尤其是土地权登记、征收、补偿、出让和管理等均由市县地方政府负责，因此在实际执行过程中城市土地的国家所有制变成了实质上的地方所有制，地方政府可以通过拍卖、招标等方式获得土地使用权出让一定年限内的土地租金，地方政府

① 资料来源：审计署《全国政府性债务审计结果》（2013年12月30日公告）。

可代表国家获取规定年限的土地出让金。正是在这样的土地管理体制下，我国现行二元土地所有制制度，农村土地集体所有，城市土地国家所有，同时政府在公共利益需要下，经过法律程序可以将土地征为国有，征收农民土地赔偿最高为土地农业用途年收入的 30 倍。征用土地制度中存在两个问题：一是政府获得无限土地征用权，征用价格低廉，农民土地年收入本身是很小的数字，即便是30 倍土地年收入的征收价格①，相比于土地增值后的收益，对政府来讲，依然是以低成本获得土地永久所有权；二是征用土地后拥有土地用途的决定权，部分征用土地并未用于公益用途，而转作商用。地方政府进而通过地方融资平台，将自身可以影响其价格的土地资产作为抵押品，银行和评级机构纷纷看好地方政府的偿债能力，贷出大量资金。

从地方政府融资模式看，土地财政在其中起到了核心和支撑作用。通过将未来的土地收益贴现，地方政府实现了土地的资本化，并在一小部分财政资金的支持下，通过地方投融资平台等手段，完成了对城市化建设的杠杆融资。洪源、郭平（2012）② 的研究也表明，地方政府债务迅速膨胀的原因在于土地财政，土地财政的资本化运作方式发挥了杠杆融资的作用，为地方政府债务的膨胀创造了条件。

地方债务融资的具体过程如图 4－1 所示：首先，地方政府将土地资源以资本金的形式注入投融资平台公司，投融资公司在获得土地后以土地作为抵押向银行贷款，必要时地方政府会向银行提供担保，最后投融资公

---

① 国家多次提高了征地拆迁补偿标准，如 2004 年 10 月国务院发布的《关于深化改革严格土地管理的决定》和同年 11 月国土资源部出台的《关于完善征地补偿安置制度的指导意见》提出，如果原有最高赔偿标准（约为耕地平均年产值的 30 倍）仍然无法保证被征地农民原有生活水平，可以从国有土地有偿使用收益中划出一定比例给与补贴，也可按被征地片区综合地价进行补偿。

② 洪源、郭平：《土地财政视角下的地方政府融资平台债务风险研究》，《西安财经学院学报》，2012 年第 25 期。

司可以按照抵押土地价值的一定比例获得所需贷款。

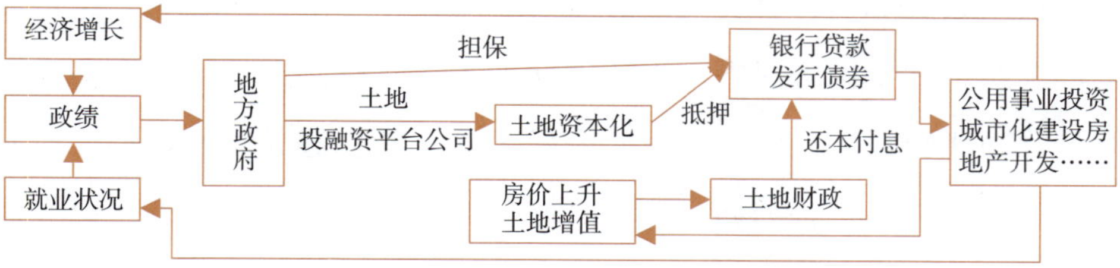

图 4－1　土地财政支撑下的地方债务融资机制

从以上分析可以看出土地价值直接关系到地方政府所能获得的债务数额，土地财政与地方债务融资之间存在着紧密联系。第一，土地财政已经成为地方债务不断扩张的基础。随着房地产市场化改革以及近年来我国经济的迅速发展，我国土地价格持续走高，我国地方政府的土地出让收入迅速上升，有力地保证了债务的偿还，促进了债务规模的扩张。第二，持续走高的地价提高了土地的抵押价，并不断增强银行的信心。这使得地方政府举债的难度不断降低，间接促进了债务扩张。第三，地方政府的债务融资有加强土地财政的作用。地方政府受政绩考核机制的影响，将筹集的资金不断用于城市化建设和土地开发，进一步促进了地价的攀升，强化了土地财政。

（四）地方政府职能的错位和不合理，造成地方政府的行为模式扭曲

无论是地方行政首长的 GDP 情节，还是预算软约束，或者宏观经济环境的宽松，看似都能很好地解释地方债务井喷式增长的原因，但根本原因实际上是地方政府职能的错位和非规范性，造成地方政府的行为扭曲。在体制转轨的整个时期内，地方政府往往难以清晰准确地判断，政府和市场、企业的边界是什么？政府公共投资与国民经济之间的关系如何？在这个问题面前，无论在理论上，还是在实践层面，都难以有合理的答案。这一点在地方政府的投融资平台机制，体现得相当明显。地方政府将土地资源以资本金的形式注入投融资平台公司，投融资公司在获得土地后以土地作为抵押向银行贷款，必要时地方政府会向银行提供担保，最后投融资公司可以按照抵押土地价值的一定比例获得所需贷款。正是因为地方政府缺乏对自身功能和职能的清晰认识、明确定位，才会造成地方政府对地方辖区内的事务都具有扩张的倾向，不具有有限政府的理念和意识，造成地方政府的行为模式扭曲，从而模糊政府与企业、市场之间的边界，也不清楚政府公共投资与国民经济之间的确切关系，使得地方政府的行为缺乏约束，带来地方债务规模的无约束，这也解释了难以从管理的角度真正有效地对地方政府债务进行合理控制的原因。

五、地方债务风险的化解

（一）转变经济发展模式

以土地投融资为纽带的基础设施建设是21世纪以来中国经济高速增长的动力源泉之一。在切实保障农民土地权利的基础上，走政府有序引导下的新型城市化道路，而不是通过“圈地运动”将农民从土地上强行驱离。

（二）转变地方政府职能和财政职能，建立可持续的城镇化投融资体制机制

要解决地方债务的产生根源，首先需要转变政府职能，尤其是地方财政投资职能。公共财政承担着协调各种利益关系，维系改革、发展、稳定的经济社会环境的任务，以服务于和谐社会的构建和科学发展观的实施，更好地推动市场经济体制的成熟。但财政职能的转型受制于多种因素，如政治体制、经济发展阶段、体制完善程度、政府执政能力、政府间财政关系等方面。

如何实现地方财政职能从投资主导型到公共服务型的转变？我国经济

自2008年来深受世界金融危机的影响，2008年和2009年不变价GDP增长率从2007年的14.2%分别下降为9.6%和9.2%，国家相应地及时启动新一轮积极财政政策以及适度宽松的货币政策，和以4万亿投资为主要内容的经济刺激计划，在此政策拉动下，2010年我国GDP增长率开始回升至10.4%，但国民经济中的投资率和消费率的比例被进一步扭曲，投资率从2007年的41.7%大幅提高到2010年的48.6%，虽然我国的政府公共投资在反危机中发挥了重要作用，但固化了经济增长对投资的依赖，加剧了转变经济发展方式的艰难程度，究其原因，主要在于中国式分权模式、以GDP为主政绩考核体系下的政府竞争（张军等，2007；傅勇、张晏，2007）以及消费需求无法有效驱动（吕炜，2010）。改革政府投资倾向，需要多角度、系统化的改革，但关键还在于转变财政职能，促进经济发展方式的转变。

应积极推进城市基础设施投融资领域的市场化改革，来化解融资平台对地方财政带来的压力，化解地方政府过度投资的冲动。城市基础设施投融资机制的市场化改革，包含三个方面：

一是转变地方政府职能，从当前的“生产建设型”政府向“公共服务型”政府转变。城市基础设施投融资体制领域，是当前政府与市场职能转变的关键环节。在城市基础设施投融资方面，更多地强调和发挥政府的作用，政府（尤其是地方政府）承担资金提供者和基础设施生产者的身份，但是国外经验和国内事实均证明，基础设施作为准公共品，应当充分和积极发挥市场在资源配置中的决定性作用。

二是将融资主体由政府部门为主转向政府与私人部门相结合，扩充资金来源，引导社会资金进入。在理顺市政公共产品和服务价格形成机制、放宽行业准入的基础上，地方政府通过特许经营权、合理定价、财政补贴等途径支持PPP（公私合作）项目，鼓励社会资本参与城市公共设施投资运营。

三是地方政府通过发行债券、公共设施市场化改革、架构城市建设基金、提供财税优惠政策等多种方式，拓宽城镇化建设融资渠道。针对不同项目性质，设计差别化的融资模式与偿债机制。这不仅有助于减轻地方政府的筹资压力，缓解地方政府对融资平台、银行间接融资和土地财政的高度依赖，降低融资平台与地方政府的负债率，打破城市基础建设领域政府主导的局面，更能科学合理地界定政府和市场的职能范围。

（三）进一步深化改革中央与地方的财政体制

当投融资平台无力偿债时将转化为地方政府的直接债务，但与中央政府博弈中长期面临预算软约束的地方政府，由于预期可将债务转嫁给中央政府，如由中央政府剥离金融机构的不良资产，从而加大了地方政府过度负债的道德风险。如何处理这一问题的关键是改革纵向财政体制，加强地方债的综合治理：合理划分各级政府事权范围，进一步明确各级财政支出职责；合理界定各级政府间的财力，调整和优化中央与地方税收收入划分；逐步探索科学合理的，以消费税基、所得税基和财产税基为基础的地方税体系。

（四）完善地方债务管理机制

1. 严格控制地方债务发行规模

在新预算法实施之后，地方政府已经开始通过发行债券来筹集资金，并且预算法的存在使得地方政府债务具有了规范的制度前提。但是我国的现实并不是现在才开始有地方债增量，而是具有庞大的地方债存量。

欧美债务危机的重要原因就是政府债务负担超过了自身的承受能力，从而引发违约风险。我国多数地区，不顾自身经济与财力条件举债投资于生产建设项目，不但投资的直接经济回报率较低，且信贷资源过度地向政府集中，资源配置中政府比重过大，对民间投资产生挤出效应，进而不利于经济的健康运行。因此对地方政府债务风险的控制首先要控制地方举债的规模。中央政府应对各地方政府债务的债务总量、结构等统筹兼顾，正确评级地方政府财务状况，充分估计地方抗债务风险的能力，由此确立地方债务的发行规模。可根据地方政府的财政能力、偿债能力和预期财政收入进行评估，确定最高融资的限额。

2. 建立健全地方债务的偿付责任

应设立偿债基金，把来自地方债务融资项目的部分收入和预算部分资金，定期转入偿债基金。偿付资金的来源可立法设定优先次序，对地方政府动用税收等渠道进行偿付，规定设定最高限额和比例。

在财政状况不佳的时期，可考虑建立财政危机准备金制度。我国政府预算的预备费制度难以担当起救助地方财政危机的重任。为了防范地方财政风险，可构建有效的反危机准备金制度。准备金可来源于中央增发的国债收入，或者从每年税收增收中提取。制定合理的财政风险标准。根据中国国情国力，制定合理的财政风险标准。

由于历史和政策原因，地方的债务规模较高，因此，需按照我国的实际情况确立财政风险的标准。具体工作可从这几步入手，一是必须全面、真实了解地方财政状况，调查和核算地方各种债务规模，分门别类地找出地方政府债务的产生根源；二是逐步建立和完善针对地方政府的信用评级制度，为地方财政风险的判断提供依据；三是设立具体的财政风险评价标准，构建地方财政风险和风险评价、预警体系，构建财政风险评价模型，考虑其与工资拖欠率、财政收支状况、税基、服务水平、债务负担、社会经济和人口变动、行政和财政管理的实践等指标的关系。

（五）规范土地“租、税、费”收益制度，实现“卖地收入”为主到“税收收入”为主的转变

减少地方政府收入对土地财政的依赖，建立有效税源，充实地方政府

收入。一方面，当前土地制度的不规范给地方政府可乘之机，因此，首先应当规范现有的土地抵押担保制度，改变地方政府控制土地一级市场的局面。另一方面，应通过完善当前税收制度，建立地方稳定有效的税源。广义的土地财政是基于土地的地方财政收入与支出，包括土地出让金收入、来自房地产行业的流转环节和保有环节的税费，而当前我国房地产税收"重流转、轻保有"，土地收入多为一次性转手收入，地方政府难以通过税收手段享受土地增值带来的收益。未来房地产税改革和推广不失为化解我国地方政府收入困境的一种思路，并且已有一些发展中国家如印度和南非等已进行房产税改革，可以为我们所借鉴。

近期，考虑将以国有土地出让收入所在的基金预算纳入到中央、地方财政收入分享的范围；远期，将一次性收取的土地出让金收入改为按年度征收的不动产税，并将不动产税作为中国县乡两级地方政府的主体财政收入。

当前除了新增建设用地有偿使用费以外，土地出让金并未全部纳入中央、地方财政分配关系的制度设计中。这一做法事实上割裂了预算盘子的完整性，使得地方政府追求基金预算增长的动机更为强烈。因此，将全口径预算纳入央地财政分配关系并非集中财力的手段，而是调整现行财政体制对地方政府激励机制扭曲的必然途径。

开征不动产税并将其作为中国县乡两级地方政府的主体税种，这是解决地方政府财政困境的根本之道。将一次性收取的土地出让金收入转化为按年收取的不动产税，能够稳定土地产权关系、促使地方政府提供公共品提高辖区内不动产价值，引导地方政府发展目标由经济增长转向公共品供给。

（六）加强制度的制约，完善外部监督机制。建立地方政府公债制度，同时匹配以相应的监督机制

目前世界上大约有 37 个国家允许地方政府独立负债，以美国为典型，联邦、州、地方一级政府一级负债，互不负责。但是由于我国体制与国情与这些国家相差很大，因此完全市场化下的地方政府公债制度对我国来讲并不现实。在一定时期内，中央政府在我国地方政府公债制度管理和监督方面还是会发挥相当大的作用，和市场评价和民主监督共同促进地方债制度的完善。同时，"预算软约束"也不会在短期内彻底地解决，但通过全面编制地方政府资产负债表，尽快将预算外和体制外收支纳入预算等措施，能够从一定程度上缓解"预算软约束"问题。

在不改变地方政府融资平台债务融资基本模式、不改变城市土地国有制的前提下，将土地使用权一次性出让转变为动态年租制，并以所有存量土地的年租金收入偿还平台债本息，这一模式可大大缓解以土地出让金偿还平台债模式的种种弊端，强化地方政府的债务自律。

参考文献：

[1] 2014年审计署《全国政府性债务审计结果》。

[2] 陈志勇、陈莉莉：《"土地财政"问题及其治理研究》，北京：经济科学出版社2012年版。

[3] 何杨、满燕云：《地方政府债务融资的风险控制：基于土地财政视角的分析》，《财贸经济》，2012年第5期。

[4] 洪源、郭平：《土地财政视角下的地方政府融资平台债务风险研究》，《西安财经学院学报》，2012年第25期。

[5] 马海涛主编：《中国分税制改革20周年：回顾与展望》，中国财政经济出版社2014年版。

[6] 孙雪梅：《略论"土地财政"现状及成因》，《金融经济》，2011年第22期。

[7] Paul A. Samuelson, The Pure Theory of Public Expenditure, the review of economics and statistics, volume 36, issue4 (nov, 1954), 387－389.

第五章

大国财政与国际公共产品供给

第一节　国际公共产品供给与中国的战略选择

一、中国参与国际公共产品供给的影响因素

（一）外部原因

1. 国际体系和国际格局的变化

首先，随着冷战的结束，世界政治经济格局开始打破资本主义阵营与社会主义阵营对峙的局面，向着多极化的趋势发展。在此过程中，中国也逐渐摆脱意识形态领域的束缚，开始积极参与到了国际合作和国际公共产品的供给队列之中。其次，伴随全球化进程，越来越多的全球问题日益凸显。全球化使得世界各国紧密地联系在一起，任何国家不能孤立于国际社会而存在，以往属于一国内部的政治、经济、社会和环境问题已经开始跨越一国边界，成为与整个国际社会利益攸关的全球议题。这就要求中国必须积极投身于国际事务之中，更加广阔地在各领域与其他国家开展国际合作。最后，区域一体化进程蓬勃发展，各种区域性组织和区域合作开始兴起，这也为中国参与国际合作提供了更容易进入的选择路径，与此同时，中国也在参与区域性合作和区域组织的过程中，开始获得越来越多的利益，例如中国—东盟自由贸易区的建立、中日韩三国为成立自由贸易区而进行的谈判等，都有力地推动了中国经济社会各领域的发展。

2. 公民与国家互动关系的推动

在国际实力分配格局决定的国际公共产品供给的框架下，并不是所有国家都做出了与自身实力相符合的贡献，国际公共产品常面临供给不足的

困境。然而，随着世界经济和社会发展水平的提高，主权国家与公民乃至整个人类社会之间的互动关系日益密切，这种互动关系可以看作是促使主权国家参与国际公共产品供给的一种激励。在表现形式上，公民与国家之间的互动包括世界各国的公民、非政府组织以及各主要媒体通过舆论压力、游说政府和传播信息等方式同各主权国家展开互动，促使主权国家摆脱单一国家利益理念，更多地考虑全人类的共同需要和命运。在日益多元化的全球化议题中，公民与国家的互动关系已经成为了国家决策的重要影响因素。在很多情况下，按照行政边界划分的主权国家的利己性行为有可能违背在世界范围内的公民社会所追求的共同目标，诸如公平与正义、消除贫困、保护人权等，这就会表现为主权国家与公民之间的各种摩擦，包括各种抗争与示威活动。公民行动的目标与国际公共产品供给领域的目标相一致，旨在缩小各种问题的负外部性影响，扩大国际公共产品的正外部性影响，并促进这种正外部性在全球范围内的合理分配。

（二）内部原因

1. 自身实力的强弱

一国参与国际公共产品的供给决策不仅取决于其供给意愿，更要取决于其自身的供给能力，近年来中国自身实力的提高不仅大大提升了中国的国际地位和国际影响力，也为中国更多地参与国际公共产品供给创造了可能。

国际公共产品所具有的特殊性决定了在对其供给的过程中，不能依据传统的经济学理论，依照消费者在公共产品中所享受到的边际收益来承担公共产品的成本。这是因为，一方面国际社会范围广阔，不可能获得充足有效的信息，因此也无法准确判断各国从国际公共产品的消费中所获得的收益；另一方面，这种做法有悖于公平原则，可能会产生一种劫贫济富的效应。在国际社会中，依据边际收益递减原理，贫穷国家往往最能从具有正的外部性的国际公共产品中受益，其所获得的好处远远大于其他发达国家，而其对国际公共产品的供给能力则非常有限。如果仅仅按照受益原则确定各国的供给成本，则会使贫穷国家比发达国家承受更多的支付责任，客观上会加重贫穷国家的负担，进一步恶化国际不平等，由此决定了国际公共产品的供给应当更多地取决于国际实力的分配格局。

近年来，中国在国际实力分配格局中的地位和国际影响力不断提高，中国 GDP 占世界 GDP 的总量已从 2000 年的 3.71% 上涨至 2013 年的 12.3%①，世界排名更是超越日本上升至世界第二位，这就意味着中国应当在国际公共产品的供给方面承担更多责任。

然而国际实力的分配只是在客观上决定了各国供给国际公共产品的能力大小，而并不能体现其供给意愿，因此对于影响国际公共产品供给因素的考查，还必须要充分考虑各国的供给意愿。

2. 自身国际定位的认识

一国对国际公共产品供给的参与程度不仅取决于国际实力分配格局，还在很大程度上取决于一国对自身国际定位的认识。

一方面，中国对现有国际秩序和国际体系的认识经过了一个相当复杂的发展阶段。自新中国建立至改革开放以前，受意识形态影响，以美国为首的西方国家对中国实行孤立封锁政策，中国长期被排除于世界体系之外，此时面对由西方世界主导的国际秩序，中国倾向于采取批判和不参与的态度，因而也没有加入到国际公共产品的供给合作当中。改革开放以后，随着两极格局的瓦解和世界多极化趋势的发展，西方世界对中国的态度也开始发生转变，此时中国也和更多的国家建立了外交关系，开始逐渐融入到了国际秩序和国际体系中。与此同时，中国与国际组织也开始进行更加积极的具有重要战略意义的合作，借助国际自由贸易规则，中国开始

① 数据来源于国家统计局网站：http：//data. stats. gov. cn/。

越来越多地加入到世界贸易之中，实现了自身经济实力的增长。然而，由于现有的国际秩序和国际体系仍然由西方世界主导，在利益分配格局上仍然体现着西方国家的意旨，因此中国对在现有国际秩序中运作的国际公共产品的供给仍然持有一定的观望和保留态度。

另一方面，中国对自身国际定位的认识也仍处在过渡期，比如作为如今世界上最大的发展中国家，中国究竟应该承担多少国际责任、究竟应该实行韬光养晦的对外政策还是应该更多地参与到国际事务中。中国对自身国际定位的认知对其在国际公共产品供给方面的态度产生了重要影响。

此外，一国的国际定位也具有动态变化的特征，一国对现有国际秩序和国际体系以及对自身国际定位的认识都会随着国际环境和自身实力的变化而变化。随着国际秩序向着更为公平的方向变化以及中国自身实力的增强，中国参与国际公共产品供给的积极性也会随之提高。

二、中国参与国际公共产品供给的现状

近年来，随着中国自身的崛起，在国际社会中开始兴起一种“中国责任论”，主张应当由中国在国际事务中承担更多责任，尤其是应当在国际公共产品的供给方面做出更积极贡献，诸如加强国际合作打击反恐的力度、在反核扩散问题上对朝鲜施加更多压力、更多地承担联合国会费摊派、减少温室气体排放，制定针对气候变化的战略框架并加大节能减排政策实施力度等。观察近年来中国参与国际公共产品供给的现状，可以对中国承担大国责任的情况进行评价，在这里主要考察中国参与国际援助、国际组织以及其他国际事务的情况。

（一）参与国际援助情况

自新中国成立以来，中国的国际援助事业蓬勃展开，在基础设施、农

业合作、医疗卫生、民生服务、产业发展、节能环保、文化体育等多个领域都做出了突出贡献，对于促进世界医疗卫生事业的发展、环保事业以及知识技术的普及发挥了重要作用。

1. 国际援助的主要方式

当前中国国际援助主要包括一般物资、成套项目、人力资源开发合作、技术合作、紧急人道主义援助、援外医疗队、援外志愿者和债务减免这八种类型。中国的国际援助对于帮助受援国普及生产技术知识、改进医疗卫生水平、缓解贫困境况具有重要意义，同时也体现了中国对于世界和平与发展、全球医疗卫生事业以及知识技术等领域的突出贡献。

在技术合作领域，中国向受援国派出专家，向受援国传播试种、试养、试制技术和传统手工技术，以促进当地生产发展，同时为当地的专业项目提供考查、勘探、规划、研究和咨询等服务。此外，在受援国的要求下，中国还会派遣专家对受援国已建成项目的后续生产、运营或维护提供技术上的指导，帮助受援国培训专业的技术人才和管理人员，从而帮助该国掌握独立管理项目的能力。

在医疗卫生方面，中国主要通过派出援外医疗队的方式参与国际公共卫生的供给。援外医疗队由中国专业的医护人员组成，在对受援国进行救助的同时，也向受援国无偿供给部分医疗设备及药品。医疗队在当地进行定点或巡回医疗服务，并在当地传授医疗知识，帮助当地医务人员掌握先进的医疗技术。多年以来，中国援外医疗队对于挽救受援国病人的生命、促进受援国医疗技术水平的提高和医疗卫生事业的发展发挥了重要作用，这也是中国积极履行大国责任和主动参与国际事务的突出体现。截至2009年年底，中国已向世界上超过69个国家派遣援外医疗队，覆盖范围包括欧洲、非洲、亚洲、大洋洲、拉丁美洲和加勒比地区，累计派出2.1

万名医护人员，治愈受援国患者已经超过 2 亿人次[①]。

在国际紧急援助方面，中国越来越多地向遭受各种严重自然灾害和人道主义灾难的国家提供紧急人道主义援助，包括派遣救援队和医疗队、提供现汇、紧急物资等，帮助受灾国抗击灾害并开展灾后重建工作。面对 2004 年 12 月发生的印度洋海啸给受灾国家带来的巨大灾难，中国开展了援外历史上最大规模的国际救援行动，五年来，中国累计开展紧急援助近 200 次[②]，对于帮助受灾国家进行医疗救助和防治疫情方面发挥了重要作用。

此外，中国自 2003 年以来开始派出援外志愿者，为受援国家在体育、医疗卫生、信息技术、农业科技、国际救助等领域提供积极服务。截至 2009 年年底，中国派遣的援外志愿者已累计达到 8400 名，其中汉语教师志愿者 8000 名，青年志愿者 400 名[③]，如图 5 – 1 所示。

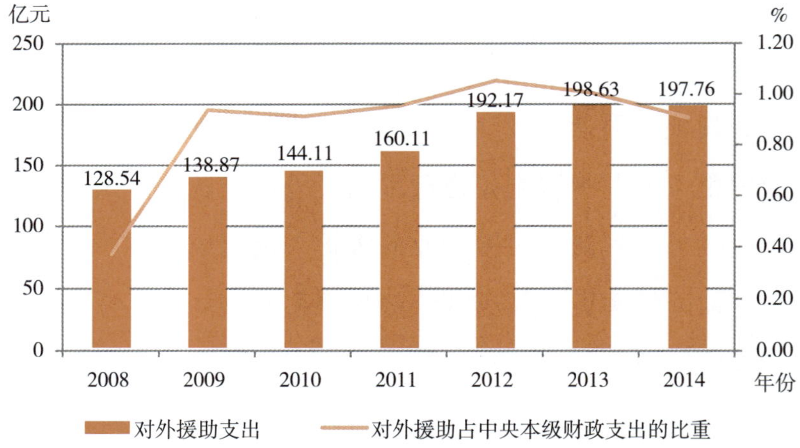

图 5 – 1　中国国际援助支出及其占中央本级支出的比重[④]

① 数据来源于商务部对外援助司网站：http：//yws. mofcom. gov. cn/。

② 数据来源于商务部对外援助司网站：http：//yws. mofcom. gov. cn/。

③ 数据来源于商务部对外援助司网站：http：//yws. mofcom. gov. cn/。

④ 数据来源：中华人民共和国财政部网站 http：//www. mof. gov. cn/zhengwuxinxi/caizheng-shuju/。

2. 国际援助的资金提供方式

中国国际援助的资金提供方式包括优惠贷款、无息贷款和无偿援助三种类型。其中，无偿援助是中国最主要的国际援助资金方式，主要用途是帮受援国建设中小型社会福利项目，例如医院、学校、低造价住房、打井供水项目等，以及进行人力资本投入及其他技术领域的合作。无息贷款主要用于帮助受援国家建设规模较大的基础设施项目和民生工程等，其期限一般为20年，其中10年为偿还期，另外还包括5年使用期和5年宽限期。优惠贷款主要用于帮助受援国建设具有经济效益和社会效益的公共型和生产型项目，以及大型基础设施，或提供技术服务和设备、机电产品和其他物资等。当前，中国发放的优惠贷款年利率通常为百分之二至百分之三，期限一般为十五至二十年。截至2009年年底，中国已经累计向超过七十个国家发放优惠贷款，支持项目三百余个①，如表5-1所示。

表5-1　　中国国际援助提供无偿援助、无息贷款及优惠贷款案例

领域	方式	受援国家和地区	项目名称	规模	竣工时间
基础设施	无偿援助	塔斯克斯坦	沙尔隧道工程	总长4.9公里	2008
		非洲	非盟会议中心	总建筑面积4.8万平方米	2011
	无息贷款	缅甸	仰光—丁茵大桥	公路桥2151米，铁路桥2938米	1993
	优惠贷款	缅甸	全国电信网改造项目	总容量5.5万线	2002
		越南	高岸电站	总功率11万千瓦，年发电量6亿千瓦时	2006
农业合作	无偿援助	菲律宾	中菲农业技术中心	已培育出7个适合当地生长的杂交水稻新品种	2003

① 数据来源于商务部对外援助司网站：http：//yws. mofcom. gov. cn/。

续表

领域	方式	受援国家和地区	项目名称	规模	竣工时间
文化体育	无偿援助	埃及	埃中友好师范学校	建筑面积 5940 平方米	2008
		格林纳达	格林纳达板球场	2.6 万平方米	2007
	无息贷款	巴巴多斯	巴巴多斯体育馆	3000 人座	1992
		科特迪瓦	科特迪瓦文化剧场	1.24 万平方米	1999
	优惠贷款	牙买加	绿野综合体育场	1200 座板球场，1500 座足球场，以及 600 座篮球场	2007
医疗卫生	无偿援助	赞比亚	疟疾防治中心	80 平方米	2009
	无息贷款	苏丹	恩图曼友谊医院	150 张床位	1995
民生工程	无偿援助	尼日尔	津德尔供水工程	埋设管道 27 公里，2000 立方米高位水塔	2005
	无息贷款	苏丹	恩图曼友谊医院	150 张床位	1995
	优惠贷款	博兹瓦纳	博兹瓦纳住房项目	293 套住房	2007

（二）参与国际组织情况

国际组织是国际社会发展到一定阶段的产物，十九世纪中期以后，世界上出现了一些国际常设机构，这些机构通常为特定目的所设立，成为早期的国际组织。进入二十世纪以来，国际组织的发展进入新的历史阶段，在领域上逐渐从专业性领域扩展至一般性领域，其涵盖的议题也已经扩展至全球政治经济等各个领域。二战结束后，国际组织进入蓬勃发展阶段，国际社会上首次成立了具有重大意义的政府间国际合作组织——联合国，开创了国际组织发展史上的新纪元。随着国际组织的发展和其在国际社会中的地位及影响力的不断增强，中国也越来越多地开始参与到国际组织和国际事务合作的进程中。自新中国成立以来至今，中国与国际组织的关系大致包括三个阶段：

1. 第一阶段（1949—1970 年）

新中国成立以后，中国受到以美国为首的西方世界的封锁和孤立，世界上各重要国际组织也主要由西方国家主导，成为西方国家操纵和干涉别国内政的工具。另一方面，刚成立的新中国坚持独立自主的外交政策，坚持国家主权不容干涉的原则，担心国际组织利用国际合作的借口对新中国的主权进行干预，因此，中国在这一阶段几乎没有参与任何重要的国际组织。与此同时，新中国成立后，为争取社会主义阵营国家的认可，确立了“一边倒”的外交方针，重点与以苏联为首的社会主义国家发展友好关系，仅参与了一些社会主义阵营内部的区域性合作组织。

2. 第二阶段（1971—1990 年）

自 1971 年中国在联合国恢复合法席位以来，中国参与国际组织的历程迈入了新的发展阶段，逐步开始积极全面地参与到各种国际组织之中，与世界其他国家的互动交往活动也越来越频繁。这一时期，在维护世界和平和反核扩散领域，身为联合国安理会常任理事国，中国开始投入到联合国维和事务中，并先后签署了《南极条约》《外层空间条约》等国际条约，同时积极加入国际原子能机构，签署《不扩散核武器条约》和《全面禁止核试验条约》等国际安全条约，对促进世界和平与发展做出了积极贡献。在经济领域，出于满足国内自身经济建设的需要，中国开始参与到一系列经济性的国际组织之中，如世界银行和国际货币基金组织等，同时也开始积极加入包括亚太经合组织、亚洲开发银行等区域性的经济组织中。在人权方面，中国开始加入联合国人权委员会会议，并在国际人权事业合作中做出了重要贡献。

3. 第三阶段（1990 年至今）

二十世纪九十年代以来，随着中国自身实力的增长和国际地位的提高，中国与国际组织的关系也进入了一个全新的阶段。根据国际组织年鉴 2008—2009 年统计显示，在 2007 年全球六万多个国际组织中，中国已经参与了其中的 4386 个，其中有 1753 个是协定组织，在中国加入的这些协定组织中，A 类国际组织联盟共 25 个，B 类全球普遍性国际组织共 374 个，C 类洲际性国际组织共 575 个，D 类地区性国际组织共 779 个。①②

在这一时期，中国参与国际组织的历程体现出主动融入、双向互动和战略性建设三项特征。首先，中国自身的发展要求其更多地融入到现有的各种国际组织之中，通过参与各种国际组织，获得自身发展所需要的资金和技术。2001 年中国加入世界贸易组织后，中国已经加入了世界上几乎所有占据重要地位的国际组织，并且已经开始带头创设一些具有影响力的国际组织，如 2001 年创立的上海合作组织等；其次，中国与国际组织的关系体现出了一种双向互动的特征。中国在积极主动地参与现有国际组织的基础上，开始越来越多地通过发挥自身的大国实力和国际影响力，来进一步塑造和完善现有的国际组织和国际规则，为国际组织贡献更多的方案和智慧，进而与各种国际组织形成一种良性互动的过程；最后，中国与国际组织的关系越来越具有战略性特征。中国在国际组织中的地位已经由被动的参与者转向国际组织规则的制定者和行动的领导者，在此过程中，中国不仅立足于本国利益，同时也为发展中国家谋求利益，并尽力争取发展中国家的支持。例如，在国际货币基金组织、联合国等国际组织的改革方面，中国一直强调应当增加这些机构的代表性，更多地反映和代表广大发展中国家的利益诉求。与此同时，中国还积极推动建立能够代表发展中国家和新兴国家的区域合作组织，并且开始在这些新兴组织中发挥核心领导

---

① 协定性组织是指为实现特定目的，通过条约而建立起来的国际性常设机构，包括 A – D 四类，其中 A 类由至少三个以上自治性非地区的性国际组织构成；B 类指至少控制 60 个国家，或 30 个地理位置分布均衡的国家的国际组织，其成员国具有地理位置分布广阔的特点；C 类组织的成员国尽管不具备全球普遍分布的特点，但具有跨洲分布的特征，例如经济合作与发展组织和亚太经合组织；D 类组织的成员国分布于特定的洲或大陆范围内，例如欧盟、非盟等。

② 朱立群、黄超：《中国参与国际体系的评估指标及相关分析》，《江海学刊》，2009 年第 5 期，第 163 – 164 页。

作用，如图5－2所示。

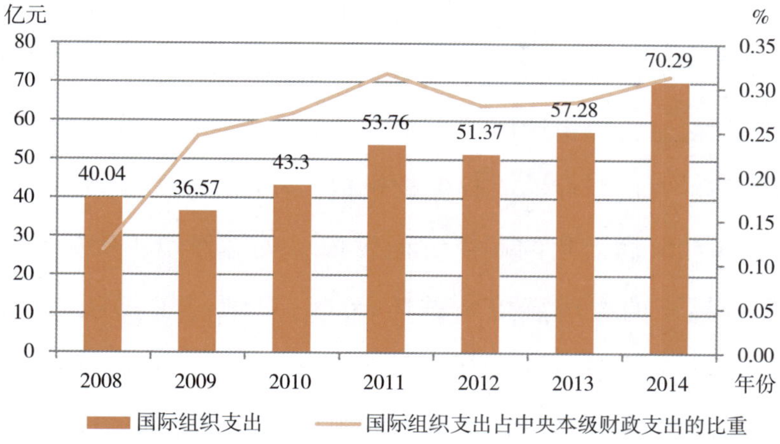

图5－2　中国参与国际组织支出及其占中央本级支出比重①

（三）参与国际事务情况

随着自身实力的增长和国际地位的上升，中国对于国际事务的参与程度与日俱增，具体表现在：

在国际安全领域，中国已经接受并签署了大量国际和地区间反核扩散以及控制军事设备的协议和条约，参加了包括国际原子能机构、国际裁军委员会等一系列的国际安全组织，在朝鲜核问题以及阿富汗问题等地区热点问题上发挥了重要的劝和作用。在国际经济领域，中国作为世界银行和国际货币基金组织的成员国，越来越多地在这两个国际机构中发挥作用，在世界银行，中国实施了工程管理和贷款支付记录②；在国际货币基金组织，中国积极促进包括更多地向发展中国家融资等一系列条约的制定和通过。在国际环境领域，中国在主动参与国际环境协定谈判和国际合作治理

① 数据来源：中华人民共和国财政部网站，http：//www.mof.gov.cn/zhengwuxinxi/caizheng-shuju/。

② 朱立群、黄超：《中国参与国际体系的评估指标及相关分析》，《江海学刊》，2009年第5期，第163－164页。

的同时，也在国内出台了环保领域的相关规章制度，制定了阶段性的节能减排目标，同时注重新能源的开发和利用，通过国际国内双重努力践行国际社会共同合作治理温室效应的要求。在国际人权领域，中国积极参与国际人权议题辩论，支持由国际劳工组织和联合国发起的保护人权行动，同时也参加了一系列世界性的人权保护机构。在国际医疗卫生领域，中国在预防全球疾病和疾病治疗的研究方面发挥了关键作用，例如在 2003 年的 SARS 以及近年来的禽流感疫情的防治中，都取得了积极成果，并已于 2014 年成功自主研制出了 H7N9 禽流感病毒疫苗株。这一系列表现都反映出中国在参与国际公共产品供给方面的积极态度和强烈的合作意愿。

2012 年，中国同意自 2013 年起，将其在联合国的会费分摊比率由 2012 年的 3.2% 提高至 5.1%[①]，这也使中国超越加拿大和意大利，升级为联合国第六大会费缴纳国。此外，在联合国维和事务中，中国的参与度也显著增强，近年来中国对联合国维和行动的实际摊款比率迅速上升，在 2013—2015 年排名前十的摊款捐助国中，排名第 6 位，如表 5－2 所示。

表 5－2　2013—2015 年排名前十的联合国会费分摊及维和行动摊款会员国[②]

会员国	2012 年维和实际摊款比率	2013—2015 年联合国会费分摊比率	2013—2015 年维和摊款比率
美国	27.14	22	28.38
日本	12.53	10.83	10.83
法国	7.55	5.59	7.21
德国	8.02	7.14	7.14
大不列颠及北爱尔兰联合王国	8.15	5.18	6.68
中国	3.93	5.15	6.64

① 数据来源于新华网：http：//news.xinhuanet.com/world/2012－12/27/c_ 124153250.htm。
② 数据来源：联合国网站 http：//www.un.org/zh/peacekeeping/operations/financing.shtml。

续表

会员国	2012 年维和实际摊款比率	2013—2015 年联合国会费分摊比率	2013—2015 年维和摊款比率
意大利	5	4.45	4.45
俄罗斯联邦	1.98	2.44	3.14
加拿大	3.21	2.98	2.98
西班牙	3.18	2.97	2.97

三、中国参与国际公共产品供给的主要问题

中国参与的国际公共产品供给已经扩展到政治、经济、安全、环境、人权等各个领域，呈现出全方位、多层次、宽领域的特征。从整体上看，中国供给国际公共产品的积极性与日俱增，其影响力也在不断增强。然而，从上述我国参与国际公共产品供给的现状中，仍然能够发现一些值得研究和改进的问题。

（一）国际援助方面

1. 没有提高受援国自身能力

在中国国际援助的最初阶段，并没有真正体现“提高受援国自身能力”的原则，而更多地采取一种大包大揽的方式向受援国提供援助，对受援国的要求有求必应，在一定程度上造成了受援国的依赖性，而并没有从根本上帮助受援国提高独立建设的能力，一旦离开中国的帮助，受援国家还是不能实现自身长远发展。

2. 超出自身能力限制

在我国的国际援助历史上，曾经出现过超过自身能力援助受援国家的情况，在国内经济发展尚显困难时期，仍然没有缩减国际援助的规模，这种巨额的国际援助在一定程度上对我国国内经济发展造成了负面影响。应

当意识到，我国开展国际援助的前提是自身具有足够的经济实力，能够优先保证本国发展的需要，在拥有保证本国经济建设所需资金的基础上，再对世界其他国家提供援助。因此在今后的国际援助中，要始终以自身经济实力为限度，坚持量力而行的原则。

（二）参与国际组织和事务方面

1. 参与国际组织的总体数量仍然有限

参与国际组织是主权国家承担国际公共产品供给责任的重要途径，当前中国对于国际组织的参与率大约在 7.1%，其参与的各类国际组织数量约为世界主要发达国家参与数量的 1/3①，因此与世界主要发达国家相比，中国对于国际组织的参与度仍然处于较低水平。

2. 在国际组织中的责任分担和投票权有限

在当前世界上主要的国际组织中，中国所承担的责任和投票权虽然与过去相比有了大幅的提升，但其总体影响力仍然十分有限，远远落后于其他主要发达国家，以联合国会费缴纳情况为例，2013—2015 年中国在联合国的会费分摊比率仅为 5.15%，远低于处于第一位的美国 22% 和处于第二位的日本 10.83% 的水平②。因此，与中国在国际社会中的地位和自身实力相比，中国在其所参与的国际组织中所承担的责任，还有很大的提高空间。同时，由于主权国家在国际组织中的投票权是与其承担的责任和做出的贡献相对应的，因此，中国应当通过更多地在国际组织中承担责任，来获得更多的投票权，从而增加其对国际决策的影响力，发挥在国际谈判中的主导作用。

在国际货币基金组织实行的份额认缴制中，每个成员按照其在世界经

---

① 朱立群、黄超：《中国参与国际体系的评估指标及相关分析》，《江海学刊》，2009 年第 5 期，第 163 - 164 页。

② 数据来源于联合国网站：http：//www. un. org/zh/peacekeeping/operations/financing. shtml。

济中的相对地位被分配有一定的份额①。该份额一方面规定了其向国际货币基金组织提供资金的最高额度，另一方面则决定了成员国在基金组织决策中的投票权。随着中国自身实力的增长和参与国际事务积极度的提高，中国在国际货币基金组织中的份额不断扩大，地位与影响力有了显著提高。然而，与美国、日本以及欧洲其他主要发达国家相比，中国所拥有的投票权仍然十分有限。如表5－3所示，截至2010年，中国在国际货币基金组织中的份额和投票权均排在所有会员国中的第6位，所占比重约为3.7%，而位居前三位的美国、日本、德国三者的合计份额和投票权约为中国的8倍②，这就意味着国际货币基金组织的决策仍然由资本主义国家所主导，中国在其决策中的影响力仍然十分有限。

进一步考查中国在世界银行中所拥有的投票权情况，在世界银行下的国际复兴开发银行中，中国掌握的投票权约占成员国总投票权的4.42%，位居第三位；在国际开发协会中拥有41万票的投票权，约占总投票权的2%；在国际金融公司中拥有将近2.5万票的投票权，约占总投票权的1%。③ 相比于世界主要发达国家，依然处于较低水平，如表5－3所示。

表5－3　国际货币基金组织中份额和投票权排名前十的会员国（截至2010年）④

国家	份额		投票权	
	百万SDR	百分比	数量	百分比
美国	37149.3	17.09	371743	16.74
日本	13312.8	6.12	133378	6.01

① 现行份额是以下几组变量的加权平均数，即GDP（权重为50%）、开放度（30%）、经济波动性（15%）、国际储备（5%）以及压缩因子（用来缩小成员国计算份额的离散程度）。份额以基金组织的记账单位特别提款权（SDR）计值。

② 数据来源于国际货币基金组织网站：http：//www.imf.org/external/np/exr/facts/quotas.htm。

③ 数据来源于外交部网站：http：//www.fmprc.gov.cn/mfa_ chn。

④ 数据来源：国际货币基金组织网站http：//www.imf.org/external/np/exr/facts/quotas.htm。

续表

国家	份额		投票权	
	百万 SDR	百分比	数量	百分比
德国	13008.2	5.98	130332	5.87
法国	10738.5	4.94	107635	4.85
英国	10738.5	4.94	107635	4.85
中国	8090.1	3.72	81151	3.65
意大利	7055.5	3.24	70805	3.19
沙特	6985.5	3.21	70105	3.16
加拿大	6369.2	2.93	63942	2.88

第二节　联合国会费合理分担机制研究

一、联合国会费

（一）定义

联合国是当前世界上最大的非营利性的、由世界各主权国家组成的政府间国际组织，拥有 193 个会员国。联合国的正常运转离不开会员国缴纳会费。联合国会费是联合国主要的经费和正常预算的来源，用于支付维持联合国机构正常运转所需要的经常性开支。

联合国宪章第十七条规定，联合国组织的会费“应由各会员国依照大会分配限额担负之”。联合国的经费包括正常预算和维持和平行动经费。前者是用以支付主要机构和辅助机构的行政开支和活动费用等，如联合国工作人员的工资、办公用品及设备的购置与维修、会议服务、文件印刷等其他系列服务；后者是预算外资金，它是由捐助国决定用途，并直接交秘书长代管。

（二）计算方法

1. 确定会员国国民收入

国民收入是决定会员国支付能力的关键因素，也是计算会费比额的第一步。为了避免出现扭曲，70 年来会费委员会曾考虑过种种衡量会员国支付能力的其他因素，如会员国富裕程度、社会经济指标、对一种或几种产品的依赖程度、贸易条件和收支状况等。但这些方面的数据均缺乏可靠性和可比性。同时，在确定国民收入数据后再考虑这些因素会造成重复计算。经过实践验证，会员国的国民总收入（GNI）被认为是确定会员国支付能力的最好办法。

2. 确定兑换率

国民收入确定后，第二步是将会员国按各自货币统计出的国民总收入转换为统一货币单位的国民总收入。联合国以美元为核算单位，需要将会员国各自统计数据换算成以美元为单位的统一数据，多数情况下采用市面汇率。当市场汇率引起某国国民总收入出现过度波动或扭曲，会费委员会则建议采用价格调整汇率或其他适当换算率作为替代。

3. 确定统计基期

统计基期是计算会员国国民收入时统一采用的时间段。如确定 2016—2018 年会费比额时，必须确定从 2013 年前若干年时间段内会员国的年国民总收入。联合国成立至 2000 年，曾采用过 1 年、2 年、3 年、6 年、7 年、7.5 年、10 年等不同的统计基期。统计基期的确定保证了对所有会员国的公平性。但由于经济利益不同，经济发展较好的国家为了不致过快增加其会费比额，往往要求使用较长的统计基期。而经济状况恶化的国家为了更准确地反映其支付能力，往往要求使用较短的统计基期。2000

年第 55 届联大在审议 2001—2003 年会费比额时，发达国家和发展中国家在 3 年和 6 年统计基期的问题上长时间争执不下，最后达成采用 4.5 年统计基期的妥协方案。

4. 确定债务宽减

自 1986 年以来，债务宽减一直是会费比额表编制方法的组成部分。当时一些发展中国家面临债务危机，无力对外部债权人发行的主权债务进行再融资，支付能力深受影响，债务宽减因此被引入，即通过反映偿付外债对本国支付能力的影响，向此类会员国提供宽减。鉴于外债利息已计入国民总收入，债务宽减的现行计算方法是从按美元计算的国民总收入中扣除外债本金还款。会费分摊比额根据按债务调整后的国民总收入计算，并因此将债务负担调整的影响间接分配给其他会员国。

5. 确定低人均收入宽减

低人均收入宽减是会员国支付能力原则最重要的衡量指标之一，也是自联合国早期以来会费比额表编制方法的重要元素。这一宽减目前有两个参数，即用来确定哪些国家享受宽减的人均国民总收入门槛值，以及确定调整幅度的宽减率。联合国成立以来，曾先后采用过不同的收入门槛值。根据历年会费委员会会议报告，最初为固定门槛值，1948 年起为 1000 美元，1974 年起为 1500 美元，1977 年起为 1800 美元，1983 年起为 2100 美元，1986 年起为 2200 美元，1992 年起为 2600 美元。从 1995 年起，由固定门槛值改为会员国人均国民总收入平均数。

同时，1948 年以来，联合国在计算会员国会费比额时也曾先后采用过不同的宽减率，1948 年起为 40%，1953 年起为 50%，1974 年起为 60%，1977 年起为 70%，1980 年起为 75%，1983 年起为 85%。1998 年起宽减率一直被固定在 80%。

6. 确定下限和上限

下限是会员国最低会费比额。联合国成立至今，分别采用过不同下限。1946 年，联合国会费下限曾确定为 0.04%。此后，联合国大会先后于 1974 年、1978 年和 1998 年分别决定将下限降为 0.02%、0.01% 和 0.001%。第 70 届联大审议 2016—2018 年会费比额时决定将下限维持在 0.001%。上限包括最不发达国家会费上限和会费上限两种。“……鉴于最不发达国家极为严重的经济状况，不论在何种情况下，它们各自的会费比额都不应超过目前的水平。”1983 年以来，这一决定一直延续至今，有效地将最不发达国家会费比额控制在 0.01% 之内。第 70 届联大重申这一上限。而会费上限是会员国最高会费比额，是一种政治决定，并不符合支付能力原则。但在美国的坚持下，会员国不得不一次次做出妥协，使美国作为上限的唯一受益者，分摊的会费比额从 1946—1949 年的 39.89% 逐步降为当前的 22%。以上是会费比额计算的主要因素。

然而，由于地理环境、人口状况、天灾人祸、资源禀赋、经济构成及发展水平等千差万别，各国的支付能力难以精确统计，加之会费问题和各国利益息息相关，如何分摊会费一直是一个有争议的问题。

现行会费比额的基本计算方法是以联合国会员国六年基期和三年基期的国民总收入为起点，作为支付能力的近似值，并对比额表采用了换算率、宽减措施和上下限，以便得出最后比额表。具体如下：

第一步：计算国民总收入。国民总收入的资料由联合国大会经社理事部统计司提供，依据是会员国在年度国民账户调查表中以本币填报的数据。由于必须提供所有会员国在可能采用的统计期间所有年度的数据，如果会员国未提供数据，统计司则利用其他来源的资料编制估计数。这些来源包括联合国各区域委员会、其他区域组织、世界银行和国际货币基金组织等。统计司汇总各国统计部门提交的六年基期和三年基期数据后，按市场汇率或价调汇率换算成美元，计算出各国在全球国民总收入中所占份额。

第二步：债务调整。对人均总收入低于 12490 美元（世界银行确立的高收入国家门槛值）的会员国，对其国民总收入按其未清偿公私长期外债总额的 12.5% 进行减免，得出债务调整后的国民总收入数。这些国家宽减下来的数额由其他国家按比例吸收。

第三步：低人均收入宽减。对债务调整后的人均总收入低于全球人均总收入平均数（目前使用的是六年基期为 9861 美元，三年基期为 10511 美元）的会员国的国民总收入，按 80% 的宽减率进行宽减。宽减公式如下：

（全球人均总收入平均数 - 某国人均总收入）÷ 全球人均总收入平均数 × 80%

这些国家宽减下来的数额由人均总收入高于全球人均总收入平均数的国家按比例吸收。

第四步：下限、上限调整。将低于下限的国家的比额增至 0.001%，由此而产生的数额按比例分配给其他会员国；将高于 0.01% 的最不发达国家比额降至 0.01%，由此而产生的数额按比例分配给其他会员国；对缴款最多的国家应用 22% 上限，由此产生的数额按比例分配给其他会员国。

以上分别按照六年基期和三年基期统计数据得出两套数值后，相加并取算术平均数，得出最终比额。上述计算由联合国秘书处通过计算机完成。

（三）存在的问题

1. 拖延联合国会费

联合国会费是联合国正常运转的重要资金保障。联合国前任秘书长加利曾指出，“联合国的财政危机并不是因为超额开支造成的，而是因为经会员国详细审查并批准的预算没有得到支付”。美国就是联合国最大的会费拖欠国。2003 年 3 月 20 日至 2011 年 12 月 18 日期间，美国就拖欠了近

9亿美元的会费。更严重的是自特朗普上台以来，美国接连退出了“教科文组织”和“与人权理事会”。

会员国拖欠会费很有可能导致联合国无法如期地、保质保量地实施计划方案和项目。特别是会费大国的拖欠，将可能把联合国推向破产的边缘。会员国欠费还常常导致联合国裁撤人员、冻结职员薪金、削减项目规模等后果，对联合国目标的实现造成严重影响。从更深层讲，拖欠会费也是对联合国集体义务的失信，是对《联合国宪章》精神和国际法规则的违约，是对以《宪章》为基础的国际秩序的公然挑衅。当然，拖欠联合国会费可能使得该主权国丧失投票权或产生其他后果。

2. 以缴纳会费来要挟联合国

多年来，会费一直是个颇让联合国“头疼”的问题，有一些国家将联合国会费作为向联合国施加影响的手段。自20世纪80年代开始，美国就开始采取拖欠巨额会费但不影响美国在联合国投票权的做法，玩起了以拖欠会费为武器要挟联合国的把戏。至今美国仍是拖欠会费的大户，更有甚者，2011年在联合国教科文组织接纳巴勒斯坦为会员国后，美国以停止向该组织缴纳会费作为报复。此外，2015年在联合国教科文组织将关于1937年南京大屠杀的文件列入《世界记忆名录》后，日本也放言要停止缴纳联合国教科文组织的会费。当然，这些要挟联合国的做法都受到了国际社会的谴责。

二、中国联合国会费情况

（一）中国历年缴纳会费的情况（如表5－4所示）

1971—2019年中国的会费比例经历了先上升后下降然后再上升的过程，其中呈现出三个明显的转折点，如图5－3所示。

表 5-4　　1971—2019 年中国在联合国会费比例①

年份	会费比例	年份	会费比例	年份	会费比例
1971—1973	4	1996	0.735	2003	1.532
年份	会费比例	年份	会费比例	年份	会费比例
1974—1979	5.5	1997	0.74	2004—2006	2.053
年份	会费比例	年份	会费比例	年份	会费比例
1980—1982	1.62	1998	0.901	2007—2009	2.667
年份	会费比例	年份	会费比例	年份	会费比例
1983—1985	0.88	1999	0.973	2010—2012	3.189
年份	会费比例	年份	会费比例	年份	会费比例
1986—1991	0.79	2000	0.995	2013—2015	5.148
年份	会费比例	年份	会费比例	年份	会费比例
1992—1994	0.77	2001	1.541	2016—2018	7.921
年份	会费比例	年份	会费比例	年份	会费比例
1995	0.72	2002	1.545	2019	12.01

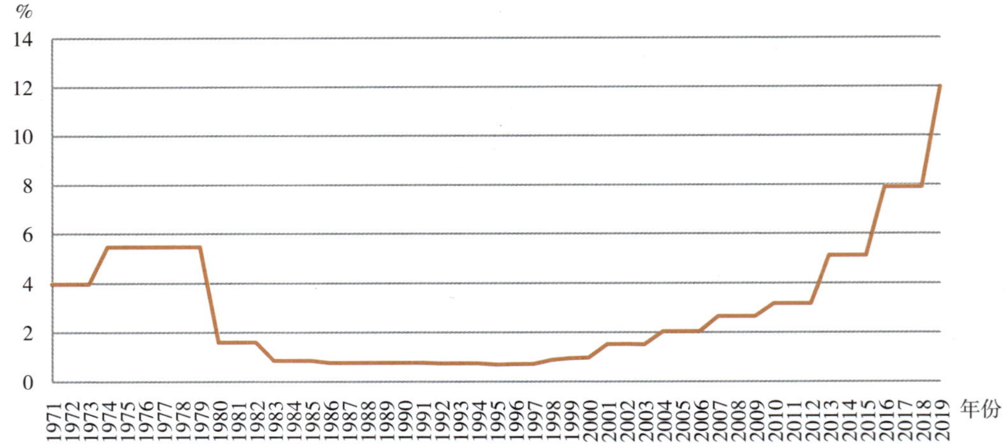

图 5-3　1971—2019 年中国在联合国会费比例

1971 年，中国刚刚恢复了在联合国安理会的合法席位，直接继承了台湾当局 1970 年在联合国 4% 的会费比例。之后，出于政治因素，中国需

① 数据来源：联合国网站。

要凸显社会主义大国的身份，使其第三世界国家领袖的国家形象深入人心，因此在1973年主动提出将中国的联合国会费比例从4.00%提高到5.50%，并从1974年开始以这一比例缴纳会费。中国自愿将其会费比例由4.00%上调至5.50%是为了显示对联合国的支持。但是很多国家认为这个比例是不合适的，因为它超过了中国经济的支付能力。

20世纪60年代以后，中苏关系恶化，中苏两方随时可能在国界爆发战争。特别是在1968年苏联入侵捷克斯洛伐克之后，中国领导人认为苏联已经是社会帝国主义。由于国际形势变化，中国不得不更加重视联合国的作用，把联合国作为反霸斗争的国际舞台。

“文化大革命”结束之后，党和国家领导人对中国所处的外部环境和国际形势进行了重新评估，同时做出了比较乐观的评价，认为争取世界和平的可能性是存在的。基于这种对国际环境的认识，加之中国更换了第二代领导人，中国实现了国际战略的重大调整，促进国内经济建设成为外交活动的主要目的。因此，这一阶段中国会费比例呈现下降趋势与中国不再面临迫在眉睫的安全威胁有直接关系。此外，国内形势也发生了重大变化，国内不再将阶级斗争作为主要矛盾，解决国内民众的温饱是首要问题。本着实事求是的理念，当时的中国政府结合中国国情，主要考虑的是如何从联合国获得更多资金和技术援助，如何借助联合国来发展壮大中国自身。这种以经济建设为中心的指导思想，导致20世纪80年代到90年代中期中国的联合国会费比例一直保持在2%以下的水平。

20世纪90年代中期以后，中国的改革开放和市场经济焕发活力，中国进入了稳定而高速发展的阶段，国民生产总值大幅增加，而中国与世界的关系也进入了更为良性的互动状态。20世纪90年代苏联解体，两极格局瓦解，和平与发展是当时时代的主流，加之1997年香港回归和1999年澳门回归，中国的外部环境大好。在这样的繁荣与和平的国内外形势下，中国政府更加看重中国在国际社会的地位和作用，希望中国为国际社会和全人类做出更多的贡献。当然，港澳地区经济发达，他们的回归提升了中国的国民总收入，在一定程度上提高了中国会费的比例。

进入 21 世纪以来，改革开放的成效明显，国民收入大幅上升，中国成为世界第二大经济体。与此同时，中国积极融入世界，重视在国际组织中的地位和作用。因此，以国民总收入为基础的联合国会费也大幅上升。值得注意的是，近几年上升幅度增大，尤其是 2019 年，中国在联合国会费已达 12.01%，已经超过了中国经济增长最快的年份的 GDP 增长率。

（二）中国与其他国家缴纳会费的比较

对中国提供联合国会费的分析，将通过和其他三个有代表性的国家之间的比较展开，这三个国家分别是美国、日本和印度。

美国是当今世界上唯一的超级大国，在外交政策中表现出鲜明的两面性：一方面是我行我素且霸道的单边主义倾向，运用其强大的经济、政治、文化和军事力量在全球范围内获取收益，充当“世界警察”；另一方面，美国又创立了众多国际组织，主导建立世界秩序，向全世界提供国际公共物品，其中美国主导建立的一个国际组织就是联合国。中国和美国是当今世界经济体量位列第一、第二的两个国家，也是全球范围内非常具有政治影响力的两个大国，二者意识形态不同，但经济又互相依赖。中美两国是否及时地、足额地缴纳联合国会费对联合国财政稳定具有重大意义。同时，中美两国各自缴纳会费情况也在发生变化，美国总体呈下降态势（近年来稳定在 22%），中国则呈快速上升的态势，因此不排除在未来某个时期，中美两国的联合国会费数额有发生反转的可能性。对比分析美国与中国缴纳联合国会费情况，具有重要的经济意义和长远的政治意义。

日本是一个比较特殊的国家，为了改变现状，日本积极进行了各种外交活动，并以缴纳巨额会费为由，争取成为联合国安理会常任理事国。日本与中国同为东亚地区有重大影响力的国家，同时有着紧密的经济相互依赖和政治上的竞争。在经济上，中国的 GDP 总量于 2010 年超过了日本；在政治领域，日本大张旗鼓地争取联合国安理会常任理事国。

印度则是国际上新兴力量的代表，与中国同为人口众多的发展中大国，近年来印度经济发展较快，与中国一样饱受外界舆论压力，并且在南亚地区和全球层面都有可能成为一支重要力量。由于历史原因，印度并不是安理会常任理事国。因此比较中国与印度在联合国的地位与缴纳的会费数额，有着强烈的对比意义。

表 5－5 罗列了中国、美国、日本和印度四国从 1971 年到 2019 年承担的联合国会费比率的变化，图 5－4 是根据以上数据制作的折线图，以反映数据变化的趋势和不同国家之间的比较。从图 5－4 中我们可以看出，进入 21 世纪以来，中国承担的会费比率呈现相对较明显的上升趋势。中国从 2001 年的 1.54% 上升到 2019 年的 12.01%，是四个国家中增速最快和增幅最大的国家，可以说在这近二十年间，中国所承担的国际义务水平有很大程度的提升。

表 5－5　　1971—2019 年中国、美国、日本与印度的联合国会费比例（%）[①]

年份	中国	美国	日本	印度
1971	4	31.52	5.4	1.55
1972	4	31.52	5.4	1.55
1973	4	31.52	5.4	1.55
1974	5.5	25	7.15	1.2
1975	5.5	25	7.15	1.2
1976	5.5	25	7.15	1.2
1977	5.5	25	8.66	0.7
1978	5.5	25	8.64	0.68
1979	5.5	25	8.64	0.68

① 数据来源：联合国网站。

续表

年份	中国	美国	日本	印度
1980	1. 62	25	9. 58	0. 6
1981	1. 62	25	9. 58	0. 6
1982	1. 62	25	9. 58	0. 6
1983	0. 88	25	10. 32	0. 36
1984	0. 88	25	10. 32	0. 36
1985	0. 88	25	10. 32	0. 36
1986	0. 79	25	10. 84	0. 35
1987	0. 79	25	10. 84	0. 35
1988	0. 79	25	10. 84	0. 35
1989	0. 79	25	11. 38	0. 37
1990	0. 79	25	11. 38	0. 37
1991	0. 79	25	11. 38	0. 37
1992	0. 77	25	12. 45	0. 36
1993	0. 77	25	12. 45	0. 36
1994	0. 77	25	12. 45	0. 36
1995	0. 72	25	13. 95	0. 31
1996	0. 735	25	15. 435	0. 31
1997	0. 74	25	15. 65	0. 31
1998	0. 901	25	17. 981	0. 305
1999	0. 973	25	19. 984	0. 299
2000	0. 995	25	20. 573	0. 299
2001	1. 541	22	19. 629	0. 343
2002	1. 545	22	19. 669	0. 344
2003	1. 532	22	19. 516	0. 341
2004	2. 053	22	19. 468	0. 421
2005	2. 053	22	19. 468	0. 421
2006	2. 053	22	19. 468	0. 421
2007	2. 667	22	16. 624	0. 45
2008	2. 667	22	16. 624	0. 45

续表

年份	中国	美国	日本	印度
2009	2.667	22	16.624	0.45
2010	3.189	22	12.53	0.534
2011	3.189	22	12.53	0.534
2012	3.189	22	12.53	0.534
2013	5.148	22	10.833	0.666
2014	5.148	22	10.833	0.666
2015	5.148	22	10.833	0.666
2016	7.921	22	9.68	0.737
2017	7.921	22	9.68	0.737
2018	7.921	22	9.68	0.737
2019	12.01	22	8.564	0.834

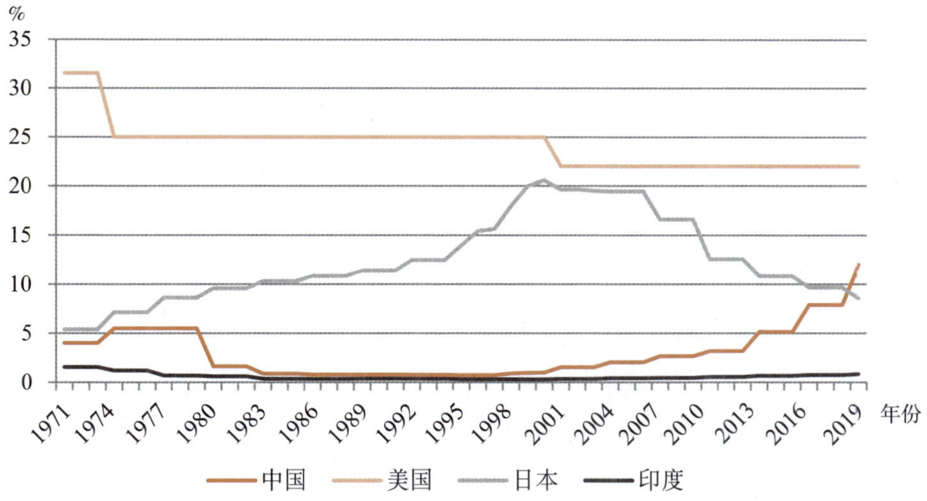

图 5－4　1971—2019 年中国、美国、日本与印度缴纳的联合国会费比例

21 世纪以来承担的会费比例基本平稳的国家是美国，其分摊的会费比例一直保持在 22%，是全世界承担会费比例最高的国家，充分体现了其作为当今唯一的超级大国的地位和现行国际秩序最重要的建立者和维持者的身份。但是，美国外交政策另一极端的单边主义倾向使得美国拖欠联合国巨额会费，并以此在某些方面的行动上要挟联合国。

从图 5 – 4 很明显地看出日本的数据波动很大，呈现先上升后下降的趋势。日本并非联合国常任理事国，却在很长一段时间里承担了仅次于美国的会费比例，在联合国财政上的贡献是所有会员国之中第二高的。尤其是在 2000 年，其所承担的会费比例高达 20.57%。2000 年以后，日本承担的联合国会费比例不断下降，于 2019 年被中国赶超。尽管 21 世纪以来日本所承担的联合国会费呈下降趋势，但至少在联合国会费这项公共物品中，日本承担了较高规模的义务。

印度所承担的联合国会费近几十年来比较平稳，会费比例在 21 世纪以来有所上升，但上升的速度和幅度并不大，可以说由于各种原因，印度在联合国会费这一方面并没承担太多责任与义务。

为了方便比较，我们将四个国家的平均值做成柱状图（参见图 5 – 5）。

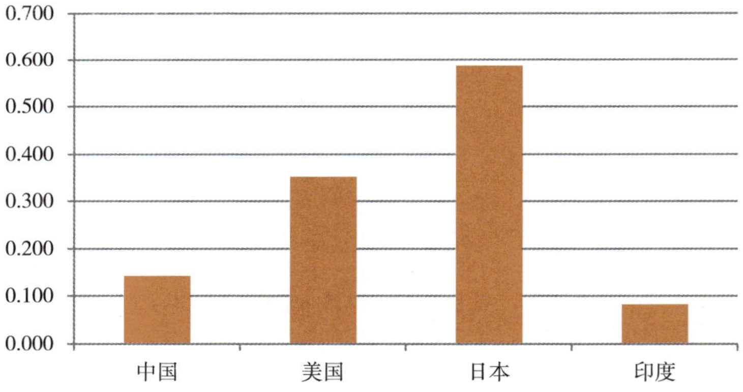

图 5 – 5　2011—2017 年五国缴纳联合国会费占 GDP 的比值（万分之一）

表 5 – 6 列举了 2011—2017 年间中、美、日、印四国缴纳的联合国会费占各国 GDP 的比值。图 5 – 5 展示了中国、美国、日本和印度这四个国家在 2011—2017 年间其所缴纳的联合国会费占国内生产总值的比例的平均值。列举这些数据的意义在于反映这四个国家在联合国里提供国际公共物品、承担国际责任的态度，通常数值同其承担公共责任的态度成正比。四个国家的数值在近几年基本保持稳定，这也从一个侧面说明国际公共物

品供给面临的困境，即很难期望主权国家主动采取大幅行动以加强供给。

表 5－6　2011—2017 年间中、美、日、印四国缴纳的联合国会费占各国 GDP 的比值

年份	中国	美国	日本	印度
2017	0.180	0.315	0.552	0.079
2016	0.191	0.319	0.528	0.088
2015	0.138	0.361	0.734	0.094
2014	0.139	0.356	0.631	0.092
2013	0.151	0.371	0.591	0.101
2012	0.096	0.352	0.522	0.076
2011	0.112	0.375	0.539	0.078
平均值	0.144	0.350	0.585	0.087

注：联合国会费采用会费毛额；表格中数据单位为万分之一。

数据来源：联合国网站和快易理财网。

在图 5－5 中，中国的数值仅高于印度，远低于其他两国，在一定程度上认为中国并没有非常积极地提供国际公共物品。除中国外，印度的态度是四个国家之中最为消极的，最近七年来缴纳的会费不足 GDP 的万分之一。当然，中印两国都是人口众多的发展中国家，国内经济存在各种问题，消除贫困的压力很大，因此中印两国缴纳联合国会费的态度不算非常积极。

美国在缴纳会费总额和比例上都一直名列前茅，然而缴纳的联合国会费占其国内生产总值的比率仅有万分之 0.35，远逊于日本的万分之 0.585，这说明美国在国际公共物品的供给问题上，虽为联合国的主导者和国际秩序维持者，但其态度并不积极。此外，美国还是联合国最大的会费拖欠国，这种行为也反映了其消极态度。

在这四个国家中，日本的态度最为积极，除了会费缴纳比率高以外，其公共物品供给的数额占国内生产总值的比重排在这四个国家的首位。由此可以看出，日本在缴纳联合国会费方面态度积极。当然，上文所进行的比较仅为四个国家之间的比较，四个国家都承担了较大份额的联合国会费。

（三）中国如何应对联合国会费增长

第 73 届联合国大会通过了 2019 年至 2021 年联合国常规预算和维和预算经费分摊比例决议，2019 年中国在联合国的会费分摊比例由 7.92% 升至 12.01%，首次成为联合国会费第二大出资国。在联合国维和预算经费中，中国的分摊比例也从之前的 10.24% 上升至 15.22%，仅次于美国。

进入 21 世纪以来，中国的实力不断增强，经济、政治、文化、外交和科技等方面全面发展。中国的 GDP 总量超越日本，成为世界第二大经济体。中国在世界上的作用和影响力日渐显著。北京奥运会的召开吸引了全世界的目光，汶川大地震救灾的高效率和高速度令世界震惊，维和部队活跃在世界的各个角落，中国制造与中国创造不断刷新纪录。综合国力的提升反映在联合国的会费上，表现为近几年来的高速增长。然而，这样高速增长的联合国会费是否反映了中国真正的经济实力和综合国力，中国是否应该承担这么高的联合国会费份额，这是一个需要深度探讨的问题。

首先，中国需要明确对自身国际角色的认知，从而确定对待联合国会费增长这一问题的态度，进一步决定中国对国际公共物品的供给态度。21 世纪以来，中国在世界上的影响力越来越广，通过联合国发挥的作用也越来越大。由于历史原因，中国一直是国际秩序的参与者，目前中国正在努力从参与者向倡导者进行角色转变，中国带头成立亚洲基础设施投资银行也证明了这一点。

如果中国希望成为国际秩序新的倡导者和领导者，那么联合国会费的增长在一定程度上有利于中国在联合国的平台上发挥更大的作用。不可避免的一点是，联合国会费持续的高增长，将会给国内的财政带来压力，甚至可能影响国内经济的发展。因此对于联合国会费的调整和分摊，就是一个亟待解决的问题。

1. 凸显人均国民收入的重要性

联合国会费由会员国按照“能力支付”的原则分摊，联合国会员国所缴会费的比例主要是根据每个国家的国民总收入确定的。但是对于人口众多的发展中的大国而言并不公平。中国虽然已经成为了世界第二大经济体，但是中国有十三多亿人口，人均收入在世界上的排名仍然非常靠后，仍有许多人口处于贫困线以下，中国仍然是世界上最大的发展中国家，中国消除贫困的压力非常大。

目前2019年中国缴纳联合国会费的比例大幅升至12.01%，其增长速度远远超过中国经济增长最快年份的GDP的增长率。如果按照这个分摊比例持续增长，中国缴纳的联合国会费与中国的经济发展水平将严重不符，因此我国可以考虑联合多个国家，争取调整联合国会费的计算参数，凸显人均国民收入的重要性，提高“低人均国民收入”的宽减权重，甚至取代国民总收入，将人均国民收入作为计算会费的基础参数。

2. 考虑更多方面的宽减措施

联合国会费的作用是维持联合国机构正常运转，支持联合国在维护世界和平与安全，促进各国共同发展，保障和促进人权等方面作用的发挥。除了联合国会费之外，还有各个国家成立的支持联合国工作的基金，各个国家给予联合国的技术支持、人才支持、文化支持。例如2015年9月，习近平主席在联合国纽约总部宣布设立中国—联合国和平发展基金，总额10亿美元。目前该基金所涉及的和平安全与发展领域的项目包括预防冲突、维和人员安全、反恐、帮助难民移民等方面。除此之外，中国还向联合国教科文组织、世界卫生组织、联合国工业发展组织、难民署、妇女署等联合国机构提供大量捐助，而且这些捐助都是中国自愿提供的，表明了中国对联合国各个机构部门的大力支持。

因此，我国可以争取在“低人均收入宽减”和债务调整之外，推动联合国会费改革，在计算各会员国会费时，将各国提供的无偿援助和给予的各方面支持考虑在内，以宽减的形式进行会费减免。此举可激发各国进行自愿捐助的积极性，有利于联合国的可持续发展。

3. 争取更多的话语权

中国正在发展强大，在国际舞台上发挥自身作用的需要增大，要想成为国际秩序新的倡导者和维护者，就必须在联合国争取拥有更多话语权。联合国专门机构虽然不是联合国的附属机构，但他们是根据特别协定而同联合国建立关系的或根据联合国决定而创设的，对某一特定业务领域负有国际责任的政府间专门性国际组织，涉及金融、卫生、海事、教育、农业、电信等多个领域。中国要想争取更多的话语权，就需要加入更多联合国的专门机构，在这些机构中传达中国理念，宣传中国文化，为更多国家谋福利。

此外，联合国会费比例的提高将会使更多的中国籍人员在联合国工作，联合国在中国采购的物品数量也会相应增加。在联合国工作的中国籍人员增多，联合国使用更多中国制造和中国创造的物品，都有利于提升中国在联合国的地位，加强中国在联合国的话语权，因此我国要做好国际人才的培养工作，才能为我国未来扩大在联合国的影响力做好准备。

（四）抓住机遇、迎接挑战

近年来中国经济快速增长，国民总收入在全球国民总收入中所占比例不断提升。中国会费比额增长、会费增加是中国经济实力增强的必然结果，是中国对联合国做出更大贡献的具体体现，对于中国进一步参与联合国事务、维护国家利益、扩大国际影响，既带来新机遇，也带来新挑战。

近几年中国的联合国会费大幅增长，跃升为仅次于美国的第二会费大国，有助于加强中国在联合国事务中的话语权和影响力，有助于中国积极引导并推动联合国在维护世界和平、促进共同发展、保障和促进人权方面做出更多积极努力。

会费大国的地位为中国实现具有中国特色的大国外交提供了重要物质基础和必要条件，有利于中国加强同世界各国的沟通，增强交流与互信，有利于中国为世界各国共同发展谋福利，让世界各国共享中国改革开放的成果。与此同时，各国将更加重视中国观念，更加尊重中国文化，更加倚重中国力量，中国有关倡议和主张才更具说服力和感召力。抓住机遇，中国将更加深入地融入世界市场；抓住机遇，中国将会使中华文化传遍全球；抓住机遇，中国才能风云变幻的世界格局中抓住先机。

然而联合国会费大幅增长将不可避免地增加中国的财政负担。由于中国加入了很多国际组织，而一些国际组织大多参照联合国会费比额确定本组织经费分摊办法，因此中国在其他国际组织的会费也将随之大幅增加。联合国会费不断攀升，并不代表中国的国际事务参与度提高，也不代表中国一定拥有更多的话语权和其他权利。会费增长对参与联合国管理和财政等中国籍工作人员的需求上升，也对中国这些人员的专业素质等方面有了更高要求。此外，中国参与联合国大会工作与其他西方会费大国相比存在较大差距，在主动提出中国主张、倡议和方案方面，在议题设置和规则制定等方面，在国际重大事务决策方面，中国的表现与所期望的还有较大的差距，中国还需要很长一段时间才能缩小差距。

实现中国梦，离不开和平的国际环境和稳定的国际秩序。中国在世界上已从参与者向倡导者的角色进行转变。合理分摊联合国会费，处理好中国与联合国的关系，对于实现中国梦，深化改革开放，加快中华民族伟大复兴的进程具有重要意义和深远影响。

参考文献：

［1］张贵洪：《扩大在联合国影响力，并非全靠会费》，《环球时报》，2019年1月17日，第14页。

[2] 马海涛、乔路：《中国国际公共产品供给问题研究——以联合国会费为例》，《财经问题研究》，2017 年第 9 期，第 61 – 66 页。

[3] 杨佐航：《中美缴纳联合国会费的比较分析》，《外交学院》，2016 年版。

[4] 张毅：《从联合国会费调整看国际格局和中国实力变化》，《世界知识》，2016 年第 3 期，第 48 – 49 页。

[5] 蔡拓、杨昊：《国际公共物品的供给：中国的选择与实践》，《世界经济与政治》，2012 年第 10 期，第 95 – 115 页。

[6] 王卓：《1972 年美国降低其联合国会费比额的政策》，《清华大学学报（哲学社会科学版）》，2009 年第 24 期，第 38 – 46 页。

[7] 彭莉媛：《从会费变化看中国与联合国关系的演变》，《国际论坛》，2007 年第 4 期，第 48 – 52 页。

第六章

大国财政与国际税收治理

伴随全球经济一体化的进程，国际税收领域也呈现出一些新特点，例如，国际避税和跨境税源管理问题越发突出，互联网技术和数字经济的兴起对国际税收管理提出了前所未有的挑战等。尤其是经合组织和20国集团关于应对跨国公司税基侵蚀与利润转移行动计划（简称BEPS行动计划）的提出，标志着国际税收规则正进入近百年来最大规模的重塑期。近年来，国际反避税合作也进入一个全新的发展阶段。随着“一带一路”建设的推进，我国在世界经济舞台中发挥更为重要的作用，国际经贸活动背后的税收利益分享问题不容忽视。我国作为世界第二大经济体、第一大发展中国家，在国际税收规则重塑过程中应当拥有重大话语权，重视国际税收治理的建设性作用。因此，在大国财政的视角下，以BEPS行动计划和“一带一路”建设作为切入点，密切关注国际税收协调与合作问题，具有重要的现实意义。

第一节　大国财政视域下重塑国际税收治理的重要性

2016年20国集团杭州峰会召开，国际税收问题再一次受到20国集团领导人的高度关注与讨论。此次峰会从经济增长的角度，提出全球税收治理的重要性。峰会公报提出，20国集团领导人将继续支持国际税收合作以建立一个全球公平和现代化的国际税收体系并促进增长，包括推进正在开展的税基侵蚀和利润转移合作、税收情报交换、发展中国家税收能力建设和税收政策等，以促进增长，提高税收确定性。我国还特别提出，成立一个旨在开展国际税收政策设计和研究的国际税收政策研究中心。20国集团领导人在推动建设全球国际税收体系方面体现出积极的态度，我国也表现出积极参与全球税收治理的决心。

一、国际税收治理与大国财政战略

国际税收治理，是将大国财政战略置于国际视角的重要议题之一。国际税收治理涵盖了与国际经济活动相关的、国与国之间的税收关系，主要体现为国际税收协调与合作。与传统的国际税收治理有所不同的是，在大国财政战略视域下审视国际税收治理，需要对我国参与国际税收协调与合作的角色与定位进行全新诠释。

首先，我国应在大国财政战略体系下顶层设计国际税收治理战略。当前国际经济形势持续发生变化，国与国之间的税收关系也更为复杂。作为大国，我国的国际税收治理仍有待进一步体现出相应的大国特征与世界地位。针对经合组织和 20 国集团所推动的 BEPS 行动计划，我国有必要结合当前的国际经济与国际税收新形势，一方面优化我国的国际税收政策体系与征管制度，另一方面积极参与国际税收规则的重塑，既作为大国为我国发声，也代表发展中国家在国际税收领域发声。

其次，我国的国际税收治理战略应充分体现大国财政战略的基本思路。主要体现为，我国进行国际税收治理应与国际经济治理战略紧密结合，在参与国际经济治理的过程中对国际税收利益的分配做出合理规划，将国际税收治理作为国际经济治理的构成内容之一。而目前我国的国际税收工作，仍较多关注于税收本身，未能与经济战略、财政战略有效贴合。因此，我国在重塑国际税收治理战略的过程中，应将大国财政战略的思路贯穿其中。

最后，我国的国际税收治理战略应充分体现国际政治经济关系的动态性。尤其是中美关系的变化，体现出发展中大国与发达大国之间的动态博弈。美国总统特朗普对美国税制进行了多项改革调整，包括降低联邦企业所得税税率、对跨国公司海外利润征税等，还实施了加征关税等逆全球化和反全球化举措，这些政策效应在一定程度上会传导到我国。2017 年 1 月，习近平主席在达沃斯论坛上发表《共担时代责任、共促全球发展》的主旨演讲，表明了我国积极融入全球化发展潮流的责任与担当。在当今国际经济社会背景下，我国实施大国财政战略的重要性已愈发凸显，基于大国财政框架的国际税收治理战略也应紧跟国际政治经济形势做出积极的、及时的策略调整。

二、国际税收治理与国内税制改革

我国的国际税收治理法律体系和征管工作水平仍有待提高。目前我国已经逐渐开始在国际舞台上代表发展中国家的税收利益发声，但是与具有更多话语权的发达国家相比，我国的国际税收法律体系与征收管理工作水平仍较为滞后。因此，我国还应立足于国内税收制度，一方面加强税收法制化建设、深入优化税制，另一方面重视提高国际税收征管能力，使国内税制与国际税收治理战略路径相匹配。

从大国财政建设和国际税收治理的角度来看，我国的国内税制改革应侧重于加强国际反避税与促进企业“走出去”这两个战略层面。加强国际反避税的改革，主要体现为修订、完善国内反避税法规等举措，积极参与 BEPS 行动计划合作。促进企业“走出去”的改革，则是从财税支持的角度给予国内企业一定的政策支持，以促进国内过剩产能输出、扶持企业参与国际经济竞争等。

随着我国深度参与全球经济治理，国际税收制度在国内现代化税制建设中的重要性愈发不容忽视。首先，重点仍在所得税制度方面，应从大国财政的战略视角出发，明确我国在全球税收利益中的合理分享原则，充分考虑我国作为居住国和来源国的税收利益界限，重点关注跨境经济活动中的税收公平问题和税源流失问题。其次，在全球数字经济背景下，如何更好地参与国际增值税协调，仍需考虑国际增值税规则与国内增值税制度的衔接问题，以及跨境增值税征管协调机制的建设。

三、“一带一路”建设背景下的国际税收治理机遇

习近平总书记在 2013 年 9 月和 10 月先后提出了建设“新丝绸之路经济带”和“21 世纪海上丝绸之路”的倡议。“一带一路”倡议自提出以来，得到了全球多个国家和地区的关注和响应。从大国财政的视角来看，推动“一带一路”建设并不局限于贸易与投资领域，也涉及财政税收领域的互动与交流。一方面，可以尝试推进我国与“一带一路”沿线国家在国际公共产品供给领域的合作；另一方面，在当今国际税收协调与合作新背景下，我国以发展中大国的身份积极参与国际税收规则制定，并以“一带一路”建设为机遇，探索新型多边经济合作背景下的国际税收治理模式，这些都有利于我国大国财政战略的实施。

“一带一路”沿线国家的税收制度具有明显的国别差异化特征，在加强双边经贸合作过程中，国家之间税收利益的分配与协调对企业跨境经济活动的税收负担具有直接影响。“一带一路”建设为我国在大国财政视域下加强国际税收治理带来了前所未有的时代机遇。

首先，作为“一带一路”倡议的提出者，建议我国在大国财政的框架下，以大国姿态顶层设计“一带一路”倡议下的国际税收规则，与沿线国家合理共享国际税收利益，增强与沿线国家之间的国际税收合作，实现多方共赢。

其次，伴随“一带一路”合作建设项目的深入开展，项目盈利带来的所得征税问题不容忽视。需要重新审视已有双边税收协定在“一带一路”合作中的现实作用，充分利用相互协商程序，有效解决纳税人涉外

税收争议，尽可能降低“一带一路”建设中的纳税人涉外税收风险，从而促进资本、人才的自由跨境流动。现行税收协定大多是基于经合组织范本和联合国范本的内容与思路，在“一带一路”建设的新背景下，可能会存在一些局限性，因此可以结合新的双边合作发展目标，对已有的税收协定条款进行修订，使其更好地服务于“一带一路”建设。

最后，在当前 BEPS 行动计划背景下，国际反避税行动可能会对“一带一路”建设产生一些现实影响。从纳税人的角度来看，我国与“一带一路”沿线很多国家都已积极参与非居民金融账户涉税信息交换，寻求利润转移与税收筹划的纳税人可能会因此选择减少投资。从政府的角度来看，我国与“一带一路”沿线国家在共同的经贸合作战略目标下，增进国际税收协调与征管合作，营造更加优质的税收征管环境，不仅可以有效地开展税源监管、维护本国税基不被侵蚀，而且能够降低纳税人的税收风险，从而更好地促进双边经贸合作。

第二节　BEPS 行动计划与国际税收治理合作

一、BEPS 行动计划及最新进展

跨境经济活动带来相应的国际征税问题，最初的国际税收规则聚焦于解决重复征税的问题。经合组织最早发布了税收协定范本，国与国之间据此签订双边税收协定以明确双方的征税权力。但是由于国别税制之间存在的差异与漏洞，以及双边税收协定的优惠被滥用，原有的国际税收规则虽然帮助跨国企业避免了重复征税问题，但是带来了新的双重不征税问题。

从跨国公司的全球税负数据不难发现，一方面是不断增长的大型经营规模，另一方面是极低的税收负担。这一问题也越来越引起了跨国公司所在国政府的密切关注。

2013 年 2 月，经合组织发布《应对税基侵蚀与利润转移》报告，7 月正式发布 BEPS 行动计划，2015 年 BEPS 行动计划最终报告成果公布，共包括 15 项行动计划和 1 份解释性声明，聚焦以下主题：应对数字经济的税收挑战；消除混合错配安排的影响；制定有效受控外国公司规则；对利用利息扣除和其他款项支付实现的税基侵蚀予以限制；考虑透明度和实质性因素，有效打击有害税收实践；防止税收协定优惠的不当授予；防止人为规避构成常设机构；无形资产转让定价指引；衡量和监控 BEPS；强制披露规则；转让定价文档和国别报告；使争议解决机制更有效；制定用于修订双边税收协定的多边协议。

从 BEPS 行动计划的内容主题来看，涉及到数字经济、金融工具、无形资产等经济新业态，贯穿行动计划的核心主线仍为常设机构与转让定价这两大主题。第 11—15 项行动计划还特别聚焦于国际税收征管领域，并针对国际税收合作提出了全新的思路和方案。

考虑到国家（地区）之间税制建设的差异以及由此产生的行动力差异，根据这 15 项行动计划的约束性，划分出三种类型："最低标准""强化标准"和"最佳实践"。最低标准这一类包括：有效打击有害税收实践（第 5 项行动计划）、防止税收协定优惠的不当授予（第 6 项行动计划）、转让定价文档和国别报告（第 13 项行动计划）、使争议解决机制更有效（第 14 项行动计划）。强化标准这一类包括：防止人为规避构成常设机构（第 7 项行动计划）、无形资产转让定价指引（第 8—10 项行动计划）。最佳实践这一类包括：消除混合错配安排的影响（第 2 项行动计划）、制定有效受控外国公司规则（第 3 项行动计划）、对利用利息扣除和其他款项支付实现的税基侵蚀予以限制（第 4 项行动计划）、强制披露规则（第 12

项行动计划）。除此之外，应对数字经济的税收挑战（第 1 项行动计划）、衡量和监控 BEPS（第 11 项行动计划）、制定用于修订双边税收协定的多边协议（第 15 项行动计划）属于平行的主题范畴。[①]

在最终报告公布之后，BEPS 行动计划的成果落地推动工作仍在继续，关于各项行动计划具体问题的讨论草案不断出台，经合组织也积极推动修订税收协定范本、转让定价指南，在重塑国际税收规则方面产出了丰富成果。目前全球超过 100 个国家和地区已加入“BEPS 包容性框架”，积极参与 BEPS 行动计划。2017 年 6 月，多国（地区）签署《实施税收协定相关措施以防止税基侵蚀和利润转移的多边公约》（简称《BEPS 多边公约》），标志着第 15 项行动计划“制定用于修订双边税收协定的多边协议”取得了突破性进展。截至 2018 年 9 月 27 日，已有 84 个国家和地区签署了《BEPS 多边公约》，其中不乏公认的国际避税地（例如安道尔、巴巴多斯、根西岛、爱尔兰、荷兰等）。在这 84 个国家和地区名单中，既包括多数欧洲发达国家，也有一些发展中国家，由此可以看到全球不同类型经济发展体对这一多边税收工具的认可与支持。

二、大国财政框架下对国际反避税治理的再审视

跨国公司利用国别（地区）税制差异，搭建全球税收筹划框架，以达到降低全球总税负的目的，实际结果就是侵蚀了一些国家的税基。税收利益是一国主权利益的重要组成部分，跨国公司的税基侵蚀与利润转移行为已经引起多国政府的密切关注。伴随 BEPS 行动计划的深入推进，各国在国际反避税方面的合作也进一步增强。从目前不同国家对 BEPS 行动计划的反应来看，各国的态度并非完全一致，有些国家已独立制定相关政策

① 参考资料：OECD/G20 Inclusive Framework on BEPS（Progress report July 2017 – June 2018）。

应对 BEPS 问题，而其中一些政策被其他国家认为脱离了统一行动、不利于 BEPS 行动计划的共同合作。在此背景下，我国作为世界第二大经济体，必然无法回避国际反避税的共同行动，且应该在这一行动中发挥重要作用。

我国积极加入国际反避税合作、参与国际税收规则的重构，具有深远的财政战略意义。国际经济关系背后的财政关系尤为重要，其中与国际经济活动最密切的问题之一即为征税问题。在大国财政的框架下，打击跨国公司的税基侵蚀行为是一个重要内容。作为发展中大国，我国应积极参与国际反避税合作行动，争取国际税收规则的话语权，从而更好地维护我国和发展中国家的税收利益，推动实现不同经济体之间的税收公平。

自 BEPS 行动计划提出以来，我国积极响应并代表发展中国家的税收利益发声，相关观点不仅已经体现在一些国际税收规则的最新修订成果中，而且体现在我国相关税收政策的修订与制定过程中。尽管如此，BEPS 行动计划成果仍主要站位于发达国家的利益视野，其对发展中国家修订本国国内税法与国际税收协定的现实借鉴作用存在不可忽视的局限性，这一问题同样存在于我国的国际税收治理领域，尤其是国际反避税领域。

与发达国家的国际反避税治理思路有所不同的是，大国财政框架下我国的国际反避税治理行动，具有一定的特殊性。第一，我国的国际反避税治理受限于发展中国家的税收法制水平和征管水平，在制定具体措施时，应充分考虑我国的现实情况。第二，我国的国际反避税治理，应与我国当前的跨境资本流动变化密切相关。我国刚实现了从资本输入国向资本输出国的转变，处于特殊的国际资本流动变化期，由此带来的跨境税收划分问题也具有一定的特殊性。第三，国际反避税治理行动与我国的财政规模之间的关系有待关注。国际反避税治理通常需要耗费大量的人力、物力、财力，成本收益之比存在不确定性，国际反避税工作面临的财政预算约束不容忽视。

三、我国积极参与国际税收治理合作的现实意义

（一）顺应当前国际税收治理合作的新趋势

在 BEPS 行动计划的推动下，国际税收治理合作实现了多方面的创新突破。全球超过三分之一的国家和地区加入到国际税收治理的合作进程。国际税收治理合作的形式已不再局限于双边模式，多边模式成为新的趋势。除了《多边税收征管互助公约》之外，《金融账户涉税信息自动交换多边主管当局间协议》《BEPS 多边公约》这两种形式的多边合作工具，在推动国际税收治理合作方面扮演了重要角色。前者突破了以往双边税收情报交换协议的局限性，将涉税信息交换的主体拓展到更加开放的范围，并且实施自动情报交换，突破了长期以来制约国际反避税合作最主要的信息瓶颈。我国于 2015 年 12 月签署了《金融账户涉税信息自动交换多边主管当局间协议》，该协议已于 2017 年 5 月生效，并于 2017 年 7 月正式执行，在此之前已有部分国家和地区开始进行信息交换。截至 2019 年 4 月，全球已有 105 个国家和地区签署了这一协议，预期金融账户涉税信息的广泛自动交换将推动全球国际税收治理进入全新的信息合作阶段，对抑制国际避税与逃税行为产生重要影响。《BEPS 多边公约》的重要现实意义在于，基于 BEPS 行动计划的相关成果，为各国修订双边税收协定提供了可供参考的、达成共识的范本，从而便于签署国（地区）实现对现行税收协定的“一键式”修订。可以看到，多边合作已经成为当前国际税收治理的重要趋势，而且聚焦于国际反避税领域。在此背景下，我国积极参与多边合作，对于紧跟国际税收治理前沿，增强我国在国际税收领域的话语权，具有重要的现实意义。

（二）探索发展中大国参与国际财政治理的新路径

我国作为发展中大国，在参与国际事务方面仍处于摸索发展阶段，面临较多的未知挑战。长期以来，我国参与国际财政治理主要聚焦于国际公共产品供给领域，税收作为财政的重要组成部分，国际税收治理同样可以作为国际财政治理的主题之一。通过在国际税收治理领域的探索实践，为我国参与国际财政治理积累经验，从而推动我国大国财政形象的提升。当前基于 BEPS 行动计划的国际反避税行动，为我国参与国际税收治理带来了合作机遇，也为我国探索发展中大国参与国际财政治理提供了新的可行路径。

（三）应对数字经济税收规则的新挑战

随着经济业态的变迁发展，跨国公司的税收筹划行为也相应发生变化，其突出特点之一即为，充分利用数字经济模式与原有国际征税原则之间的漏洞与冲突，进行关联企业之间的利润转移，从而极大地降低全球总税负。例如，在数字经济模式下，对于所得来源地的认定仅依靠原有的常设机构原则已不太适用，很可能会对东道国的税基产生侵蚀。数字经济模式下无形资产价值的认定，也对传统征税原则提出了挑战。可以看到，互联网经济的发展，不仅对国内税制体系和税收征管带来冲击，也广泛涉及到跨境征税原则和征管领域。仅靠一国之力，很难有效应对数字经济带来的税基侵蚀与利润转移行为。因此，我国积极参与国际税收治理，借鉴其他国家的有益做法，与其他国家开展交流与合作，有利于应对国内与国际数字经济模式带来的征税挑战，也有助于我国重塑国际税收制度，推动我国的现代化税制建设。

第七章

大国财政与政府采购市场开放

第一节　政府采购市场开放的国际规则

政府市场开放，既是大国财政的体现，更是建设大国财政的重要内容之一。联合国《公共采购示范法》、WTO《政府采购协议》、欧盟“公共采购指令”体系以及世界银行“采购规则”是公认的四大国际政府采购市场开放规则。

一、联合国采购《示范法》

联合国国际贸易法委员会（以下简称贸易法委员会）成立于1967年，是联合国大会的一个政府间机构，是联合国大会为促进协调和统一国际贸易法，消除因贸易法的差别而对国际贸易造成不必要的障碍而设立的专职机构，该机构的成员包括所有区域和经济发展处于不同水平的国家及地区，我国已于1983年加入该贸易法委员会。

贸易法委员会的工作通过年会的形式进行，年会每年轮流在位于纽约的联合国总部和位于维也纳的维也纳国际中心举行。贸易法委员会设立了六个工作组就贸易法委员会工作计划中的专题进行实质性筹备工作，每一工作组由贸易法委员会的全体成员方组成。在2004年至2011年期间第一工作组负责的专题即为“采购”，其中包括《贸易法委员会公共采购示范法》（UNCITRAL Model Law on Public Procurement，下称《公共采购示范法》）的相关修订工作。而目前第一工作组负责“中小微型企业”、第二工作组负责“争议解决”、第三工作组暂无专题、第四工作组负责“电子商务”、第五工作组负责“破产法”、第六工作组负责“担保权益”。贸易法委员会各工作组一般每年举行一届或两届会议，视需讨论的主题事项而定，工作组届会也轮流在纽约和维也纳举行。

拟定“示范法”是贸易法委员会推动贸易法现代化的一种工作形式，“示范法”是指推荐各国颁布当作其国内法组成部分的立法案文。由于“示范法”具有较大的灵活性，使得其可能比含有不能修改的义务的案文更容易谈判，也容易得到更大程度的接受。“示范法”一般由贸易法委员会在年会上最后审定和通过。贸易法委员会近年来完成的“示范法”都附有“颁布指南”，列出背景信息和其他解释性信息，帮助国家政府和立法者使用该案文。例如，指南包括帮助各国考虑必须对“示范法”哪些条款（若有的话）进行修改以顾及特定国情的信息、“示范法”案文没有涉及但可能与“示范法”的主题事项有关的事项等。

贸易法委员会在 1986 年第十九届会议上提出将采购领域的工作作为优先事项，此后开始对采购示范法相关草案进行编写，并将草案递交给各国政府和相关国际组织征求意见，最终在第二十六届会议上审议通过了 1993 年《贸易法委员会货物、工程和服务采购示范法》（UNCITRAL Model Law on Procurement of Goods, Construction and Services，下称 1993 年《示范法》），此后通过了配套的《贸易法委员会货物、工程和服务采购示范法颁布指南》（Guide to Enactment of the UNCITRAL Model Law on Procurement of Goods, Construction and Services）。在拟定 1993 年《示范法》时，考虑到对服务采购的规范与对货物、工程采购的规范存在一定差异，所以贸易法委员会决定先进行货物和工程采购示范法的拟定工作。而在 1993 年第二十六届会议完成了上述工作后，贸易法委员会决定继续进行服务采购的示范法律拟定。故在 1994 年第二十七届会议上，贸易法委员会讨论了 1993 年《示范法》需要做出的补充和修改，使其能够纳入服务采购相关内容，随之通过了《贸易法委员会货物、工程和服务采购示范法》（UNCITRAL Model Law on Procurement of Goods, Construction and Services，下称 1994 年《示范法》)。需要注意的是，1994 年《示范法》的颁布与 1993 年《示范法》并不存在替代或冲突关系，1993 年《示范法》并未被废止，因为该法案只是针对货物和工程采购，而 1994 年《示范法》是对它的增补。

2004 年，贸易法委员会第三十七届会议上提出对 1994 年《示范法》进行修订。在 1994 年至 2004 年这十年的发展过程中，贸易法委员会注意到影响采购领域的两项重要变革：一是电子通信手段的广泛运用；二是一些国家已经使用电子方式处理采购工作。电子通信和技术在采购方面的迅猛发展，受到许多国家、国际组织和区域组织的关注，相关法律问题也提上了日程。贸易法委员会认为，电子采购的应用将产生许多裨益，包括提高资金使用价值、增加采购透明度等。除此之外，1994 年《示范法》还有其他需要修订的内容，包括供应商名单、框架协议、异常低价等。因此，贸易法委员会最终责成第一工作组（采购）承担修订任务。第一工作组从 2004 年 8 月第六届会议开始，到 2010 年 11 月第十九届会议最终完成了《贸易法委员会公共采购示范法》草案的修订工作，接着在 2011 年 3 月第二十届会议上开始《贸易法委员会公共采购示范法颁布指南》(Guide to Enactment of the UNCITRAL Model Law on Public Procurement，下称《颁布指南》) 的修订。

在 2011 年贸易法委员会第四十四届会议上，大会审议通过了《公共采购示范法》，与之相配套的《颁布指南》在 2012 年贸易法委员会第四十五届会议上审议颁布。新版联合国《公共采购示范法》是对 1994 年贸易法委员会通过的 1994 年《示范法》的修订和更名，生效于 2011 年 10 月 24 日。此次修订主要是将各国新的实践，特别是在公共采购中使用电子通信手段以及基于 1994 年版本使用中获得经验写入其中。

贸易法委员会会议审议了工作组提出的修订草案的 161 点内容，以及拟订《公共采购示范法》修订本《颁布指南》和推广《公共采购示范法》

修订本等问题。与 1994 年《示范法》相比较，此次修订的篇幅较大，主要是对条文的增补和增编，反映了贸易法委员会近年来在公共采购领域的新看法。1994 年《示范法》包含六章共 57 条，新版《公共采购示范法》由序言和正文两部分组成。序言部分列明了制定政府采购法规的目的；正文部分由 69 个条款组成，分为总则，采购方法及其使用条件、招标办法以及采购通知，公开招标，限制性招标程序、询价程序、通过谈判征求建议书程序，两阶段招标程序、通过对话征求建议书程序、通过顺序谈判征求建议书程序、竞争性谈判程序、单一来源采购程序，电子逆向拍卖，框架协议程序，质疑程序八大部分，对整个政府采购制度做了较为详细的规定。

与 1994 年《示范法》相比，其中增加的两章是“电子逆向拍卖”和“框架程序协议”，都是公共采购的新方法。在其他章节中，针对电子逆向采购和框架程序协议的修订也很多，例如第一章第 2 条新增的定义、第一章第 25 条增加了两点涉及电子逆向拍卖和框架协议程序的记录规定。其他新增或修改的条款，主要包括评审标准和程序的规则、采购估值的规则、招标程序、邀请建议书等。

二、世界贸易组织《政府采购协议》

《政府采购协议》（Government Procurement Agreement，GPA）是世界贸易组织下的一个多边贸易协定。成立于 1995 年 1 月 1 日的世界贸易组织，其前身是签署于 1947 年的关税与贸易总协定，总部设在瑞士日内瓦。世界贸易组织是目前世界上最大的多边贸易组织，已经拥有 137 个成员，成员国间的贸易量占世界贸易的 95% 以上。2001 年 11 月 10 日，世界贸易组织部长级会议批准中国内地加入世界贸易组织，11 月 11 日部长级会议批准中国台北加入世界贸易组织，到 12 月 11 日中国已经在世界贸易组织中占有四个席位——中国内地、中国香港、中国澳门、中国台北。

无论是在国内市场，还是在世界市场，大多数国家的政府都是各种货物的最大买主。然而，许多国家的政府在采购中，通过优先、优惠价格和限制性采购等其他条件，给本国的供应商以优惠待遇，把采购市场基本限定在了国内供应商范围内。但随着经济全球化和世界贸易自由化进程的加快，潜力巨大的政府采购市场日益引起世界各国的关注。早在 20 世纪 60 年代初期，关税与贸易总协定率先开始就政府采购问题进行谈判。由于各方的利害冲突很大，谈判未能取得实质性结果，只起草了一份《关于政府采购政策、程序和做法的文件草案》。为消除国际贸易的采购壁垒，关税与贸易总协定的多数缔约方都感到有必要对政府采购政策予以约束和监督。在第七轮多边谈判中，政府采购问题被正式纳入东京回合谈判议题，并于 1976 年 7 月成立了政府采购的分题组，专门谈判政府采购问题。在各缔约方的共同努力下，东京回合多边贸易谈判于 1979 年 4 月 12 日在日内瓦签订了世界上第一个关于政府采购的协议——GPA，1981 年 1 月 1 日起生效。该协议将关税与贸易总协定的一些基本原则延伸到了政府采购领域。但此时 GPA 包括的范围非常有限，性质也是非强制性的，由各缔约国在自愿的基础上签署，通过相互谈判确定政府采购开放的程度。至此，政府采购已从一项财政政策延伸为国际贸易政策。

在乌拉圭回合谈判后期，GPA 的成员为了进一步扩大政府采购的开放程度，开始就新的政府采购协议进行谈判。1987 年 2 月 2 日，协议的缔约方对 1979 年的 GPA 进行了修改，自 1988 年 2 月 14 日起开始实施。此次修改的内容主要有：受协议管辖的采购合同的起始金额由 15 万特别提款权降到 13 万特别提款权；将租赁合同包括在协议管辖范围内；增加了在交换资料、信息方面的透明度；将公开选择招标的结标时间由原来的 30 天改为自招标通知公布之日起的 40 天。1993 年 12 月 15 日，各缔约国在乌拉圭回合上又就制定新的 GPA 达成基本意向，最终形成了关税与贸易总协定乌拉圭回合 GPA，即之后所称的世界贸易组织的 GPA。

GPA 于 1994 年 4 月 15 日在马拉喀什签署，于 1996 年 1 月 1 日正式生效实施。世界贸易组织内建立了政府采购委员会，负责与 GPA 有关的事宜，包括对申请加入者进行审查和批准。GPA 由 1 个序言、24 项条款、4 项附录和 1 个原文注释组成。GPA 是世界贸易组织管辖下的复边贸易协定之一，是 WTO 框架下重要的多边协议，其宗旨是消除各成员政府采购制度中存在的歧视进口产品和外国供应商的现象，实现政府采购国际化和自由化，实现政府采购市场的开放。根据 1994 版协议的规定，参加方在协议生效后 3 年内，继续就协议文本和扩大出价开展新一轮谈判。

2012 年 3 月，世界贸易组织政府采购委员会召开会议，颁发了 GPA 的新文本和各方新一轮出价，标志着 GPA 的日趋成熟。2012 版 GPA 对原有 GPA 文本进行了简化与优化，并在市场准入上进一步扩大了采购实体的覆盖范围，囊括了从部级到其他专门机构的更多政府部门，以及新的服务和其他公共采购活动。要求成员方的采购制度要有一定的透明度，遵循公开、公平、公正的原则；消除贸易壁垒，不应过分保护本国产业，使得外国供应商不能与本国企业公平竞争，应该给外国供应商一定的国民待遇，在某些领域上享有与本国企业同等的权力；消除歧视，促进政府采购市场的开放，为建立监督、磋商和争端解决政府采购贸易的国际程序提供了保障。新版 GPA 强调对电子采购工具使用，要求吸收电子通讯和电子技术在政府采购领域的应用经验，新增了“电子拍卖”的采购方式。2012 年版的 GPA 在内容上充分反映了全球经济、社会管理和科技进步对政府采购的影响作用，更加全面地完善了 GPA 的功能和作用，它不仅是 GPA 参加方必须严格遵循的行为准则，而且影响并牵引着全球政府采购的发展走势。2012 版的 GPA 已于 2014 年 4 月 6 日开始正式生效。

2012 年修订后的 GPA 由 22 个条文和 7 个附件组成，主要对政府采购的概念界定、范围、例外条款、程序、发展中国家待遇等进行规范。第一部分：第 1 条至第 5 条。该部分相当于协定文本的总则部分，对整个文本的原则、范围、定义等做了概括性规定。第二部分：第 6 条至第 17 条。该部分是对各参加方在实施政府采购过程中的各种实体性和程序性要求，针对政府采购的各环节都做出了比较具体的规定。第三部分：第 18 条至第 22 条。该部分主要涉及政府采购实施过程中的争端解决以及各参加方的国内法律制度调整等内容，并对新文本制定后的进一步修改完善做出了规划。新版 GPA 增加了对发展中国家最惠国待遇条款，明晰发展中国家的特殊待遇，扩大并澄清了发展中成员适用的过渡措施，以吸引发展中国家加入协议。同时增加了对环境保护方面的要求，将“可持续采购”纳入 GPA 条款中。而且，将电子采购加入到采购程序中，以促进采购过程的简化，降低采购成本，提高采购效率。

三、欧盟“公共采购指令体系”

促进货物、服务、资本和人的自由流动是欧盟一直以来所秉承的目标，为此欧盟制定了一系列的公共采购指令来促进成员国内部在公共采购市场上这一目标的实现，从而推进欧盟“统一市场”的建设。因此，开放成员国之间公共市场成为欧盟制定公共采购指令体系的首要目标。

1957 年，法国、德国、荷兰、意大利、比利时和卢森堡六国在意大利签署了著名的《欧洲经济共同体条约》（Treaty Establishing The European Economic Community），1958 年 1 月 1 日，欧洲经济共同体正式成立，旨在通过关税同盟、经济同盟、政治同盟，实现欧洲的经济一体化和政治一体化。至 1968 年，欧洲经济共同体的成员国间完全取消了关税和贸易限制，统一了对外贸易政策。1992 年 7 月，欧洲经济共同体 12 国外长在荷兰马斯特里赫特正式签署了具有里程碑意义的《欧洲联盟条约》（Treaty of Maastricht，又称《马斯特里赫特条约》，简称《马约》），它明确了建立欧洲经济联盟和政治联盟的最终目标，表明欧洲经济共同体将朝着一个具有经济、政治、外交和安全等全方位的联合体方向发展。1993 年 11 月 1 日，《马约》正式生效，欧洲联盟（简称欧盟）正式诞生。作为世界上最大的贸易商，欧盟在内部市场和外部市场的贸易额总计约占世界的 40%，而对外贸易约占世界的 20%。2015 年，中国与欧盟成员国双边贸易额为 5647.5 亿美元，占欧盟贸易总额的 14%，欧盟从中国的进口额增长了 8%，创下了 3 025 亿欧元的历史新高，成为欧盟最大的进口来源国。

欧洲经济共同体自成立以来，为了消除贸易壁垒，促进货物、资本和人员的流动，通过了一系列协议和指令，其中就包括政府采购的立法和协议。其首次对政府采购领域进行规制要追溯到 20 世纪 70 年代。这个时期主要颁布了《公共工程合同指令（Council Directive 71/305/EEC)》和《公共供应合同指令（Council Directive 77/62/EEC)》。鉴于工程特许经营的重要性，1989 年对《公共工程合同指令》进行修订的指令 89/440/EEC，将涵盖范围扩展至了工程特许经营。1990 年颁布了第一个《公用事业指令》（Council Directive 90/531/EEC）对公用事业部门授予的工程合同和供应合同进行规制。1992 年颁布了《公共服务合同指令》(Council Directive 92/50/EEC)，至此“公共部门指令”（又称“传统采购指令”(Classic Directives)）的内容已经涵盖工程、货物和服务三类。随后，1993 年颁布了新的《公共工程合同指令》(Council Directive 93/37/EEC) 与《公用事业指令》（Council Directive 93/37/EEC)。后者将公用事业部门颁布的服务合同也囊括起来，并且融合了之前的指令 90/531/EEC 中的相关规定而形成了新的统一的公用事业采购指令。

2004 年颁布的指令 2004/18/EC（以下简称《2004 公共部门采购指令》）和 2004/17/EC（以下简称《2004 公用事业采购指令》)[①] 分别对公

① 为了表述方便，我们将这两个指令合起来称为《公共采购指令》。

共部门采购活动和公用事业采购活动进行了统一规制。但是《2004 公共部门采购指令》仍旧只对工程特许经营进行了规制[①]而将服务特许经营排除在外[②]，《2004 公用事业采购指令》则将工程特许经营和服务特许经营都排除在外[③]。

2007 年 12 月，为了提高与公共合同授予有关救济程序的有效性，欧盟对之前颁布的救济程序指令 89/665/EEC 和 92/13/EEC 进行了修订，颁布了新的救济程序指令 2007/66/EC《2007 公共采购救济指令》[④]。2009 年 7 月颁布了国防和安全领域的采购指令 2009/81/EC（以下简称《2009 国防采购指令》）。

截至 2009 年，欧盟公共采购指令体系已经是一个涵盖了公共部门、公用事业和国防安全三大领域，以及救济制度的规制制度。其中，对公共部门采购的规制规则是一般性的规则，而公用事业和国防安全领域的采购规则则属于特殊部门规则，三大采购领域适用统一的救济制度。2009 年欧盟的公共部门在货物、服务和工程方面总支出达到 2.1 万亿欧元，占其 GDP 总量的 19%。[⑤] 全球经济危机爆发之后，公共部门作为市场上最大消费者的作用更为凸显。为了更好地利用公共采购从需求侧对市场的重要引导和调控作用，欧盟试图通过欧盟公共采购指令的现代化来促进采购程序的简化和灵活性，以及推动具备环境可持续、社会责任性采购的发展。[⑥] 为此

---

① 指令/2004/18/EC，第 56 条至第 62 条。

② 指令 2004/18/EC 第 17 条。

③ 指令 2004/17/EC 第 18 条。

④ Directive 2007/66/EC of the European Parliament and of the Council of 11 December 2007.

⑤ Evaluation Report—Impact and Effectiveness of EU pp Legislation, part I.

⑥ Commission Communication (COM (2011) 206 of 13.04.2011) to the European Parliament, the Council, the Economic and Social Committee and the Committee of the Regions: "a Single Market Act: 12 Levers to Boost Growth and Strengthen Confidence".

欧盟在《单一市场法案》(《the Single Market Act》)① 中将"修订欧盟公共采购指令"被视为促进欧盟单一市场发展的十二个杠杆之一②。

2011 年 12 月，欧盟委员会提出了对欧盟公共采购指令进行修订的议案。该议案包括以下两个方面的内容：对 2004/17/EC 指令和 2004/18/EC 指令进行修订；制定关于特许经营合同授予的新指令。2014 年 1 月 15 日和 2014 年 2 月 11 日，欧盟议会和欧盟理事会分别批准了这些促进欧盟公共采购规则现代化的指令。2014 年 3 月 28 日，《欧盟官方公报》(Official Journal of the European Union) 正式公布了这些新公共采购指令体系③：指令 2014/23/EC (以下简称《2014 特许经营指令》)，指令 2014/24/EC (以下简称《2014 公共部门采购指令》)、指令 2014/25/EC (以下简称《2014 公用事业采购指令》)。新制定的《2014 特许经营指令》已经将公共部门和公用事业部门实施的工程特许经营和服务特许经营都纳入了规制范围。

新公共采购指令体系已于正式公布之后的第 20 日，即 2014 年 4 月 17 日生效。至生效之后的 24 个月内，成员国应当制定或者修订其法律、法规以及行政规章使其与欧盟公共采购指令的规定相一致。为了完全实施电子采购方面的规定，成员国可以将实施期限再延长 30 个月。

---

① 《the Single Market Act》以促进欧洲经济繁荣和创造更多就业机会为目标，到目前为止共颁布了两个系列：《Single Market Act——Twelve Levers to Boost Growth and Strengthen Confidence》——COM (2011) 206 Final, Brussels, 13, 4, 2011. 和《Single Market Act II——Together for New Growth》——COM (2012) 573 Final, Brussels, 3, 10, 2012.

② Commission Communication (COM (2011) 206 of 13. 04. 2011) to the European Parliament, the Council, the Economic and Social Committee and the Committee of the Regions: "a Single Market Act: 12 Levers to Boost Growth and Strengthen Confidence".

③ Directive 2014/24/EU of the European Parliament and of the Council of 26 February 2014 on Public Procurement and Repealing Directive 2014/18/EC;

Directive 2014/25/EU of the European Parliament and of the Council of 26 February 2014 on Procurement by Entities Operating in the Water, Energy, Transport and Postal Services Sectors and Repealing Directives 2004/17/EC;

Directive 2014/23/EU of the European Parliament and of the Council of 26 February 2014.

相较于《2004欧盟公共部门采购指令》与《2004欧盟公用事业部门采购指令》而言，2014年新修订的公共部门采购指令和公用事业部门采购指令在适用范围、采购程序以及公共政策的考量等方面都有了进一步的完善。

在适用范围方面，其主要通过以下几种途径进一步澄清了公共采购指令体系的适用范围：

一是专门制定社会服务及其他特殊服务的门槛价。2004采购指令饱受诟病的原因在于，因累赘型采购程序所产生的节约并不足以给其实施的行政成本提供正当性。因此有必要从门槛价的角度缩小欧盟采购指令的适用范围，仅规制较高金额的采购合同以及某些应当优先规制的、对欧盟内部单一市场有意义的采购合同，而将其余的公共合同留给成员国自行选择规制方式和具体的规制规则。但是由于受到WTO政府采购协定规则的约束，2014采购指令并未提高其门槛价。在门槛价方面的改变主要体现在，针对“社会服务和其他特殊服务”，包含健康医疗服务和教育服务等服务引入了新的专门的门槛价，该门槛价为750 000欧元，与其他类型服务的门槛价相比较而言要更高。

二是废除优先类服务与非优先类服务的区别，制定规制社会服务及其他特殊服务的特殊规则。在采购客体规制方面的变化主要体现在废除了优先类服务和非优先类服务之间的区别（即废除了A类服务和B类服务之间的区别）。根据2004年采购指令的规定，只有列明在附件IIA中的服务才受到公共采购指令具体规则的规制，而列明在附件IIB中的服务只受采购指令关于技术规格和合同公布的部分规则的规制。但是2014年公共采购指令针对“社会服务和其他特殊服务”规定了特殊的采购制度，只需要受到“轻规则”的规制，即只需要在采购公告的公开、授予合同的原则、某些服务合同的预留等方面受到采购指令的规制。

三是在公用事业采购指令中，将石油和天然气的开发排除在适用范围之外，因为这些部门已经被认为直接处于竞争状态之中。

四是制定新指令对授予特许经营活动的行为进行规制。这次公共采购指令现代化的一个重要方面就是针对特许经营合同的授予制定了一个新的采购指令——指令 2014/25/EU。该指令就规范和授予程序以及合同履行等进行了规制，整体而言与传统的采购指令相比其提供了一个更为宽松的规制制度。

五是新指令对豁免情形进行了更加明确的法律规定。对豁免情形的清单并未有大的变动，但是吸收了欧盟判例法的规则，就公共部门之间合作以及内部提供这类豁免情形进行了明确规定，提供了法律上的确定性。指令设置豁免条件所依据的原则在于，努力实现公共当局自由组织公共服务与经济运营者公平进入市场之间的平衡。

在采购程序方面，这轮欧盟公共采购指令的修订的重要方面在于通过制定新的程序、对现有程序进行修订以及强制要求采购程序的实施过程运用电子通信方式，来降低采购成本、提高采购效率，促进采购程序的简化、提高采购规则的灵活性。

在公共政策考量方面，2014 公共采购指令体系已经将可持续公共采购置于一个战略性采购的地位。从政策目标的范围来看，其不再局限于 2004 年指令中所提及的环境和社会、劳动政策，而新增了促进创新和促进中小企业发展的政策目标。

四、世界银行“采购规则”

世界银行的主要活动是为发展项目提供资金，为借款的会员国提供技术援助，因此项目贷款是其主要的活动。由于世行的资金来自各会员国以及从国际资本市场的借贷资金，协定条款专门列有这样一条，即要求世行保证它贷出的款项只能用于提供贷款所规定的目的，并且要讲求节约和效率。因此，确保贷款目的的实现以及对贷款使用进行监督，是世界银行决定制定“采购规则”的主要原因。

世界银行是世界银行集团（The World Bank Group）的简称，它由国际复兴开发银行（IBRD）、国际开发协会（IDA）和国际金融公司（IFC）组成。通常所说的世界银行就是指国际复兴开发银行，它成立于1945年12月，是联合国的专门机构。世界银行是为经济发展服务的多边性质的国际开发银行，其主要功能是为发展项目提供资金贷款，并为借款的会员国提供技术援助。其中，项目采购是世界银行的一种主要的贷款形式。虽然项目的采购及采购合同的实施情况最终责任在于借款人，但是在世界银行方面，根据《国际复兴开发银行协定条款》（Articles of Agreement of the International Bank for Reconstruction and Development）的规定，世界银行必须保证其贷出的款项只能用于最初提供贷款的目的，在使用时也要充分考虑资金使用的经济性和效率性。这就要求世界银行必然需要有一份正式文件来支持这些贷款资金的监督管理，于是世界银行在1964年制定了《国际复兴开发银行贷款和国际开发协会贷款采购指南》（Guidelines：Procurement Under IBRD Loans And IDA Credits，即世界银行的《贷款采购指南》）。随后，不断对其进行修改和完善，并于1985年做了最大的一次修改，1996年1月和8月又做了两次补充修改，修订后的《贷款采购指南》分为三个部分，另外还有四个附件。2006年10月又进行了进一步的修改，主要涉及合格性和欺诈与腐败条款。

2011年世界银行“采购规则”进行了比较大的修改，名称改为《国际复兴开发银行贷款和国际开发协会信用、资助的货物、工程和非咨询服务采购指南》（Guidelines：Procurement Of Goods，Works，And Non－Consulting Services Under IBRD Loans And IDA Credits & Grants By World Bank Borrowers，以下简称《采购指南》），2014年又对此进行细微的修改。总的来说，修订和完善的主要变化集中体现：一是采购范围的扩大，如，2011

年以来新增了项目筹备垫款（Advance of Project Preparation，简称 PPA）或由世行管理受益人实施的信托基金资助这两类款项，同时，更加明确地将非咨询服务与工程项目分开，这样将原先属于工程服务的采购项目归类到非咨询服务，使表述更为清晰；二是采购程序更加透明、更加细化，包括从采购计划的制定、资格审查、采购合同管理等都有更加细化的规定；三是采购方式更加灵活，明确了两阶段招标的使用范围，新增多种采购方式，包括框架协议（FA：Framework Agreement，指南 3.6）、自营（指南 3.9）、从联合国采购（指南 3.10）、PPP 项目（指南 3.13、3.14、3.15）等。

2016 年世界银行重置了世界银行采购指南框架，将世行支持下的公共采购、政府贷款提升到了前所未有的高度，其总目标是建立一个现代化和适用性的采购框架，帮助借款人在实现可持续发展的同时获得“物有所值”。

新框架从整体愿景、核心原则、采购安排到项目执行、技术跟踪、合同管理等公共采购制度的全框架都赋予了更现代化的意义，更好地与国际规则与发展趋势接轨，该新版框架将全面提升采购过程的灵活性、透明度和效率。新框架的诞生经历了两个阶段，在第一阶段的改革（2012 年至 2013 年年初）中，世界银行出台了政策框架，并在约 100 个国家与近 2000 家利益攸关者开展了磋商，征求他们对世行应如何进行采购的意见看法。2013 年 11 月 15 日世行执行董事会批准“世界银行投资项目采购新框架建议”后，世界银行于当年 11 月 25 日宣布启动了采购政策与准则的第二阶段改革。2015 年 7 月 21 日，世界银行执行董事会初步批准世行贷款项目采购管理新政策。2016 年 6 月 28 日，世界银行正式公布了新版采购规则——《项目新采购框架和规章》（New Procurement Framework and Regulations for Projects）并于当年 7 月 1 日起生效。

新版采购规则——《项目新采购框架和规章》（New Procurement Framework and Regulations for Projects）包含了四个主要部分，分别是《世界银行政策：投资项目融资下的采购以及其他操作性采购事项》（Bank

Policy：Procurement In IPF And Other Operational Procurement Matters，以下简称《世界银行采购政策》）、《世界银行对于投资项目融资借款人的采购规章》（The World Bank Procurement Regulations For IPF Borrowers，以下简称《世界银行采购规章》）、《世界银行指令：投资项目融资下的采购以及其他操作性采购事项》（Bank Directive：Procurement In IPF And Other Operational Procurement Matters，以下简称《世界银行采购指令》）以及《世界银行程序：投资项目融资下的采购以及其他操作性采购事项》（Bank Procedure：Procurement In IPF And Other Operational Procurement Matters，以下简称《世界银行采购程序》）。

同时，在四者形成的总框架下，还发布了以《采购指南：旨在促发展的项目采购战略》（Procurement Guidance：Project Procurement Strategy for Development，简称 PPSD）为代表的一系列指导说明（Guidance Notes）、标准采购文件（Standard Procurement Documents，简称 SPD）和替代性采购安排（Alternative Procurement Arrangements，简称 APA）作为补充。下面针对四大部分予以整理，并着重分析第二部分——《世界银行对于投资项目融资借款人的采购规章》。

第二节　我国加入《政府采购协议》的进程、挑战和对策

从国际范围看，世界贸易组织（WTO）框架下《政府采购协议》（GPA）是大国财政开放政府采购市场的最重要的国际规则，也是覆盖范围最广的实体性的国际政府采购市场开放规则。我国于 2007 年开始申请加入 GPA，并积极推进政府采购领域的全球化，彰显了大国财政担当。

一、我国加入《政府采购协议》的进程

政府采购市场开放，意味着一国财政支出管理已经不囿于国内而是走向世界，同时也表明一国财政在全球的参与权和话语权的增加，是大国财政的重要体现。在我国政府采购制度改革发展历程中，非常重视政府采购市场开放、推动经济全球化。1996 年我国开始参加亚太经济合作组织政府采购专家组活动，参与政府采购非约束性原则的制定，并积极参与政府采购磋商和交流。自 2005 年起，财政部先后在政府采购领域与欧盟建立了政府采购对话机制，与美国建立了政府采购技术性磋商机制，并先后与澳大利亚、新西兰和韩国在自由贸易区框架下开展政府采购谈判。2007 年至 2014 年年底已先后向 WTO 政府采购委员会提交了六份关于加入 GPA 的出价清单，在加入 GPA 的道路上不断前行。未来加入 GPA 后，将接受 GPA 的规定。

2007 年 12 月 28 日，中国正式向 WTO 秘书处递交了加入 GPA 的申请书和初步出价清单，标志着我国正式启动加入 GPA 的谈判进程。初步出价清单由四个附件和总备注构成。主要对开放的政府采购实体范围、门槛价及例外条款等作了规定。2008 年 2 月 18 日至 21 日，我国分别与美国、欧盟、日本、加拿大和韩国进行首轮磋商，各谈判方提出的问题集中在我国政府采购市场开放范围窄、门槛价高、没有开放地方政府采购实体三方面。2010 年 7 月，我国根据自身社会经济发展状况，结合 GPA 参与各方要价提交了第二份出价清单，对初次出价做出实质性改进。主要内容包括：扩大了中央实体的开放范围，同时各中央政府实体开放范围由初次清单中的中央政府实体本级扩展至包含各实体机关本级及其在京所属行政机构；大幅度降低中央政府实体开放门槛价，缩短履约时间；扩大中央政府实体的货物、服务及工程的开放范围。之后，GPA 参与方向我国提出第二轮要价，未开放地方政府和国有企业、准入门槛高等是美欧等 GPA 成

员方对第二份清单的主要不满。2011 年 11 月，我国政府提交第三份出价。主要增加了部分地方采购实体的开放，并且降低了中央实体采购的准入门槛，但相对各方仍认为我们的出价存在准入门槛过高，未包含国有企业，例外范围非常广泛等问题。2012 年 11 月，我国政府提交了第四份政府采购协议出价清单，扩大了地方政府的开放范围，对工程出价进一步下调，增加了货物附件，删减和调整了部分例外情形。2014 年 1 月，我国政府提交了第五份出价清单，继续扩大了地方政府的开放范围，进一步下调了工程类的出价门槛。2014 年年底，又提交了第六份出价清单，这次出价的最大变化是，开放实体中列入了大学、医院和国有企业，关于货物工程和服务的门槛价，也完全降至参加方水平。表 7 - 1 列出了我国加入 GPA 提交的六次出价清单情况。

表 7 - 1　　我国加入 GPA 的六次谈判出价

出价时间	开放实体	门槛价	采购范围	过渡期
2007 年 12 月	中央实体（50 个）：外交部、国家发展和改革委员会、教育部等。 其他实体（14 个）：新华通讯社、中国科学院、中国社会科学院等。	货物：50 万 SDR* 服务：400 万 SDR 工程：2 亿 SDR	根据我国《政府采购品目分类表》（财库〔2000〕10 号）确定的 A03（一般设备类）、A04（办公消耗用品）、A05（建筑、装饰材料）、B01（建筑物）、C06（租赁）、C09（培训）。	15 年
2010 年 7 月	中央实体（65 个）：在初次出价清单的基础上，新增国家粮食局、能源局、国防科技财富局、烟草专卖局等 15 个采购实体。	货物和服务：实施后第 1 年 50 万 SDR 逐步降低至第 5 年起 20 万 SDR。 工程：从实施后第 1 年 1 亿 SDR 逐步降低至第 5 年起 1500 万 SDR。	将初次出价中按照我国《政府采购品目分类表》标准调整至按联合国《主要产品分类》（CPC**）确定的货物、工程和服务明细。	5 年

续表

出价时间	开放实体	门槛价	采购范围	过渡期
2011 年 11 月	除 65 个中央实体外，地方实体包括："北京、上海、天津、江苏、浙江"5 个次中央级政府的 171 个实体被纳入。	货物和服务未做调整 工程：中央采购实体，从实施后第 1 年的 8000 万 SDR，逐步降为第 5 年起 1500 万 SDR；地方采购实体，从实施后第 1 年的 1.5 亿 SDR，逐步降为第 5 年起 3000 万 SDR。	未做调整	5 年
2012 年 11 月	增列了福建、山东、广东等 3 个省，扩大了地方实体开放范围。	货物和服务未做调整 工程：中央实体起始门槛价由 8000 万 SDR 下调到 5000 万 SDR，地方实体起始门槛价由 1.5 亿 SDR 下调到 1 亿 SDR，其余阶段除最后一年不变外均做了下调。	增加了货物附件，与参加方新一轮出价形式保持一致；删减和调整了有关例外情形。	5 年
2014 年 1 月	增列了 6 个省（市），包括辽宁省、重庆市、河南、河北、湖南、湖北。	中央实体工程实施后第 1 至第 2 年 6000 万 SDR、第 3 年 5000 万 SDR、第 4 年 4000 万 SDR、第 5 年起降至 2000 万 SDR。地方实体工程实施后第 1 至第 2 年 8000 万 SDR、第 3 年 6000 万 SDR、第 4 年 5000 万 SDR、第 5 年起降至 4000 万 SDR。		5 年

续表

出价时间	开放实体	门槛价	采购范围	过渡期
2014 年 12 月	列入大学、医院和国有企业，扩大了中央政府实体覆盖范围，增加了 5 个省（出价省份达到 19 个）。	门槛价也降至参加方水平。中央实体货物、服务 13 万 SDR，工程 50 万 SDR；地方实体货物、服务 20 万 SDR，工程 500 万 SDR；其他采购实体的货物和服务项目为 40 万 SDR，工程为 500 万 SDR。	工程项目全部列入出价；增列了服务项目，调整了例外情形。	

资料来源：根据财政部公布资料整理。

注：* SDR，即 Special Drawing Rights（特别提款权）的缩写，自 2016 年 10 月 1 日起，人民币被纳入特别提款权“货币篮子”，一个特别提款权的定值货币及权数分别为：美元（41.73%），欧元（30.93%），日元（8.33%），英镑（8.09%），人民币（10.92%）。

** 联合国主要产品分类（Central Product Classification，CPC）是产品分类的国际标准。CPC 覆盖的范围要比一般的产品广。它除了包括一般意义的可运输产品外，还包括不可运输的产品和服务，以及非生产性财产或资产，如土地和具有法律效力的契约合同等形成的无形资产（如专利、商标及版权等）。

在提交了第六份出价清单后，我们依然积极申请加入 GPA。十八届三中全会决定要求“加快政府采购等新议题谈判”，2017 年，国务院对 GPA 谈判工作做出部署，要求扩大开放范围，尽快加入 GPA。2018 年 4 月习近平总书记在博鳌亚洲论坛 2018 年年会开幕式主旨演讲中又一次提到，要“加快加入世界贸易组织 GPA 进程”。

二、我国加入《政府采购协议》策略的特点

由以上六次出价清单可见，我国当前加入 GPA 策略呈现出以下特点：

一是主动融入政府采购领域全球化。我国坚持“改革开放”的基本

国策，在不断深入政府采购改革的同时，持续推进政府采购市场开放，以积极主动的姿态融入政府采购领域全球化。2018 年 12 月 18 日，在庆祝改革开放 40 周年大会上，习近平进一步指出：“必须坚持扩大开放，不断推动共建人类命运共同体。改革开放 40 年的实践启示我们：开放带来进步，封闭必然落后。中国的发展离不开世界，世界的繁荣也需要中国。我们统筹国内国际两个大局，坚持对外开放的基本国策，实行积极主动的开放政策，形成全方位、多层次、宽领域的全面开放新格局，为我国创造了良好国际环境、开拓了广阔发展空间”。政府采购领域的全球化是我们推进扩大开放、推动共建人类命运共同体的重要表现。

二是开放实体范围逐渐扩大。我国承诺加入 GPA 的中央政府实体范围从 50 个增加至 65 个，包括绝大部分国务院序列部委；同时各中央政府实体开放范围由最初中央政府实体本级扩展至包含各实体机关本级及其在京所属行政机构。第一、第二次出价清单中均未开放次中央政府实体市场，第三次出价清单到第五次出价清单则逐渐加入了省级地方政府的多个机构，第六份出价清单中加入了大学、医院和国有企业。

三是门槛价逐渐降低至参加方水平。由于我国政府采购改革起步较晚，因此，向 WTO 提交首次出价清单时，为避免政府采购市场开放对国内市场造成大的影响，货物、工程和服务的门槛价都定得比较高，第二次出价清单时，将货物、服务和工程的门槛价改为由逐年降低的形式，第三次至第五次出价清单中未对货物和服务做出调整，而对工程类的出价门槛则进行了大幅度的降低。第六次出价清单时，我们已经完全与其他参与方的一般出价水平相当。

四是以“公共采购”口径与参与方对标。政府采购协议主要是对“政府采购”进行规制。但在我国，政府采购主要通过，2003 年开始实施的政府采购法，进行规范约束。而工程类的招投标，则早在 2000 年开始实施的招标投标法进行约束。而严格来说，无论是货物，服务还是工程，都属于公共采购（国外政府采购）的范畴。从六份出价清单中，我们可以发现，到第六份出价清单，我们已经把国有企业纳入到政府采购的开放范围之中，把国有企业的采购目前并不在政府采购法的约束之下，同时我们把所有的工程项目纳入出价清单。这实际上是一个大口径的“公共采购”概念，与参与方其他国家进行对等谈判。

五是采购对象范围标准与国际相接轨。中央政府实体货物采购范围由初次出价中根据我国《政府采购品目分类表》的办公设备类、一般消耗用品、建筑装饰材料扩展至适用于联合国《主要产品分类》（CPC）中的相应的货物、服务与工程项目，从而实现与国际规则相一致。

三、我国加入《政府采购协议》面临的挑战

自 2007 年我国递交首份加入 GPA 清单以来，我国一直以打造人类命运共同体的大国姿态积极地推进加入 GPA 的谈判。但全球化的格局在发生变化，特别是美国特朗普总统上台后，贸易保护主义抬头，因此，新形势下，研判政府采购市场开放格局，既推进经济全球化，又能保护我国社会经济利益，是必须研究的问题。

（一）需要研究如何调整国内政策以适应 GPA 规则

我国加入 GPA 决心已定，但按照 GPA 规则，我国的政府采购与 GPA 规则所规定的政府采购规则，以及 GPA 成员方的政府采购制度，差距还非常大。因此我们必须考虑，如何对国内政府采购政策进行调整，去适应 GPA 规则的要求。当前国内规则与 GPA 规则不相适应，除了我国没有将国有企业纳入政府采购范围外，主要表现为国内政府采购规则不统一的问题。

我国政府采购的立法进程相对较快，从 2002 年颁布《中华人民共和

国政府采购法》(以下简称《政府采购法》) 至今，仅中央层面专门针对政府采购方面的法律法规就出台了近 60 部，从而已初步形成了以《中华人民共和国政府采购法》为统领，以《中华人民共和国政府采购法实施条例》(以下简称《实施条例》) 为支撑，以《政府采购信息公告管理办法》(财政部令第 19 号)、《政府采购质疑和投诉办法》(财政部令第 94 号)、《政府采购非招标采购方式管理办法》(财政部令第 74 号)、《政府采购货物和服务招标投标管理办法》(财政部令第 87 号) 等规章办法为依托，以各级指导性文件为补充的较为完善的政府采购法律制度框架，涵盖了体制机制、程序操作、政策执行、基础管理及监督处罚等各个方面的内容。地方政府也在此框架下结合实际对辖区内的政府采购制度进行了规范。这些法律法规制度有效规范了财政支出行为、维护了政府采购市场交易秩序，奠定了政府采购市场良性发展的基石。与 2000 年颁布的《中华人民共和国招标投标法》(以下简称《招标投标法》) 及其相关法律法规相衔接，我国已初步建立了覆盖货物、工程和服务的较为完善的公共采购法律制度框架。

虽然《政府采购法》和《招标投标法》两法立法的目的、宗旨基本一致，《实施条例》和 87 号令等也对一些冲突内容进行了解释和融合，但目前仍存在有较大的分歧。两法在法律类型、交易主体、适用范围等方面有交叉、有差异，关于两部法律的融合问题，已经成为政府采购制度改革中一项急需解决的议题，也成为加入 GPA 的一个重大障碍。

首先，工程类适用法律选择的问题。《政府采购法》中对我国政府采购的适用范围做了比较明确的规定，其覆盖的采购对象包括货物、服务和工程。而在此之前，我国已经颁布了对工程采购进行规范的《中华人民共和国招标投标法》(以下简称《招标投标法》)。虽然，2015 年出台的政府采购法《实施条例》对此做出了努力，规定“政府采购工程以及与工程建设有关的货物、服务，采用招标方式采购的，适用《中华人民共和国招标投标法》及其实施条例；采用其他方式采购的，适用政府采购法及本条例”，这似乎解决了工程采购适用法律的问题。但由于顶层设计不到位，仍然解决不了一些很现实的问题，比如，一个工程项目达到公开招标标准的，应该适用《招标投标法》，但如果招标失败，那么又涉及到适用《政府采购法》，这会带来较高的制度转换成本。

其次，与工程建设相关的“货物”界定仍然模糊。《招标投标法》规范的主要对象包括工程，但也包括“与工程建设有关的货物”。尽管《招标投标法》指出，其涵盖的货物采购是与工程建设有关的货物，是指构成工程不可分割的组成部分，且为实现工程基本功能所必需的设备、材料等。但对实际部门而言，仍然会遭遇法律适用不清的问题，如，对于使用财政性资金采购的空调设备到底适用于《政府采购法》还是《招标投标法》，全国各地做法不尽一致。

再次，法律类型不一致带来监管难题。《政府采购法》是实体法，而《招标投标法》是程序法，按照目前二者在工程领域的对接，会出现“招标采购”的工程仅接受了《招标投标法》的程序规范，而“非招标采购”的工程则接受了《政府采购法》从预算安排、需求确定到采购过程直至采购结果管理的全过程的规范。为了弥补这一缺陷，在《政府采购法》实施条例中尝试规定了“政府采购工程以及与工程建设有关的货物、服务，应当执行政府采购政策”，也就是工程即使适用《招标投标法》，也要执行政府采购政策①，但也只是在政策范畴实现了“两法”的统一。

最后，两部门对招标数额标准的规定不协调。由于《政府采购法》主要是由财政部牵头实施，而《招标投标法》由国家发展改革委牵头实

① 此处“政府采购政策”是指《政府采购法》第九条规定的为实现国家的经济和社会发展的政策目标而采取的政策，而非与“理论”相对应的“政策”。

施。从近年来的情况看，考虑到简政放权改革和提高采购效率的需要，政府采购的招标数额标准呈现调高趋势，基本由上一轮的 120 万元调升至 200 万元[①]。而工程采购的招标标准十多年没有发生太大变化，仍然沿用了 2000 年由原国家发展计划会颁布实施的《工程建设项目招标范围和规模标准规定》[②]，额度标准相对较低，2018 年国家发展改革委发布了《必须招标的工程项目规定》（发改委令第 16 号），将 2000 年的这一标准提高了一倍。部分省份在统一这一标准上做了努力，如上海市在《上海市 2019—2020 年集采目录及限额标准》中将货物和服务的公开招标数额标准提到了 400 万元。但仍然存在不同采购对象公开招标数额标准不一致的情况，给实际部门带来操作难题。

（二）需要研究应对加入 GPA 的外在压力减弱问题

在美国总统特朗普上台前，中国加入 GPA 的谈判，总体上是比较被动的，包括加入 WTO 时承诺的尽快加入 GPA 的申请，都是基于发达国家的压力，特别是美国的压力下而进行的，美国特朗普上台后，其主张的贸易保护主义政策一项项落地，如宣布退出 TPP（跨太平洋合作伙伴关系），签署“买美国货、雇美国人”的行政令，颁布了一系列旨在留住资本甚至吸引外资的税改政策等。中国是美国最大的贸易逆差国，在特朗普的政策调整下，中国必然会受到影响。也就是说，特朗普上台后，执行了反全球化的政策，美国不再给中国加入 GPA 施加压力，这必然延缓中国加入

① 如《中央预算单位 2017—2018 年政府集中采购目录及标准》《北京市 2018—2019 年集中采购目录及标准》《2017 年江苏省级政府集中采购目录及限额标准》均规定货物或服务项目采购金额 200 万元以上实施公开招标。

② 该文件规定，以下情况必须招标：一是施工单项合同估算价在 200 万元人民币以上的；二是重要设备、材料等货物的采购，单项合同估算价在 100 万元人民币以上的；三是勘察、设计、监理等服务的采购，单项合同估算价在 50 万元人民币以上的；四是单项合同估算价分别低于前三项规定的标准，但项目总投资额在 3000 万元人民币以上的。

GPA 的进程。因此，美国全球化战略调整需要我们进一步研究与美国的双边谈判问题。开放政府采购市场讲求的是利益对等原则，因此，在美国贸易保护主义的政策条件下，我们必须重新审视加入 GPA 与美国的双边谈判，重新调整对美国的出价策略。

四、我国加入《政府采购协议》的应对之策

（一）统一政府采购制度设计

建立起与大多数 GPA 成员方一致的政府采购制度，包括统一对政府采购范围的认识，统一政府采购的方式和程序，统一政府采购的监督管理体系。

首先，要进一步理顺《政府采购法》和《招标投标法》的关系，选择适当的时机，修订和完善《政府采购法》，并在和发改委协商的基础上，修订和完善《招标投标法》，应当尽快开展两法的修订工作，做好两法的衔接和协调，在法律制度上符合 GPA 的要求，为中国加入 GPA 打好基础。近期目标是按照清晰的法律调整范围划分，完善《政府采购法》和《招标投标法》，使二者调整范围互补，程序、监管等保持一致。长远的目标是建立一部能够覆盖所有货物、工程和服务的《公共采购法》。其次，以法律形式扩大政府采购范围。上文已经提到，我国目前还并未将国有企业纳入政府采购主体的范围之中，应采用渐进性策略逐步将国有企业采购纳入政府采购的主体范围之中，扩大政府采购的范围，更好地发挥政府采购的政策功能，也为我国逐步开放的政府采购市场打好基础。

（二）继续积极主动推进加入 GPA

要继续主动推进政府采购市场开放。政府采购市场开放是一国推进全

球化的重要组成部分，为落实党的十九大战略部署，继续积极推进我国加入 GPA 谈判工作，争取早日加入，为我国开辟新的对外贸易增长点，也为今后在更广泛领域开展合作奠定基础。中国需要改变被动等待成员方与中国进行谈判的策略，主动与各成员方进行谈判，以期尽早与各成员方达成协议。包括对待美国，也不能再消极等待，就需要改变观念，要认识到加入 GPA 对中国是利大于弊的。因此，要进一步加快政府采购对外开放的步伐，在第六份出价清单中，中国已经列入了工程和国有企业的采购，只是在范围上还没有满足成员方的要求，我们应该增加出价范围，这在本质上是进一步加快政府采购对外开放的步伐，也能增强中国企业走出去的步伐。

（三）寻求开辟区域内政府采购市场开放规则

在由我国发起的战略合作领域（如“一带一路”倡议）中，发挥中国的引领优势，与政府采购制度较为先进的国家积极合作，甚至可以帮助一些不发达国家建立政府采购规则，积极参与区域性政府采购规则制定，推进和平发展、协同发展，为构建人类命运共同体贡献中国力量。

第三节　构建“一带一路”区域政府采购命运共同体的可行性

2013 年习近平主席提出“一带一路”伟大构想，2017 年十九大报告中他又提出，“要以‘一带一路’建设为重点，坚持引进来和走出去并重，遵循共商共建共享原则，加强创新能力开放合作，形成陆海内外联动、东西双向互济的开放格局”。这既为推动经济全球化、促进区域经济发展提供了平台，更为构建区域政府采购命运共同体提供了良机。因此，尝试在“一带一路”倡议下建立区域政府采购开放框架，是近期值得思考的话题。同时，我们观察到，目前对“一带一路”沿线国家相关政府采购制度研究的国内外文献较少，关于倡导建立“一带一路”沿线国家政府采购共同体的文献几乎没有，部分论文只是分国别地介绍了新加坡（张惠彬，2013）、俄罗斯（李成政等，2006；顾凌波，2007）、沙特阿拉伯（Islam，M. et al.，2016）、印度（Khorana，S. & Subramanian，S，2012）、波兰（潘慧宁，2011）等几个国家的政府采购制度。

一、构建“一带一路”区域政府采购命运共同体的“经济基础”

“一带一路”沿线国家经济发展潜能巨大，经贸合作日益频繁。一带一路沿线国家不管从 GDP 总量、人均 GDP 还是 GDP 增速来说，都在不断接近世界平均水平，而作为拥有全球 35% 生产总值的经济体，其在全球经贸合作中发挥着越来越不可小觑的作用，沿线贸易比重的大幅上升，为构建区域政府采购命运共同体提供了“经济基础”。

（一）GDP 占比稳步上升，人均 GDP 与世界差距逐渐缩小

截至 2018 年 7 月，与中国签订“一带一路”相关合作协议的国家达 78 个①，主要集中在亚洲、中东欧地区。以包括中国在内的 79 个国家总体来看，根据 IMF 统计数据及预测②，“一带一路”沿线国家 GDP 总量从 2005 年占全球 20.83% 上升到 2017 年占全球 35.36%，并预测 2023 年将

① 78 个“一带一路”国家是根据截至 2018 年 7 月中国一带一路网（www.yidaiyilu.gov.cn）上“各国概况”栏目所列出的 78 个“一带一路”国家。中国一带一路网：https://www.yidaiyilu.gov.cn/info/iList.jsp?site_id=CMSydylgw&cat_id=10037&cur_page=3。

② IMF Data，World Economic Outlook 2018，由于巴勒斯坦统计数据缺失，以下数据均不含巴勒斯坦。http://www.imf.org/external/pubs/ft/weo/2018/01/weodata/index.aspx。

达到 38. 15% 左右。而中国在其中又起到了近半的贡献。按照一个国家政府采购规模约占全部 GDP 的 15%—20% 计算，是一笔可观的潜在大市场，这是政府采购区域共同体构建的“物质”基础。同样，在人均 GDP 方面，“一带一路”沿线国家与全球平均水平的差异在逐年缩小，比值由 2005 年的 76. 13% 上升到 2017 年的 82%，据 IMF 预测，这一比值将在 2023 年上升至 86. 5% 左右（见表 7 - 2），这就意味着，届时“一带一路”沿线国家的经济平均水平将与世界水平更为接近，从而更有利地参与世界范围经济活动。

表 7 - 2　“一带一路”沿线国家 GDP 总量、人均 GDP 占比表①

指标	GDP 总量（十亿美元）			人均 GDP（美元）		
区域	“一带一路”沿线国家	全球	“一带一路”/全球	“一带一路”沿线国家	全球	“一带一路”/全球
2005	9911. 06	47580. 89	20. 83%	7439. 84	9772. 96	76. 13%
2006	11610. 20	51509. 01	22. 54%	8342. 14	10607. 14	78. 65%
2007	14342. 28	58115. 31	24. 68%	9648. 65	12082. 57	79. 86%
2008	16924. 00	63721. 65	26. 56%	11012. 88	13710. 05	80. 33%
2009	16250. 32	60337. 20	26. 93%	9386. 68	12168. 84	77. 14%
2010	19179. 40	65960. 28	29. 08%	10332. 84	12933. 91	79. 89%
2011	22493. 32	73165. 35	30. 74%	12066. 20	14453. 11	83. 49%
2012	23929. 42	74535. 42	32. 10%	12337. 50	14360. 40	85. 91%
2013	25642. 57	76596. 14	33. 48%	12618. 94	14729. 62	85. 67%
2014	26726. 74	78663. 16	33. 98%	12557. 76	14816. 29	84. 76%
2015	25854. 78	74429. 03	34. 74%	10827. 99	13126. 45	82. 49%
2016	26082. 90	75485. 01	34. 55%	10640. 62	13110. 86	81. 16%

① 数据来源：IMF Data, World Economic Outlook 2018。

续表

指标	GDP 总量（十亿美元）			人均 GDP（美元）		
区域	“一带一路”沿线国家	全球	一带一路/全球	“一带一路”沿线国家	全球	一带一路/全球
2017	28241.64	79865.48	35.36%	11375.78	13871.44	82.01%
2018	31275.58	86926.59	35.98%	12772.37	15165.60	84.22%
2019	33792.71	92112.36	36.69%	13364.59	15841.10	84.37%
2020	36327.93	97131.43	37.40%	13962.14	16503.14	84.60%
2021	39032.71	102325.16	38.15%	14624.40	17167.93	85.18%
2022	41924.06	107764.32	38.90%	15329.36	17865.77	85.80%
2023	45062.389	113514.1	39.70%	16084.71	18594.14	86.50%

（二）人口增长趋于稳定，经济增长潜能依旧强劲

从近十几年的人口数据来看，“一带一路”沿线国家人口占到全球人口的67%左右，但这一比例在以缓慢的速度逐渐降低，从2015年开始已经降到67%以下（如表7-3所示），这表明“一带一路”沿线国家的人口增长趋于稳定，人口红利期已经过去，经济迎来转型期，对高质量高水平发展的共同需求为政府采购共同体构建提供了良好的平台。虽然人口增速放缓，但“一带一路”沿线国家GDP增长率仍明显高于世界平均水平，2016年高于世界水平16个百分点，2017年高于世界水平34个百分点，预计2018年仍要高出25个百分点左右，并据IMF预测，未来五年依旧会超越全球平均增速10%以上，表明“一带一路”共同体的经济增长潜能依旧强劲。充满后劲的经济发展势头必然要求政府向社会提供的公共物品进一步丰富与扩充，为政府采购提供了更大的需求。

表 7－3　　“一带一路”沿线国家 GDP 增长率、人口占比变化①

指标	GDP 增长率（%）			人口（百万人）		
区域	“一带一路”沿线国家	全球	一带一路/全球	“一带一路”沿线国家	全球	一带一路/全球
2005	6.40	5.11	125.05%	4341.58	6406.42	67.77%
2006	7.70	5.84	131.87%	4390.83	6485.12	67.71%
2007	7.64	5.77	132.40%	4439.93	6564.96	67.63%
2008	5.27	4.14	127.38%	4492.48	6648.80	67.57%
2009	0.14	0.08	165.65%	4541.11	6728.27	67.49%
2010	4.80	4.38	109.65%	4589.70	6807.46	67.42%
2011	3.92	3.85	101.95%	4617.72	6868.39	67.23%
2012	5.56	3.72	149.63%	4669.04	6953.01	67.15%
2013	3.55	3.52	101.00%	4719.47	7035.05	67.09%
2014	3.03	3.27	92.56%	4769.95	7117.93	67.01%
2015	2.65	2.59	102.22%	4820.29	7201.24	66.94%
2016	2.83	2.44	115.99%	4873.54	7287.88	66.87%
2017	4.45	3.31	134.37%	4927.58	7375.60	66.81%
2018	4.02	3.23	124.42%	4978.69	7460.93	66.73%
2019	4.26	3.67	116.03%	5029.74	7546.25	66.65%
2020	4.18	3.76	111.17%	5080.93	7632.00	66.57%
2021	4.14	3.68	112.76%	5132.01	7717.96	66.49%
2022	4.10	3.57	114.95%	5183.02	7804.30	66.41%
2023	4.11	3.67	111.87%	5231.23	7888.95	66.31%

（三）财政收支水平与世界水平趋于一致，具备财政资金管理能力

如表 7－4 所示，在财政收入方面，2013 年以前，“一带一路”沿线国家财政收入占 GDP 比重略高于世界水平，2013 年之后，开始略低于世界水平，但基本维持一致。在财政支出方面，除 2015 年略高于世界水平外，其余年份均略低于世界水平，同样占比较为平稳。一方面反映出“一带一路”

① 数据来源：IMF Data，World Economic Outlook 2018。

沿线国家的财政收支水平和世界水平较为一致，具备资金管理能力，财政破产风险较小；另一方面也说明在支出层面存在进一步扩大的空间，而政府采购作为财政支出重要一环，也意味着存在进一步扩张的可能。

表 7－4　　“一带一路”沿线国家财政收支占比变化①

指标	财政收入占 GDP 比重（%）			财政支出占 GDP 比重（%）		
区域	“一带一路”沿线国家	全球	一带一路/全球	“一带一路”沿线国家	全球	一带一路/全球
2005	29.81	29.50	101.06%	29.13	29.63	98.33%
2006	30.88	30.94	99.80%	29.07	29.39	98.92%
2007	30.99	31.16	99.44%	29.40	29.75	98.84%
2008	32.11	31.11	103.21%	30.65	30.85	99.32%
2009	30.10	29.97	100.41%	33.30	33.50	99.41%
2010	30.56	30.35	100.72%	31.91	32.92	96.92%
2011	30.75	30.41	101.12%	31.23	32.06	97.41%
2012	31.35	31.10	100.79%	31.46	32.53	96.72%
2013	31.26	31.12	100.43%	32.53	32.95	98.72%
2014	30.91	31.12	99.29%	33.49	33.74	99.25%
2015	29.27	30.50	95.99%	34.52	34.47	100.15%
2016	27.94	29.92	93.38%	33.95	34.16	99.40%
2017	28.57	29.99	95.25%	32.24	33.12	97.34%
2018	28.85	30.34	95.08%	32.41	33.46	96.86%
2019	28.89	30.00	96.31%	32.25	32.87	98.10%
2020	28.70	29.73	96.51%	31.72	32.32	98.15%
2021	28.56	29.40	97.14%	31.46	31.84	98.80%
2022	28.41	29.30	96.97%	31.24	31.64	98.71%
2023	28.31	29.18	97.04%	31.02	31.44	98.67%

（四）通货膨胀率浮动下降趋于适度，总投资水平基本平稳

从表 7－5 我们可以看到，在 2015 年以前（除 2009 年外），“一带一

① 数据来源：IMF Data，World Economic Outlook 2018。

路”沿线国家的平均通货膨胀率均高于世界平均通胀水平，在最高的年份，比世界平均水平高出近 30%，存在过高的通胀率，导致这一时期进口的增长基本高于出口的增长（见图 7－1），且货币价值难以稳定。而 2015 年之后，通胀率迅速下降，根据 IMF 预期，当前及未来几年内的通胀率会低于世界平均水平，这将有利于“一带一路”沿线国家的出口发展，此时构建政府采购共同体将为货物、服务进出口搭建桥梁。

表 7－5　　“一带一路”沿线国家通货膨胀率、总投资占比变化①

指标	通货膨胀率（%）			总投资占 GDP 比重（%）		
区域	“一带一路”沿线国家	全球	一带一路/全球	“一带一路”沿线国家	全球	一带一路/全球
2005	6.18	5.80	106.51%	26.02	24.07	108.07%
2006	6.73	6.22	108.26%	26.81	24.57	109.11%
2007	7.22	5.56	129.91%	29.09	26.00	111.88%
2008	11.25	10.86	103.54%	29.47	26.61	110.77%
2009	3.95	4.67	84.49%	26.33	23.99	109.73%
2010	4.92	4.43	111.12%	26.12	24.43	106.93%
2011	7.63	6.40	119.21%	26.16	24.26	107.84%
2012	6.05	5.65	107.00%	26.40	24.54	107.58%
2013	4.83	4.34	111.24%	25.74	24.22	106.30%
2014	3.95	3.85	102.67%	25.98	24.64	105.44%
2015	4.56	4.33	105.39%	26.21	24.67	106.24%
2016	2.95	5.59	52.81%	26.09	24.08	108.37%
2017	4.28	5.46	78.36%	26.00	23.72	109.58%
2018	4.80	5.11	94.01%	26.39	24.12	109.40%
2019	4.34	4.79	90.78%	26.84	24.61	109.05%
2020	3.89	4.43	87.84%	26.87	24.70	108.80%
2021	3.74	4.22	88.55%	27.20	25.01	108.78%
2022	3.67	3.99	92.07%	27.43	25.16	109.02%
2023	3.62	3.84	94.46%	27.61	25.18	109.64%

① 数据来源：IMF Data，World Economic Outlook 2018。

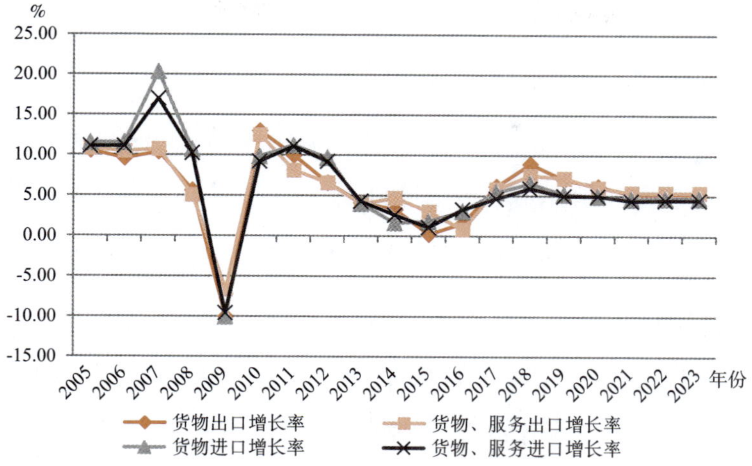

图 7－1 "一带一路"沿线国家货物、服务进出口增长率

政府采购的桥梁作用同样也通过工程采购合同体现在总投资上。从2005年以来，世界平均水平稳定在24%左右，而"一带一路"沿线国家总投资占GDP比重基本稳定在26%左右，高出世界水平10%左右。这就意味着对于总投资需求暂时不会减弱，从当前我国对沿线国家投资来看，基本也集中于基础设施建设上，总投资增加将带来经济增长活力。

（五）出口稳步上升，沿线贸易比重大幅上升

首先，从"一带一路"沿线国家进出口增速上看，进出口增速逐渐趋同并逐渐稳定，除2009年呈下降态势外，其余年份呈平滑减弱趋势，且出口增速逐渐追平进口增速，如图7－1所示①。根据国家信息中心"一带一路"大数据中心发布的数据，2017年"一带一路"国家贸易额占全球比重27.8%，中国占12.1%，合计占全球贸易额的40%，在全球贸易版图中占据重要地位。其中，"一带一路"各国对外贸易额排名前10位国家分别是韩国（105.1百亿美元）、新加坡（69.7百亿美元）、印度（61.7百亿美元）、俄罗斯（58.4百亿美元）、阿联酋（57.0百亿美元）、

① 数据来源：IMF Data，World Economic Outlook 2018。

泰国（46.3 百亿美元）、波兰（45.2 百亿美元）、越南（42.5 百亿美元）、马来西亚（41.3 百亿美元）、土耳其（38.4 百亿美元）。在这十名中，中国是韩国、新加坡、俄罗斯、泰国的第一出口目的国，是马来西亚的第二出口目的国，是印度的第三出口目的国。同时，中国也是韩国、新加坡、印度、俄罗斯、泰国、土耳其等国的第一大进口来源国①。

其次，从中国的对外贸易额上看，2017 年取得重大突破，中国与“一带一路”国家的进出口总额扭转连续两年负增长局面，达到 14403.2 亿美元，同比增长 13.4%，高于我国整体外贸增速 5.9 个百分点，其中进口增速 19.8% 首超出口增速 8.5%。与中国贸易增长最快的国家分别是卡塔尔 45.8%、黑山 41.3%、蒙古国 38.3%、哈萨克斯坦 37.9%。分区域来看，西亚地区与中国贸易额达到 2332.4 亿美元，东欧地区 1611.7 亿美元，1271.8 亿美元，非洲及拉美地区 648.7 亿美元，中亚地区 360.0 亿美元。根据《“一带一路”贸易合作大数据报告 2018》，2011 年以来，如图 7－2 所示，中国与“一带一路”沿线国家进出口总额约占中国与全球贸易的 1/4，但这一比例在 2017 年超过 1/3，这为中国与一带一路沿线国家开展贸易往来开辟了新成果，也为在政府采购领域开展业务往来提供机会。

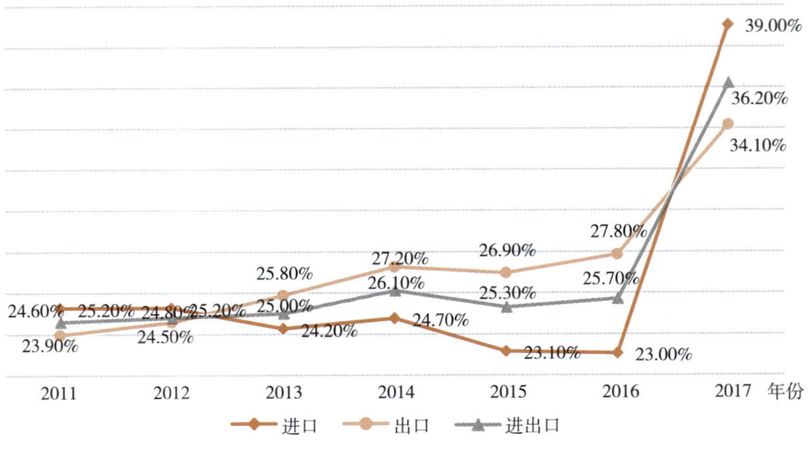

图 7－2　2011—2017 年中国与“一带一路”沿线国家贸易额占中国与全球贸易额比重

① 中国一带一路网：https://www.yidaiyilu.gov.cn/xwzx/gnxw/54723.htm。

二、构建“一带一路”区域政府采购命运共同体的外交基础

“一带一路”沿线国家外交主张相近，容易达成政策共识。宋国友（2015）在考虑“一带一路”战略和外交关系时提出两种平衡，其中第一种平衡就要求中国的“一带一路”倡议既要考虑中国自身的经济发展和能力承受程度，也要考虑沿带沿路国家的市场容纳和政治接受程度，要在两者之间实现平衡[①]。这里的政治接受程度很大程度上可以反映在外交主张上，中国和沿线国家多数采取独立自主、和平中立、多元平衡的外交原则，这为达成构建区域政府采购命运体的政策共识提供了“外交基础”。

（一）中国对“一带一路”外交的定位

2013 年 10 月，中国召开了新中国成立以来首次周边外交工作会议，习近平指出，“中国周边外交的基本方针，就是坚持与邻为善、以邻为伴，坚持睦邻、安邻、富邻，突出体现亲、诚、惠、容的理念。”随着“一带一路”的开展，中国不断增大周边投入，积极推进与周边国家的互联互通，它既不是中国的“马歇尔计划”，不存在特别的地缘政治意图，也不是单方面的对外援助，而是按照“共商、共建、共享”的市场原则，通过开放包容，打造休戚与共的命运共同体、利益共同体和责任共同体[②]。中国的外交政策提倡“结伴不结盟”，目前，全球共有 75 国家、5 个地区组织同中国建立 80 对不同形式的伙伴关系，全球伙伴关系网是中国现阶段开展大国外交的重要举措。

---

① 宋国友：《“一带一路”战略构想与中国经济外交新发展》，《国际观察》，2015 年第 4 期，第 22 – 34 页。

② 高飞：《中国特色大国外交视角下的“一带一路”》，《经济科学》，2015 年第 3 期，第 10 – 12 页。

（二）“一带一路”沿线国家的主要外交政策基本一致

“一带一路”沿线国家之所以与中国签订相关合作协议，正是认可了“一带一路”的倡议定位，这也与多数周边国家发展战略高度契合，根据外交部公布的相关资料整理统计，70多个沿线国家基本奉行不结盟、独立自主、和平中立、多元平衡、谋求发展的务实外交政策（如表7－6所示），如安提瓜和巴布达、奥地利、阿塞拜疆、巴林、孟加拉、不丹等多数国家。一方面，沿线国家积极开展周边外交，寻求战略合作伙伴关系；另一方面，外交多与经济发展相联系，寻求以外交手段带动经济活力。换句话说，也可以总结为两大目标：维护主权和独立、争取经济发展。如此一来，构建政府采购命运共同体与外交政策并不形成冲突，反而既符合了多元区域间合作的性质，又符合了提升经济质量、扩大进出口贸易的要求，可谓一举两得。

表7－6　“一带一路”沿线国家的主要外交政策①

国家	主要外交政策
阿富汗	重视发展与周边国家关系和参与区域合作，2012年，与中国建立战略合作伙伴关系
安提瓜和巴布达	积极推行务实外交，在主权平等的基础上与各国发展友好合作关系。积极参与地区一体化进程，努力开拓同中国、日本等亚洲国家的关系
亚美尼亚	奉行以俄罗斯为重点的平衡外交政策
奥地利	以和平中立为基础，以欧盟为依托，重视加强同周边邻国特别是中东欧国家关系
阿塞拜疆	坚持独立自主、多元平衡，注重发展同俄罗斯的战略合作伙伴关系，融入欧洲作为对外战略目标。努力发展与土耳其、伊朗、格鲁吉亚等周边邻国的双边关系

① 注：根据外交部相关资料整理。其中，阿尔巴尼亚、柬埔寨、克罗地亚、哈萨克斯坦、吉尔吉斯斯坦、马来西亚、以色列、尼泊尔、巴勒斯坦、俄罗斯、塞尔维亚、斯洛文尼亚、叙利亚、塔吉克斯坦、土库曼斯坦、乌兹别克斯坦暂无统计。

续表

国家	主要外交政策
巴林	奉行温和务实的外交政策，主张加强海湾国家之间的团结与合作
孟加拉国	奉行独立自主、不结盟政策。注重经济外交，强调建立公正的国际经济新秩序
白俄罗斯	奉行以俄罗斯为重点的多方位外交政策。全面发展同独联体和周边国家关系
不丹	以维护独立和主权、实现经济自力更生为对外政策的两大目标，奉行不结盟政策
玻利维亚	奉行反帝、反殖、反霸，独立自主、和平和不结盟的对外政策
波黑	将加入欧盟和北约作为外交的中心任务，重点发展与美国、欧盟关系
文莱	奉行不结盟及同各国友好的外交政策，主张国家无论大小、强弱，都应相互尊重
保加利亚	优先发展与欧美关系，重视发展与中亚和亚太地区国家以及广大发展中国家的关系
捷克	奉行经济靠欧盟、安全靠美国的对外政策，将“经济外交”和“人权外交”作为重点
埃及	奉行独立自主、不结盟政策，主张加强南北对话和南南合作
爱沙尼亚	以欧盟和北约为经济、安全依托，着力推动和加强区域合作
埃塞俄比亚	全方位外交政策，主张平等互利、相互尊重、互不干涉内政强调外交为经济建设服务
格鲁吉亚	恢复国家统一和领土完整、加入北约和欧盟、加强地区合作，兼顾与东方国家关系
匈牙利	致力于成为亚欧贸易桥梁，视中国、俄罗斯、印度为经济外交重点
印度	历届政府均强调不结盟是其外交政策的基础，推行全方位务实外交
印度尼西亚	奉行积极独立的外交政策，重视不结盟运动和南南合作
伊朗	奉行独立、不结盟的对外政策，反对霸权主义、强权政治和单极世界
伊拉克	战后着力恢复与各国，尤其是大国和周边国家的外交关系并逐步获得承认和支持
约旦	外交活跃，强化与美特殊盟友关系，重视发展与各大国关系，推行睦邻友好政策
韩国	基本形成了以韩美同盟为基轴、加强美、中、日、俄四大国外交的外交格局
科威特	奉行温和平衡的外交政策。近年来，科更加积极地发展同中国等亚洲国家的合作
老挝	奉行和平、独立和与各国友好的外交政策，重视发展同周边邻国关系
拉脱维亚	全力深化与欧盟、美国的关系，谋求发展与俄罗斯的务实合作，拓展外交空间
黎巴嫩	奉行中立不结盟政策，主张建立公正、合理、平等、均衡的国际政治、经济新秩序

续表

国家	主要外交政策
利比亚	坚持独立自主、平等互利、互不干涉内政等原则
立陶宛	奉行务实的对外政策，促进经济增长、增加就业、推进能源安全与“东部伙伴关系”
马其顿	维护国家的独立、主权和领土完整；优先发展同大国和邻国的关系
马达加斯加	积极外交
马尔代夫	和平、独立不结盟的外交政策，重视印度、中国、日本、斯里兰卡以及阿拉伯国家关系
摩尔多瓦	奉行务实外交政策。视融入欧洲为优先方向，重视发展同欧美关系
蒙古	爱好和平、开放、独立、多支点的外交政策，首要是发展同俄、中两大邻国友好关系
黑山	将加入欧盟和北约作为首要战略目标，同时将欧盟、美国和中国视为主要合作伙伴
摩洛哥	奉行不结盟、灵活、务实、多元的外交政策，注重对外关系的均衡发展
缅甸	奉行“不结盟、积极、独立”的外交政策，在国际关系中保持中立
新西兰	同澳大利亚和太平洋岛国的关系作为立足点；将亚太地区作为对外关系优先领域
阿曼	奉行温和中立、理性平衡、睦邻友好、不结盟、不干涉别国内政的外交政策
巴基斯坦	奉行独立和不结盟外交政策，注重发展同伊斯兰国家和中国的关系
巴拿马	奉行中立、不结盟的外交政策。维护国家的主权、独立、民主；保持运河的中立地位
巴布亚新几内亚	对外奉行中立政策，主张各国和平相处，增加经济往来与合作
菲律宾	杜特尔特总统上台后，提出坚持独立自主外交政策
波兰	政治经济上立足欧盟，安全和防务上倚靠北约和美国，睦邻周边，构建全方位外交格局
卡塔尔	奉行积极务实的外交政策
罗马尼亚	对外坚持欧美优先、兼顾周边、重视大国原则，将发展对华关系作为外交战略优先方向
沙特阿拉伯	奉行独立自主和务实的外交政策。重视发展对美国、中国、欧盟、俄罗斯、日本关系

续表

国家	主要外交政策
新加坡	立足东盟，奉行“大国平衡”，主张在亚太建立美、中、日、印战略平衡格局
斯洛伐克	外交活跃，以欧盟和北约为依托，发展睦邻友好关系，积极推动地区合作
南非	奉行独立自主的全方位外交政策，主张尊重主权和平等互利
斯里兰卡	奉行独立和不结盟的外交政策，支持和平共处五项原则
泰国	奉行独立自主的外交政策。重视周边外交，积极发展睦邻友好关系，维持大国平衡
东帝汶	奉行务实平衡、睦邻友好的外交政策
特立尼达和多巴哥	奉行独立自主和不结盟的外交政策，注重加强与中国、印度等主要发展中国家的联系
突尼斯	温和、务实、平衡的外交政策
土耳其	奉行在“普世价值”与国家利益之间寻求最大平衡的外交政策，联美、入欧、睦邻
乌克兰	决定加强与北约合作。因为克里米亚和乌东部问题，乌俄关系已降至历史低点
阿联酋	奉行温和、平衡、睦邻友好和不结盟的外交政策。推行“东向”政策
越南	奉行独立、自主、和平、合作与发展、全方位、多样化外交路线，同东盟成员合作加强
也门	奉行和平、不结盟政策；坚持睦邻友好、和平共处、不干涉内政

三、“一带一路”沿线国家具有开放政府采购市场的“共同愿景”

“一带一路”沿线国家加入 GPA 进程加快，具备开放政府采购市场的共同愿景。截至 2018 年 7 月，中国已与 78 个“一带一路”沿线国家签订相关合作协议，考察这 78 个国家，并将之与截至目前的 GPA 参加方和观察方对比，由表 7-7 可看出，在 46 个参加 GPA 的 WTO 成员国家或地区方①中，有“一带一路”沿线国家 20 个（中国台北和中国香港是 GPA 参加方，但此处未计算），占全部参加方的 43.5%；在 32 个观察方中，有 23 个国家属于“一带一路”沿线国家，加上中国，占全部观察方的 3/4。特别是，在 32 个观察方中，有 10 个“一带一路”沿线国家正在申请加入 GPA。另外，有五个 WTO 成员在加入世贸组织议定书中承诺开始加入 GPA，分别是阿富汗、哈萨克斯坦、蒙古、沙特阿拉伯和塞舌尔，除塞舌尔外均为“一带一路”沿线国家。可以发现，“一带一路”国家参与 GPA 的进程相比前几年又有所进步，说明“一带一路”国家有着开放政府采购市场的意愿和行动。在美国阻碍全球化进程的背景下，同样会遭遇“开放障碍”，这是政府采购区域共同体构建的“共同话语”基础。

表 7-7　GPA 成员方、观察方与“一带一路”沿线国家的交叉情况②

“一带一路”区域	“一带一路”沿线国家	GPA 参加方	GPA 观察方	正在申请加入
亚洲大洋洲地区 5 国（非东盟 10 国）	蒙古、韩国、新西兰、东帝汶、巴布亚新几内亚	韩国、新西兰	蒙古	
东盟 10 国	新加坡、马来西亚、泰国、印度尼西亚、菲律宾、文莱、柬埔寨、缅甸、老挝、越南	新加坡	马来西亚、印度尼西亚、泰国、越南	

① 截至 2018 年 9 月 18 日，GPA 成员方共 19 个，其中欧盟整体算一个成员方，其下辖的 28 个国家，如果按国家和地区数算，GPA 共有 46 个成员国家或地区。

② 注：上表所涉及的“一带一路”国家，是根据截至 2018 年 7 月中国一带一路网（www.yidaiyilu.gov.cn）上“各国概况”栏目所列出的 78 个“一带一路”国家。GPA 参与方与观察方根据 WTO 官网整理：https://www.wto.org/english/tratop_e/gproc_e/memobs_e.htm。

续表

“一带一路”区域	“一带一路”沿线国家	GPA 参加方	GPA 观察方	正在申请加入
西亚 18 国	格鲁吉亚、阿塞拜疆、亚美尼亚、伊朗、伊拉克、土耳其、叙利亚、约旦、黎巴嫩、以色列、巴勒斯坦、沙特阿拉伯、也门、阿曼、阿联酋、卡塔尔、科威特和巴林	以色列、卡塔尔	格鲁吉亚、土耳其、约旦、沙特阿拉伯、阿曼、巴林	格鲁吉亚、约旦、阿曼
南亚 8 国	印度、巴基斯坦、孟加拉国、阿富汗、斯里兰卡、马尔代夫、尼泊尔和不丹		印度、巴基斯坦、阿富汗、斯里兰卡	
中亚 5 国	哈萨克斯坦、乌兹别克斯坦、土库曼斯坦、塔吉克斯坦和吉尔吉斯斯坦		哈萨克斯坦、塔吉克斯坦、吉尔吉斯斯坦	塔吉克斯坦、吉尔吉斯斯坦
非洲及拉美地区 11 国	南非、摩洛哥、埃塞俄比亚、马达加斯加、巴拿马、埃及、安提瓜和巴布达、玻利维亚、利比亚、特立尼达和多巴哥和突尼斯		巴拿马	
中东欧 21 国	俄罗斯、乌克兰、白俄罗斯、摩尔多瓦、波兰、立陶宛、爱沙尼亚、拉脱维亚、捷克、斯洛伐克、匈牙利、斯洛文尼亚、克罗地亚、波黑、黑山、塞尔维亚、阿尔巴尼亚、罗马尼亚、保加利亚、马其顿和奥地利	乌克兰、摩尔多瓦、波兰、立陶宛、爱沙尼亚、拉脱维亚、捷克、斯洛伐克、匈牙利、斯洛文尼亚、克罗地亚、黑山、罗马尼亚、保加利亚、奥地利	俄罗斯、白俄罗斯、阿尔巴尼亚、马其顿	俄罗斯、阿尔巴尼亚、马其顿
合计	78	20	23	8

在近期于保加利亚举行的第七次中国——中东欧国家领导人会晤中，《中国——中东欧国家合作索非亚纲要》提到：“各方认识到政府采购程序开放、透明、非歧视的重要作用。各方支持中国加入世界贸易组织GPA。”作为全球第二大经济体，政府采购规模巨大，我国加入 GPA 不仅能扩大进口，引进资本和技术，而且将极大改善国际贸易。欧盟是 GPA 重要的参加方，中东欧国家多数是欧盟成员国。中国加入 GPA 将为中东欧国家的企业和产品开辟广阔的市场，而这也正是互惠互利的基础。

四、区域金融发展为构建政府采购命运共同体提供了“货币基础”

“一带一路”国家的货币多种多样，且很多国家币值不稳定，这会给区域合作带来较大的汇率风险，而亚投行、丝路基金等的设立，不断提升人民币在“一带一路”沿线的货币话语权，开启了“一带一路”合作中以人民币作为区域性货币结算的可能，区域性货币主动权为构建区域政府采购命运共同体提供了“货币基础”。

（一）亚投行火热开张，成员数逐年增加

截至 2018 年 5 月，亚投行进行了五次扩容（见表 7-8），成员方从最初的 57 个扩充到 86 个，其中，51 个为已签订协议的“一带一路”沿线国家，占比近 60%。另外，2018 年 6 月已批准黎巴嫩加入，尚待第一次注资。截至 2017 年 12 月，亚投行已展开 24 个投资项目，项目贷款总额为 42 亿美元。穆迪、惠誉和标普均给出了 AAA 评级，相当于对世行和 IMF 的评级，充分表现出亚投行未来经营的稳定性。

表 7－8　　　　　　　　　亚投行的五次扩容①

扩容时间	加入国家	总计
2015 年 12 月创始国	奥地利、丹麦、法国、芬兰、德国、冰岛、意大利、卢森堡、荷兰、挪威、波兰、葡萄牙、西班牙、瑞典、瑞士、英国、马耳他、巴西、埃及、南非、阿塞拜疆、孟加拉国、文莱、柬埔寨、中国、印度、印度尼西亚、伊朗、以色列、约旦、哈萨克斯坦、韩国、科威特、吉尔吉斯斯坦、老挝、马来西亚、马尔代夫、蒙古国、缅甸、尼泊尔、阿曼、巴基斯坦、菲律宾、卡塔尔、沙特阿拉伯、新加坡、斯里兰卡、塔吉克斯坦、格鲁吉亚、泰国、土耳其、阿联酋、乌兹别克斯坦、越南、澳大利亚、新西兰、俄罗斯	57 个
2017 年 3 月首次扩容	比利时、加拿大、埃塞俄比亚、匈牙利、爱尔兰、秘鲁、苏丹、委内瑞拉、香港、阿富汗、亚美尼亚、斐济、东帝汶	70 个
2017 年 5 月第二次扩容	玻利维亚、智利、希腊、罗马尼亚、巴林、塞浦路斯、萨摩亚	77 个
2017 年 6 月第三次扩容	阿根廷、马达加斯加、汤加	80 个
2017 年 12 月第四次扩容	白俄罗斯、厄瓜多尔、库克群岛、瓦努阿图	84 个
2018 年 5 月第五次扩容	巴布亚新几内亚、肯尼亚	86 个
2018 年 6 月	黎巴嫩（已批准，未注资）	87 个

（二）成立丝路基金，完善邻国间基建融资

2014 年 11 月 8 日，习近平主席在北京 APEC 会议期间宣布，中国将出资 400 亿美元成立丝路基金。2014 年 12 月 29 日，丝路基金有限责任公司在北京注册成立并正式开始运行，由中国外汇储备、中国投资有限责任公司、中国进出口银行、国家开发银行共同出资，依照《中华人民共和

① 资料来源：根据亚投行网站数据整理，https：//www.aiib.org。

国公司法》，按照市场化、国际化、专业化原则设立的中长期开发投资基金，重点是在“一带一路”发展进程中寻找投资机会并提供相应的投融资服务。

（三）多种投资基金，共促金融发展

丝路基金与欧洲投资基金签署了《中欧共同投资基金共同投资协议》，中欧共同投资基金投资规模 5 亿欧元，丝路基金与欧洲投资基金等比例出资并共同进行投资决策。2018 年 7 月，“中国—阿拉伯国家银行联合体”成立，作为中国与阿拉伯国家之间首个多边金融合作机制，由中国国家开发银行牵头成立，创始成员行还包括埃及国民银行、黎巴嫩法兰萨银行、摩洛哥外贸银行、阿联酋阿布扎比第一银行等具有区域代表性和影响力的阿拉伯国家银行。

五、文化交流不断深入为构建政府采购命运共同体提供了“文化基础”

“一带一路”沿线国家多拥有自己的语言、风俗、信仰、价值观，然而，合作的基础是求同存异，随着开放环境下文化交流的不断深入，区域内的文化包容性逐渐增强，国家间交流的技术基础逐渐具备，无形壁垒逐渐减弱，这一深厚且刚柔并济的文化融合力为构建区域政府采购命运共同体提供“文化基础”。

（一）存在三大官方/通用语言，政策沟通技术难度较低

从语言交流来看，包括中国在内的 79 个“一带一路”国家中，基本存在三大主流语言，分别是英语、阿拉伯语和俄语。据外交部网站资料整理统计，有至少 25 个国家将英语作为官方语言或工作/通用语言、至少 17

个国家将阿拉伯语作为官方语言或工作/通用语言以及至少 14 个国家将俄语作为官方语言或工作/通用语言。随后，也有 4 个法语国家、4 个中文国家、2 个西班牙语国家、1 个德语国家。考虑到当中有些国家同时将多种语言作为通用语言，因此，剥离到相同国家后，共有至少 53 个国家习惯使用上述主流语言，占比近 70%，见表 7 – 9。因此，在语言文化上，各国间形成区域内统一共识、参与区域间沟通交流、制定区域间政策的障碍较小，这也为区域间政府采购命运共同体的构建提供了语言交流上的技术可能。

表 7 – 9　　“一带一路”国家官方/通用语言统计①

官方语言或工作/通用语言	国家	总计
英语国家	安提瓜和巴布达、巴林、孟加拉国、文莱、柬埔寨、爱沙尼亚、埃塞俄比亚、印度、以色列、约旦、黎巴嫩、马来西亚、马尔代夫、尼泊尔、阿曼、巴基斯坦、巴布亚新几内亚、菲律宾、卡塔尔、新加坡、南非、斯里兰卡、东帝汶、特立尼达和多巴哥、阿联酋	25
阿拉伯语国家	巴林、埃及、伊拉克、以色列、约旦、科威特、黎巴嫩、利比亚、摩洛哥、阿曼、巴勒斯坦、卡塔尔、沙特阿拉伯、叙利亚、突尼斯、阿联酋、也门	17
俄语国家	亚美尼亚、阿塞拜疆、白俄罗斯、爱沙尼亚、格鲁吉亚、哈萨克斯坦、吉尔吉斯斯坦、拉脱维亚、立陶宛、俄罗斯、塔吉克斯坦、土库曼斯坦、乌克兰、乌兹别克斯坦	14
法语国家	柬埔寨、黎巴嫩、马达加斯加、摩洛哥	4
中文国家	中国、文莱、马来西亚、新加坡	4
西班牙语国家	玻利维亚、巴拿马	2
德语国家	奥地利	1
主流语系国家合计（剔除重复）		53

① 资料来源：根据外交部网站关于各国的相关介绍整理得出，可能存在统计不完善处。

（二）伊斯兰教占主要地位，宗教产生集群效应

从宗教信仰上来说，除中国之外的 78 个国家，有近半主要信奉伊斯兰教，占比达 42.3%，紧随其后的是天主教、基督教和东正教，占比分别达 19.2%、14.1% 和 12.8%。而以佛教为主流宗教的 8 个国家中，有 6 个属于东盟十国，见表 7－10。这表明，宗教作为一种文化力量，能产生较强的集群效应，在宗教信仰相似的国家也比较容易形成相似的普世价值观。如果抓住“一带一路”沿线国家的宗教特征，考虑到不同区域宗教分布特征，有针对性地开展文化交流与传播活动，能有助于区域间形成文化共识，为减少国家间观念差异和文化摩擦提供便利。

表 7－10　“一带一路”国家主流宗教分布情况①

主流宗教	国家	总计
伊斯兰教	阿富汗、阿尔巴尼亚、阿塞拜疆、巴林、孟加拉国、波黑、文莱、埃及、埃塞俄比亚、印度尼西亚、伊朗、伊拉克、约旦、哈萨克斯坦、科威特、吉尔吉斯斯坦、利比亚、马来西亚、马尔代夫、摩洛哥、阿曼、巴基斯坦、巴勒斯坦、卡塔尔、沙特阿拉伯、叙利亚、塔吉克斯坦、突尼斯、土耳其、土库曼斯坦、阿联酋、乌兹别克斯坦、也门	33
天主教	奥地利、玻利维亚、克罗地亚、捷克、匈牙利、立陶宛、巴拿马、菲律宾、波兰、斯洛伐克、斯洛文尼亚、东帝汶、特立尼达和多巴哥、乌克兰、越南	15
基督教	安提瓜和巴布达、亚美尼亚、爱沙尼亚、韩国、拉脱维亚、黎巴嫩、马达加斯加、新西兰、巴布亚新几内亚、南非、特立尼达和多巴哥	11

① 资料来源：根据外交部网站关于各国的相关介绍整理得出，可能存在统计不完善处。

续表

主流宗教	国家	总计
东正教	白俄罗斯、保加利亚、格鲁吉亚、马其顿、摩尔多瓦、黑山、罗马尼亚、俄罗斯、塞尔维亚、乌克兰	10
佛教	不丹、柬埔寨、老挝、缅甸、新加坡、斯里兰卡、泰国、越南	8
印度教	印度、尼泊尔	2
犹太教	以色列	1
喇嘛教	蒙古	1

（三）交流活动不断丰富，价值观在碰撞中融合

“一带一路”倡议开展以来的文化交流逐渐深入，各国之间的价值观在不断碰撞中逐渐融合，这一逐渐接受融合的过程是构建区域共同体的价值基础。第一，沿线旅游获得大发展。目前“一带一路”沿线国家的国际旅游规模占到全球旅游的70%左右。例如自中菲关系回温以来，菲律宾旅游部声明中说到2017年共有约96.8万人次的中国游客赴菲旅游，比上一年增长43.3%，也使得中国超越美国成为菲律宾第二大游客来源地。第二，留学教育机会增加。各高校纷纷响应号召，同有实力企业一起与沿线国家发起人才联合培养项目，从教育入手，提高中国对外吸引力。第三，影视作品传播更广。例如中国和老挝合作拍摄的首部电影《占芭花开》、尼日利亚的中国动漫风、中柬优秀电影巡映活动等。第四，传统文化更加融合。2018年春节文化部在53个“一带一路”沿线国家和地区进行了包括专场演出、春节庙会、广场庆典、非遗互动、校园联欢、文贸推介、美食品鉴等20多个类别在内的一大批高水准“欢乐春节”项目，将中国传统文化与各地本土文化进一步融合。除此之外、孔子学院、中华美食、国宝熊猫等也在各国逐渐风靡。

综合上述分析，我们认为，当前在“一带一路”沿线国家开放政府采购市场已经具备了经济基础、外交基础、共同愿景基础、货币基础和文

化基础，可以在借鉴其他区域政府采购共同体（如欧盟）经验的基础上，考虑构建“一带一路”沿线国家政府采购命运共同体。特别是，自 2017 年美国特朗普上台后，对政府采购市场开放持不积极态度，使得一大批沿线国家同样面临加入 GPA 的困境，中国可以在此时引导“一带一路”区域范围内政府采购规则的制定，以平等包容的心态推动政府采购寻求新合作途径，甚至，对于一些政府采购制度不成熟甚至尚未建立的国家，可以帮助其共同建设政府采购制度。从这一角度看，当前的国际局势在提出挑战的同时也提供了构建区域政府采购命运共同体的良好时机。

参考文献：

［1］赴俄罗斯、挪威政府采购制度考察团：《俄罗斯、挪威政府采购制度及其借鉴》，《中国税务报》，2007 年第 3 期，第 8 页。

［2］高飞：《中国特色大国外交视角下的“一带一路”》，《经济科学》，2015 年第 3 期，第 10 – 12 页。

［3］顾凌波：《法国、俄罗斯政府采购项目管理的经验与思考》，《中国招标》，2007 年第 40 期，第 31 – 34 页。

［4］姜爱华：《我国加入 GPA 的开放与保护策略选择借鉴——典型国家和地区的经验》，《地方财政研究》，2012 年第 12 期，第 4 – 10 页。

［5］姜爱华：《国际政府采购规则新趋势》，经济科学出版社 2018 年版。

［6］李成政、袁卫平、黄磊：《俄罗斯、日本政府采购概况及借鉴》，《当代经济》，2006 年第 12 期，第 106 页。

［7］潘慧宁：《波兰政府采购体系及市场情况》，《国际工程与劳务》，2011 年第 7 期，第 35 – 37 页。

［8］宋国友：《“一带一路”战略构想与中国经济外交新发展》，《国际观察》，2015 年第 4 期，第 22 – 34 页。

[9] 张惠彬:《反腐倡廉与政府采购: 新加坡的经验及启示》,《东南亚纵横》, 2012 年第 12 期, 第 30 - 33 页。

[10] 张惠彬:《新加坡政府采购经验推介》,《财会月刊》, 2013 年第 24 期, 第 97 - 99 页。

[11] Islam, M. et, al. (2016) . Aspects of Sustainable Procurement Practices by Public and Private Organizations in Saudi Arabia: an Empirical Study. International Journal of Sustainable Development & World Ecology, 24 (4), 289 - 303.

[12] Khorana, S. & Subramanian, S. (2012). Potential Accession to the WTO Government Procurement Agreement: A Case - Study on India. Journal of International Economic Law, 15 (1), 287 - 309.

第八章

开放经济条件下的大国财政问题

第一节　支持企业走出去的国际税收政策体系

开放经济条件下，鼓励我国企业“走出去”，有利于促进我国资本融入国际市场。我国企业的跨境经济行为，会直接或间接影响到我国对国际财政利益的共享与分配。从国内财税视角来看，涉外税收政策和税务管理工作在支持企业“走出去”方面发挥了不可忽视的作用，而在实施对外经济开放的过程中，我国的国际税收政策体系也得以不断完善。

一、我国税收政策促进对外投资的现实情况[①]

我国的涉外税收政策随着对外经济贸易活动而逐步建立、完善，可以大致分为吸引外商投资和鼓励对外投资两类政策。以改革开放作为时间起点，我国涉外税收政策具有阶段性特征：第一阶段，1979—2001 年，以“引进来”战略为重点，通过实施税收优惠政策吸引外资以达到带动国内产业进步的目的；第二阶段，2002—2013 年，“走出去”与“引进来”战略并重，我国开始鼓励企业走出国门进行海外投资拉动经济发展；第三阶段，2013 年至今，我国进一步完善相关涉外税收政策，加强国际税务管理与服务，积极参与国际税收规则制定，从单边、双边、多边三个维度构建起开放经济背景下我国的现代化国际税收政策体系。

在改革开放初期，我国经济的发展需要借鉴市场经济体制下的企业组织架构和运营模式等，因此吸引外商企业来华投资不仅体现出对资本输入

① 本部分内容初稿由中央财经大学财税学院研究生于亚妮撰写。

的需求，同时希冀于外商投资企业成熟的企业运转机制能够给我国企业带来示范效应，在结合我国现实国情的基础上发展中国特色社会主义市场经济。20 世纪 80 年代初期，我国颁布了《中华人民共和国中外合资经营企业所得税法》和《中华人民共和国外国企业所得税法》两部专门的外商投资企业所得税法，明确了中外合资经营企业以及外国企业在华的征税问题，在具体条文中包含了直接给予外商企业减免税的优惠规定，譬如为了鼓励外商企业投资我国基础设施建设，从事港口码头建设的中外合资经营企业从开始获利的年度起可以享受“五年直接免税、五年减半征收”的税收优惠。1991 年，我国将上述两部法律合并，颁布《中华人民共和国外商投资企业和外国企业所得税法》，从而统一了我国对中外合资企业、外商投资企业和外国企业的所得税基本规定，并且设置了 24% 和 15% 的优惠税率，这一税率优惠政策在吸引外资方面发挥了重要作用。

伴随中国特色社会主义市场经济的有益发展，我国开始将“引进来”战略与“走出去”战略结合起来，更深层次地融入国际经济市场，这一阶段的经济环境变化对我国的税收制度提出了新的挑战。国家税务总局发布了一系列规定，《关联企业间业务往来预约定价实施规则（试行）》（国税发〔2004〕118 号）、《关于转让定价税收管理工作中资本性调整问题的通知》（国税函〔2005〕745 号）、《关于关联企业间业务往来转让定价税收管理有关问题的通知》（国税函〔2006〕901 号）、《关于母子公司间提供服务支付费用有关企业所得税处理问题的通知》（国税发〔2008〕86 号）、《关于印发〈特别纳税调整实施办法（试行）〉的通知》（国税发〔2009〕2 号）等，这些政策法规围绕企业间的转让定价问题做出相应规定，在很大程度上保障了我国在企业跨境经济活动中的基本税收利益，也构建起我国国际税收政策体系的重要法规基础。具体到支持企业“走出去”方面，国家税务总局发布了《关于做好我国企业境外投资税收服务与管理工作的意见》（国税发〔2007〕32 号）、《关于进一步做好“走出去”企业税收服务与管理工作的意见》（国税发〔2010〕59号）等文件，进一步明确了税务部门在企业“走出去”领域的税收服务与管理工作重点。

除此之外，企业“走出去”过程中可能涉及的相关税收政策还包括企业所得税中关于境外所得的部分、我国与其他国家（地区）所签订的税收协定以及相关出口退税政策等。在企业所得税方面，《财政部、国家税务总局关于企业境外所得税收抵免有关问题的通知》（财税〔2009〕125号）、《关于发布〈企业境外所得税收抵免操作指南〉的公告》（国家税务总局公告2010年第1号）、《财政部、国家税务总局关于我国石油企业在境外从事油（气）资源开采所得税收抵免有关问题的通知》（财税〔2011〕23号）以及《财政部、税务总局关于完善企业境外所得税收抵免政策问题的通知》（财税〔2017〕84号）等都对企业境外所得税收抵免做出了具体规定，以降低“走出去”企业被双重征税的风险。

在鼓励企业“走出去”的战略背景下，如何保障我国作为居住国的税收利益也是不可忽视的现实问题。《国家税务总局、国家外汇管理局关于服务贸易等项目对外支付税务备案有关问题的公告》（国家税务总局、国家外汇管理局公告2013年第40号）规定，境内机构和个人向境外单笔支付等值5万美元以上（不含等值5万美元）均应向所在地主管国税机关进行税务备案，在一定程度上体现出税务部门对“走出去”企业资金流出的事前审核。对居民企业境外所得信息的收集与管理，也是加强境外所得税收征管的一项重要工作，根据《国家税务总局关于居民企业报告境外投资和所得信息有关问题的公告》（国家税务总局公告2014年第38号），居民企业成立或参股外国企业，或者处置已持有的外国企业股份或有表决权股份，符合一定条件的，应当在办理企业所得税预缴申报时向主管税务机关填报《居民企业参股外国企业信息报告表》。

2013年以来，与“一带一路”沿线国家的经贸合作已成为我国对外投资的新热点。2014 年，我国对外直接投资流量创下 1231.2 亿美元的历史最高值，同比增长 14.2%，连续 3 年位列全球第 3 大对外投资国。[①] 2015 年，我国对外直接投资实现历史性突破，对外直接投资流量首次位列全球第 2 位。自 2002 年我国建立对外直接投资统计制度以来，我国对外投资流量已实现连续 13 年快速增长，年均增幅高达 35.9%，2015 年我国对外直接投资流量是 2002 年的 54 倍。[②] 2016 年年末，我国对外投资存量为 13573.9 亿美元，我国对外直接投资存量占全球的比重首次超过 5%，达到 5.2%，上升至全球第六位。[③] 2017 年年末，对外非金融类直接投资存量为 16062.5 亿美元，境外企业资产总额为 3.54 万亿美元。[④] 图 8－1 列出了 2013 年以来我国对外非金融类直接投资情况。

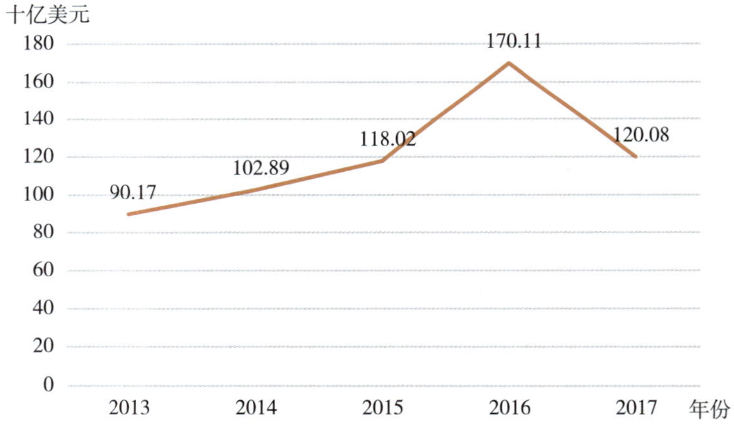

图 8－1　2013 年以来我国对外非金融类直接投资规模[⑤]

---

① 数据来源：《中国对外投资合作发展报告 2015》.（2015－12）［2018－11－22］. fec. mofcom. gov. cn/article/tzhzcj/tzhz/。

② 数据来源：《中国对外投资合作发展报告 2016》.（2016－12）［2018－11－22］. fec. mofcom. gov. cn/article/tzhzcj/tzhz/。

③ 数据来源：《中国对外投资合作发展报告 2017》.（2017－12）［2018－11－22］. fec. mofcom. gov. cn/article/tzhzcj/tzhz/。

④ 数据来源：《2017 年度中国对外直接投资统计公报》（2018－9－28）［2018－11－22］ fec. mofcom. gov. cn/article/tjsj/tjgb/201809/20180902791493. shtml。

⑤ 数据来源：商务部对外直接投资统计公报。

在此背景下，国家税务总局发布《关于落实“一带一路”发展战略要求，做好税收服务与管理工作的通知》（税总发〔2015〕60号），提出从“执行协定维权益、改善服务谋发展、规范管理促遵从”三个方面做好相关税收服务与管理工作。具体内容包括：认真执行税收协定，加强涉税争议双边协商，建设国别税收信息中心，建立“一带一路”税收服务网页，深化对外投资税收宣传辅导，设立12366纳税服务热线专席，发挥中介机构作用，完善境外税收信息申报管理，开展对外投资税收分析，探索跨境税收风险管理。[①]

二、支持企业“走出去”的税收建议

（一）完善企业境外所得税收抵免政策

尽管财税〔2017〕84号文对我国企业境外所得税收抵免政策做出了重要调整，允许企业选择“分国（地区）不分项”和“不分国（地区）不分项”两种方式进行税收抵免，并且将间接抵免由境外三层拓展到境外五层，给“走出去”企业带来更大的税收便利，但是仍有待结合现实问题进一步完善我国企业境外所得税收抵免的相关政策。例如企业在东道国可能无法取得有效的纳税凭证，在现行税收抵免政策下仍会产生国际重复征税问题。

（二）修订完善我国的税收协定网络

目前我国的税收协定网络已覆盖100多个国家和地区，双边税收协定在促进跨境资本流动方面发挥了重要作用，税收情报交换协定和多边税收协定在促进国际反避税合作方面的作用也逐渐凸显。在当前由BEPS行动

① http：//www.chinatax.gov.cn/n810341/n810755/c1575644/content.html。

计划带来的国际税收规则重塑时期，吸纳 BEPS 行动计划的相关成果，并应用于旧协定的修订、新协定的签署以及多边协定的执行，不仅可以彰显我国大国财政的风范，而且有助于为“走出去”企业提供更多国际税收政策方面的确定性，帮助企业控制税收风险。

（三）助力企业解决境外税收争议

从现实案例来看，企业在“走出去”过程中可能会面临一些境外税收争议。例如，企业向东道国税务部门申请适用相应税收协定条款的合理要求遭到拒绝。如果企业境外税收争议不能得到有效解决，通常会对企业造成较重的税收负担，而且可能会损害我国作为居住国的税收利益。因此，在当前国际多边税收合作的机遇与背景下，积极开展双边与多边税收协调，可以帮助“走出去”企业规避不必要的国际税收风险。

第二节　境外国有资产的审计监督问题

随着经济全球化的发展和“一带一路”战略的实施，我国企业“走出去”不仅是发展社会主义经济的必然要求，也是我国与世界经济对接的必经之路。商务部副部长钱克明在商务部召开的 2018 年商务工作及运行情况新闻发布会上明确，将继续鼓励引导有实力、信誉好的中国各类企业“走出去”，包括国营企业和民营企业，按照市场原则和国际的惯例，开展对外投资合作。在发展壮大自身的同时，也为东道国创造更多的就业，创造更多的税收，促进当地的经济发展，实现互利共赢。截至 2018 年年底，我国对外直接投资存量已达到 1.94 万亿美元，海外并购持续活跃，对外投资稳步增长。

而随着中国企业，尤其是越来越多的国有企业“走出去”，境外国有资产的审计监督愈发凸显其重要作用。2015 年《中共中央国务院关于深化国有企业改革的指导意见》第二十一条提出“健全国有资本审计监督体系和制度，实行企业国有资产审计监督全覆盖，建立对企业国有资本的经常性审计制度”。《国务院办公厅关于加强和改进企业国有资产监督防止国有资产流失的意见》也明确要求“探索建立国有企业经常性审计制度，对国有企业重大财务异常、重大资产损失及风险隐患、国有企业境外资产等开展专项审计”。如何加强对境外国有企业和机构的有效管理，通过审计监督防范可能的经营和舞弊风险，实现国有资产的保值增值，是摆在我们面前亟待解决的重要问题。

一、境外国有资产审计的含义

境外国有资产，是指我国企业、事业单位和各级人民政府及政府有关部门以国有资产在境外及港、澳、台地区投资设立的各类企业和非经营性机构中应属国有的各项资产。《境外国有资产管理暂行办法》第一章第二条中对境外国有资产进行了清晰的界定，包括：境内投资者向境外投资设立独资、合资、合作企业或购买股票（或股权）以及境外机构在境外再投资形成的资本及其权益；境内投资者及其境外派出单位在境外投资设立非经营性机构（包括使馆、领事馆、记者站、各种办事处、代表处等）所形成的国有资产；在境外以个人名义持有的国有股权及物业产权；境外机构中应属国家所有的无形资产；境外机构依法接受的赠予、赞助和经依法判决、裁决而取得的应属国家所有的资产；境外其他应属国家所有的资产。

而境外国有资产审计，顾名思义，即是指审计部门依据《审计法》等相关法律法规，对境外国有资产进行审计。通常，审计部门会关注境外国有企业和机构的资产管理，收支核算，利润分配等企业经营活动的真实性和合法性，并对其是否完成经济受托责任予以监督。对于境外国有资产的管理人员由于失职，滥用职权等造成国有资产损失的，会追究其相应的行政责任甚至刑事责任。

二、境外国有资产审计监督的重要意义

对境外国有资产进行审计监督，对维护国有资产的安全完整，保护国家利益有着重要意义。随着“走出去”战略和“一带一路”战略的实施，我国境外国有资产的规模不断增大，已成为国有资产的重要组成部分，对国有经济发挥着越来越重要的作用。截至 2017 年年底，中国 2.55 万家境内投资者在境外共设立对外直接投资企业 3.92 万家，分布在全球 189 个国家（地区），年末境外企业资产总额达 6 万亿美元。对外直接投资累计净额达 18090.4 亿美元，其中：股权投资 8730.9 亿美元，占 48.3%；收益再投资 6858.6 亿美元，占 37.9%；债务工具投资 2500.9 亿美元，占 13.8%。

表 8－1　　2006—2017 年度中国对外直接投资情况①　　单位：亿美元

年份	中国对外直接投资年度净额	中国对外直接投资累计净额	全球位次	国有企业占对外非金融类直接投资累计净额的比重
2006	211.6	906.3	23	81.0%
2007	265.1	1179.1	22	71.0%
2008	559.1	1839.7	18	69.6%
2009	565.3	2457.5	16	69.2%

① 资料来源：《2017 年度中国直接对外投资统计公报》。

续表

年份	中国对外直接投资年度净额	中国对外直接投资累计净额	全球位次	国有企业占对外非金融类直接投资累计净额的比重
2010	688.1	3172.1	17	66.2%
2011	746.5	4247.8	13	62.7%
2012	878	5319.4	13	59.8%
2013	1078.4	6604.8	11	55.2%
2014	1231.2	8826.4	8	53.6%
2015	1456.7	10978.6	8	50.4%
2016	1961.5	13573.9	6	54.3%
2017	1582.9	18090.4	2	49.1%

表8-1是2006—2017年度中国对外直接投资情况。从表中可以看到，整体来看，我国对外直接投资年度净额呈稳定增长趋势，截至2017年，中国对外直接投资年度净额达1582.9亿美元，累计净额18090.4亿美元，跃居全球第二位。同时，自2016年年底以来，中国政府加强对企业对外投资的真实性、合规性审查，市场主体对外投资更趋成熟和回归理性，中国企业对外投资增速放缓，结构进一步优化。国有企业作为“走出去”战略的主力军，在对外非金融类直接投资累计净额中占有一半以上比例。考虑到我国对外直接投资累计净额的庞大基数，其实力与重要性不言而喻。

此外，国务院国资委公布的数据显示，截至2017年年底，中央企业境外单位10791家，分布在185个国家和地区，境外资产总额超过7万亿元（人民币），全年实现营业收入4.7万亿元，利润总额1064亿元。国有资产境外投资在为我国经济发展带来机会的同时，也面临着严峻的挑战。境外国有资产相较于境内国有资产，其面临的风险更高，不确定性更强。由于客观条件等原因，在对境外国有资产进行管理时，通常面临着严重的信息不对称，如果境外国有企业的管理者对境外投资的风险预估不充分，不能做出理性决策，或是利用手中权力进行利益寻租，都将给国有资产造成难以预计的损失。这些情况的复杂性也使得境外国有资产审计监督变得尤为重要。完善国有资产审计监督制度，防止国有资产流失，具有重大的社会意义。

首先，加强境外国有资产审计监督，是健全我国审计监督体系的必然要求。2017 年，中共中央办公厅、国务院办公厅印发了《关于深化国有企业和国有资本审计监督的若干意见》，意见的核心要求之一，就是对国有企业、国有资本和国有企业领导人员履行经济责任情况实行审计全覆盖，做到应审尽审、有审必严，做到国有企业、国有资本走到哪里，审计就跟进到哪里，不留死角。国有境外资产作为我国国有资产的重要组成部分，应当也必须纳入到审计监督的范围之内，真正实现国有资产的审计全覆盖。

其次，加强境外国有资产审计监督，是保障国有资产安全，防范经济风险的必然要求。由于审计力量不足等原因，我国境外国有资产在相当长的一段时间内存在着严重的审计缺失。2015 年，全国政协委员、审计署原副审计长董大胜在国资委研究中心、中国企业改革和发展研究会与《人民政协报》共同主办的“完善国有资产监管体制研讨会”上提到，中央企业越来越大的境外投资基本上没有进行审计，存在大量空白点。这种监管真空使得国家对于境外国有资产的质量，经营盈亏等真实情况缺乏了解，更难以进行有效的管理和控制。一旦出现侵吞，贱卖境外国有资产等腐败行为，必然会导致国有资产流失，影响国家经济安全。2014 年，中石油原副总裁兼任海外勘探开发分公司总经理的薄启亮，便是通过海外并购，以利益输送，寻租侵占等方式攫取巨额财富，造成严重的国有资产流失，这些惨痛教训更加凸显了加强境外国有资产审计监督的必要性。

最后，加强境外国有资产审计监督，是保障国有企业健康发展的必然要求。随着国有企业逐步“走出去”，国有企业在面临更多机会的同时，也面临着更为严峻的挑战。境外业务国际化程度较高，同时受到境外监管机构的监管，并受到国际政治环境，经济环境，文化环境的多重影响，其面临的外部环境更为复杂，也对其经营管理提出了更高的要求。加强境外国有资产审计监督，能够帮助国有企业发现其经营管理上的问题，帮助其规范自身行为，提高法律意识，加强内部控制，从而提升其整体竞争力，实现国有企业的健康良性发展。

三、境外国有资产审计面临的主要困难

虽然加强境外国有资产审计具有重要的意义，但从实践来看，我国境外国有资产审计仍然存在一定问题。境外投资相较于境内投资，风险更高，面临更大的不确定性。此外，我国境外投资增长速度较快，然而对于境外资产的管理经营尚缺乏足够的经验，配套的法律体系，人才培养还不够完善，这些都在一定程度上制约了境外国有投资的发展。具体来说，当前境外国有资产审计主要面临以下困难：

（一）境外国有资产审计监督的法律体系尚不健全

虽然境外国有资产审计日趋重要，然而，目前我国对其进行的立法却仍显滞后。我国目前对境外国有资产的管理的主要依据是 1999 年颁布的《境外国有资产管理暂行办法》，以及 2017 年颁布的《中央企业境外投资监督管理办法》等。就具体的审计规定来看，2017 年 3 月，中共中央办公厅、国务院办公厅印发了《关于深化国有企业和国有资本审计监督的若干意见》，提出了深化国有企业和国有资本审计监督的总体思路，强调要深化国有企业和国有资本审计监督，围绕国有企业、国有资本、境外投资以及国有企业领导人员履行经济责任情况，做到应审尽审、有审必严。

总体来看，这些管理办法对国有企业境外直接投资的事前审批和产权登记工作进行了比较系统的规定，然而对投资后境外国有资产的保值增值相关的实质性监管较为薄弱，难以从制度上保障国有资产。而从审计的具体工作来看，现有政策指明了进一步发展的方向，但对于境外审计的程序方法，核查取证等工作制度尚未有更加有针对性的规定。随着国内外环境的不断变化，也亟需更有针对性和可操作性的相关政策法规，从制度层面推进国有资产审计监督的相关工作。

（二）具有国际视野的审计专业人才不足，难以满足境外国有资产审计的大体量需求

从能力要求来看，审计行业具有较强的专业性，其人才需具备扎实的财务会计知识，以及丰富的行业经验，才能够提供专业的服务。而境外国有资产审计工作由于其业务的特殊性，要求审计人员在具备这些能力的基础上，具有一定的国际视野，具备较好的语言能力，熟悉国际会计准则及国际审计标准，深入了解投资所在国的政治经济文化法律，才能对国有企业的境外投资进行有效的监督，发现其中可能存在的问题。从数量上看，我国境外投资的飞速发展使得国有资产审计工作体量大，任务重，需要大批专业化国际化的审计队伍予以支撑，目前的人才培养体系还远不能满足，阻碍了境外国有资产全面审计的步伐。

（三）境外国有资产审计监督实践困难重重

目前，我国中央企业境外投资的监管主要由商务部、国资委、财政部、发展改革委、银监会、外管局等部门负责，但由于各部门的监管尚未形成协同的监管体系，不同部门间也存在着一定的信息不对称问题，难以形成合力，往往造成监管力度不够，覆盖面过小，监管频率较低，监管缺位等问题，难以对境外国有资产实现有效监管。此外，由于境外国有资产流失通常涉及的问题较为复杂，传统的审计方法和手段难以有效发挥作用，常规审计仅能揭示境外国有企业经营中的一些表面性的问题，无法触及实质，尤其是对于某些较为隐蔽的寻租行为难以发现，造成合法程序下仍被掩盖的国有资产流失。

四、加强境外国有资产审计监督的对策

（一）建立健全境外国有资产审计监督的法律法规

规则的建立是保证实践效果的前提。国有资产的保值增值，应当从境外企业资产审计的立法着手，结合当前的境外实际条件，以及以往实践中发现的问题，对于境外国有资产的审计给予更为明确的规定。此外，还应从法规层面，将对境外国有资产的监督重点从事前审批转为事前审批和事后监督两线并行，并对损害国有资产的行为予以严厉打击。近年来，我国在加强境外国有资产审计方面进行了一系列的举措，出台了相关政策，并进行了相应的组织机构调整，尽快建立健全境外国有资产审计监督机制。2017 年 1 月，国务院发布《中央企业境外投资监督管理办法》，其中提到，中央企业应当对境外重大投资项目开展常态化审计，审计的重点包括境外重大投资项目决策、投资方向、资金使用、投资收益、投资风险管理等方面。2018 年 3 月，中共中央印发了《深化党和国家机构改革方案》，进一步优化审计署职责，将国家发展和改革委员会的重大项目稽查，财政部的中央预算执行情况和其他财政收支情况的监督检查、国资委的国有企业领导干部经济责任审计和国有重点大型企业监事会的职责列入审计署，构建统一高效审计监督体系，不再设立国有重点大型企业监事会。

（二）推进境外国有资产审计体制改革，健全审计人才培养体系

解决目前对于境外国有资产的多头管理，监管缺位等问题，明确各监

管部门的职能并发挥其协同作用。以固定周期，集中各监管部门资源，建立经常性、全面性的审计工作，加大覆盖范围，对境外国有资产进行全面审计，完善审计报告和审计公告制度，以及责任追究制度。此外，推进审计国际化人才培养战略，吸纳更多具有扎实财务基础和行业经验的审计人员，并对其进行外语、国际会计准则、国际审计标准等专业知识技能培训。加强国内外的审计交流，通过内部"传帮带"，外部境外审计研讨会等方式，为审计人才提供快速学习的外部环境，形成完整的人才培养流程，为境外国有资产审计提供源源不断的后备力量。

（三）加强境外国有资产审计实践

由于境外国有资产审计面临的问题愈发复杂，对于审计实践中的审计人员专业素质以及审计方法提出了新的要求。为此，在审计实践中，应当以全局视野对境外国有资产的情况进行分析，从所在国家政策，经济周期，行业平均水平，上下游行业波动，国际竞争程度等多个方面对境外国有企业的具体情况进行分析，在此基础上对其盈利能力及企业价值进行评估，避免孤立的对境外国有资产进行评价，影响判断。此外，还应当明确责任主体，尤其是对于可能的违规点要重点关注，多方分析引证，找出责任主体。对于有大额资金动向的企业也应给予关注，防止个别境外国有企业管理人员徇私舞弊，利用企业资金管控存在的漏洞进行寻租行为，尤其是对于高价购入资产、低价处置资产以及非正常核销资产等损害国有权益、违法输送利益的行为应予以严厉打击。

第三节　开展财经外交，推进资产评估准则的国际对接，抢占国际话语权

一、中国资产评估行业的发展历程

中国的资产评估行业起步较晚，20 世纪 80 年代，随着改革开放的进程，以及国企改制的需求，资产评估行业应运而生。在过去的三十年中，中国的资产评估从业者扎根中国国情，逐步探索，走出了一条适合中国特色社会主义市场经济的评估服务专业之路，为保护国有资产，维护市场秩序，保障经济运行，防范金融风险做出了巨大的贡献。前财政部部长肖捷曾指出，资产评估是现代高端服务业，是经济社会发展中的重要专业力量，是财政管理中的重要基础工作。纵观中国资产评估行业的发展历程，大致可以分为五个阶段：

（一）行业起步阶段

中国资产评估行业的诞生与我国经济发展的进程密不可分。20 世纪 80 年代，改革开放给我国经济带来了巨大变化，国有企业改革则为中国的社会主义市场化经济带来了新的动力。在国有企业改制的过程中，国有资产的产权交易、中外的合资合作业务不断增加，产生了对国有资产的价值评估需求。1988 年 3 月，大连会计师事务所对大连炼铁厂在与香港企荣贸易有限公司的合资项目中作为投资的建筑和机电设备进行了评估，这是我国第一项资产评估业务，并通过合理的评估价格，有效地防止了国有

资产的损失。中国的资产评估行业由此诞生。同年 4 月，大连市资产评估中心经批准成立，这是我国第一家资产评估机构。

1989 年 2 月，国家体改委、国家计委、财政部、国家国有资产管理局发布《关于企业兼并的暂行办法》中规定："被兼并方企业的资产包括有形资产和无形资产一定要进行评估作价……如果兼并方企业在兼并过程中转换成股份制企业，也要进行资产评估。"同年 10 月，人事部批准成立国家国有资产管理局资产评估中心，并经半年多时间的筹备，于 1990 年 7 月正式成立，从组织机构方面为资产评估业的发展提供了可能。

1991 年 11 月，《国有资产评估管理办法》以国务院 91 号总理令的形式发布，首次以行政法规的形式对国有资产管理过程中的资产评估的工作要求进行了明确和规范，对我国资产评估的实践工作起到了重要的指导作用。

（二）行业发展阶段

1993 年 10 月，国家国有资产管理局发布《资产评估机构管理暂行办法》。随着行业的发展，行业自律管理的要求越来越迫切。同年 12 月，中国资产评估协会正式成立。这对于资产评估行业来说无疑是一个巨大的进步，中国资产评估行业有了自己的行业自律组织，并逐步走向飞速发展的阶段。此后，中国资产评估行业进行了一系列的探索和实践。

1995 年 3 月，经外交部批准，以及国际价值评估准则委员会理事会表决，中国资产评估协会正式加入国际价值评估准则委员会，打开了我们与国际资产评估界交流的大门。同年 4 月，中国资产评估协会发布《资产评估执业人员自律守则》，要求资产评估执业人员在执行业务中应严格遵守国家有关法律法规，执行国家有关政策，坚持独立、客观、公正的执业原则。5 月，人事部和国家国有资产管理局联合颁发《注册资产评估师执业资格制度暂行规定》及《注册资产评估师执业资格考试实施办法》，创立了资产评估师考试注册制度，从专业人才的培养角度为资产评估行业的发展提供动力。

1996年5月，国家国有资产管理局转发中国资产评估协会制定的《资产评估行业操作规范意见（试行）》。这是首次对资产评估进行的全面的规范性要求，对保证与提高资产评估行业工作的质量发挥了重要作用。

1997年，国家国有资产管理局相继出台了《关于有色金属矿产资源资产评估问题的通知》《关于煤炭资源资产评估问题的通知》《关于冶金矿产资源资产评估问题的通知》《关于加强森林资源资产评估管理工作若干问题的通知》等多项通知，将针对资源类资产的评估提到政策性高度，以满足经济的发展需求。

1999年3月，财政部发布《资产评估机构管理暂行办法》，这是财政部发布的第一个对资产评估机构进行管理的规范性文件。同年5月，财政部颁布《关于资产评估机构脱钩改制的通知》，全面展开全国资产评估机构脱钩改制工作，从体制上解决评估行业的缺陷，保证资产评估机构独立、客观、公正的第三方身份，从而保证其服务的专业性。

（三）行业整顿阶段

资产评估行业的飞速发展也带来了不能回避的问题，行业乱象，评估不规范，监管不足等问题时有发生，在一定程度上阻碍了行业的健康发展。为了解决这一问题，政府，中国资产评估协会，以及资产评估事务所都相继出台了一系列举措，以整顿行业，规范资产评估工作。

2003年12月，国务院转发财政部《关于加强和规范评估行业管理意见的通知》，提出规范评估行业管理的基本原则和具体措施，从国家层面细化了对于资产评估行业的管理要求。

2004年1月，财政部下发了《财政部关于对资产评估行业进行全面检查的通知》，拉开了资产评估行业全面检查的序幕。为了保证检查工作的顺利进行，财政部召开了加强和规范资产评估行业管理工作会议，对全面检查工作进行了部署安排，并投入了大量的人力物力予以支撑。检查内容包含资产评估事务所的资质、内部组织管理、机构执业质量、以及资产评估师执业道德等多个方面，共实地检查资产评估机构 3272 家，占全国资产评估机构的 94.62%。[①] 检查中发现的资产评估机构在执业过程中的一些问题，也进行了及时的反馈和处理。这次全面检查对于规范资产评估行业管理，推进行业有序发展起到了重要作用。

此外，2001 年以来，财政部发布了一系列资产评估准则，完善资产评估准则体系。2001 年 9 月，财政部发布了《资产评估准则——无形资产》，这也是我国资产评估行业的第一项评估准则；2004 年 2 月，财政部发布了《资产评估准则——基本准则》和《资产评估职业道德准则——基本准则》；同年 12 月，中国资产评估协会发布了《企业价值评估指导意见（试行）》；2005 年 3 月，中国资产评估协会发布《金融不良资产评估指导意见（试行）》；2007 年 11 月，中国资产评估协会发布《资产评估准则——评估报告》《资产评估准则——评估程序》《资产评估准则——业务约定书》《资产评估准则——工作底稿》《资产评估准则——机器设备》《资产评估准则——不动产》和《资产评估价值类型指导意见》等 7 项资产评估准则；2009 年 12 月，中国资产评估协会发布《投资性房地产评估指导意见（试行）》和《资产评估准则——珠宝首饰》。2010 年 12 月，中国资产评估协会印发《金融企业国有资产评估报告指南》《评估机构业务质量控制指南》以及《著作权资产评估指导意见》。这一系列准则及指导意见的发布，标志着我国资产评估准则体系初步构建完成，形成了一套完整的行业规范意见，大大促进了资产评估行业的发展。

---

① 贾谌：《资产评估行业全面检查工作总结报告》，《中国资产评估》，2005 年第 1 期，第 12－15 页。

2016 年 7 月 2 日，《中华人民共和国资产评估法》正式出台，资产评估行业从此真正实现了有法可依，这一资产评估行业里程碑式的事件，也将资产评估行业带入了一个新阶段。

（四）资产评估行业发展现状

我国的资产评估行业发展到现在，从业人员数量和质量不断提高，行业自律性不断加强，业务规模增长迅速，已成为国民经济不可或缺的重要组成部分。截止到 2018 年年底，资产评估行业已有资产评估机构 4100 多家，资产评估师 37000 多人，从业人员 10 万余名。资产评估行业业务收入也大幅增长，从 2010 年的 50 多亿元，增长到 2017 年的 137 亿元，年均增长超过 15%，可谓是飞速增长。①

表 8－2　2018 年资产评估机构综合评价年业务收入前百家机构名单②

排名	资产评估机构名称	业务收入（万元）
1	中联资产评估集团有限公司	73502.57
2	北京中企华资产评估有限责任公司	56721.91
3	北京天健兴业资产评估有限公司	31611.65
4	银信资产评估有限公司	29891.66
5	上海东洲资产评估有限公司	22857.42
6	北京中同华资产评估有限公司	22727.77
7	北京北方亚事资产评估事务所（特殊普通合伙）	19626.37
8	北京国融兴华资产评估有限责任公司	17763.04
9	上海立信资产评估有限公司	17545.95
10	中和资产评估有限公司	17355.64
11	深圳市鹏信资产评估土地房地产估价有限公司	13802.15

① 张国春：《不忘初心 砥砺前行 资产评估行业走过辉煌三十年》，《中国资产评估》，2018 年第 12 期。

② 资料来源：中国资产评估协会官网。

续表

排名	资产评估机构名称	业务收入（万元）
12	国众联资产评估土地房地产估价有限公司	13231.27
13	中瑞世联资产评估（北京）有限公司	13060.97
14	沃克森（北京）国际资产评估有限公司	12755.73
15	坤元资产评估有限公司	12566.07
16	中水致远资产评估有限公司	11767.30
17	中通诚资产评估有限公司	11724.04
18	开元资产评估有限公司	9906.88
19	万隆（上海）资产评估有限公司	9765.17
20	北京国友大正资产评估有限公司	9127.69
21	北京中天华资产评估有限责任公司	8932.36
22	上海申威资产评估有限公司	8166.70
23	北京华信众合资产评估有限公司	7475.29
24	北京卓信大华资产评估有限公司	6797.15
25	江苏华信资产评估有限公司	6561.05
26	厦门市大学资产评估土地房地产估价有限责任公司	6447.38
27	中京民信（北京）资产评估有限公司	6189.39
28	江苏中企华中天资产评估有限公司	5818.95
29	同致信德（北京）资产评估有限公司	5613.22
30	中铭国际资产评估（北京）有限责任公司	5277.35
31	北京亚超资产评估有限公司	4894.00
32	正衡资产评估有限责任公司	4875.17
33	北京亚太联华资产评估有限公司	4858.41
34	中威正信（北京）资产评估有限公司	4796.02
35	天源资产评估有限公司	4190.21
36	上海财瑞资产评估有限公司	4163.37
37	湖北众联资产评估有限公司	4146.61
38	重庆华康资产评估土地房地产估价有限责任公司	4137.79
39	中资资产评估有限公司	3955.25
40	福建中兴资产评估房地产土地估价有限责任公司	3842.05

续表

排名	资产评估机构名称	业务收入（万元）
41	广东联信资产评估土地房地产估价有限公司	3840.63
42	天津华夏金信资产评估有限公司	3833.05
43	厦门中利资产评估土地房地产估价有限公司	3595.02
44	重庆汇丰房地产土地资产评估有限责任公司	3401.90
45	中证房地产评估造价集团有限公司	3377.78
46	广东中广信资产评估有限公司	3352.05
47	广东国众联行资产评估土地房地产估价规划咨询有限公司	3205.19
48	中联国际评估咨询有限公司	3169.92
49	浙江中联耀信资产评估有限公司	3168.21
50	陕西新兰特资产评估有限责任公司	3161.38
51	南京长城土地房地产资产评估造价咨询有限公司	3148.15
52	北京中林资产评估有限公司	3070.40
53	辽宁中联资产评估有限责任公司	3055.27
54	中发国际资产评估有限公司	3006.28
55	北京中金浩资产评估有限责任公司	3005.88
56	北京中天和资产评估有限公司	2994.80
57	上海信达资产评估有限公司	2987.08
58	广州业勤资产评估土地房地产估价有限公司	2876.48
59	广东信德资产评估与房地产土地估价有限公司	2702.06
60	四川天健华衡资产评估有限公司	2677.37
61	上海众华资产评估有限公司	2667.83
62	广东惠正资产评估与房地产土地估价有限公司	2657.65
63	北京天圆开资产评估有限公司	2587.93
64	中联资产评估集团（陕西）有限公司	2538.40
65	广东正诚资产评估房地产土地估价有限公司	2521.72
66	中建银（北京）资产评估有限公司	2478.31
67	重庆天健资产评估土地房地产估价有限公司	2475.28
68	广东财兴资产评估土地房地产估价有限公司	2468.85
69	重庆同诚房地产土地资产评估有限公司	2457.84

续表

排名	资产评估机构名称	业务收入（万元）
70	北京中和谊资产评估有限公司	2444.49
71	中都国脉（北京）资产评估有限公司	2407.81
72	光明房地资产评估有限责任公司	2351.85
73	万邦资产评估有限公司	2351.19
74	辽宁众华资产评估有限公司	2306.47
75	中联资产评估集团广西有限公司	2190.24
76	北京中锋资产评估有限责任公司	2187.62
77	重庆海特土地房地产估价资产评估有限责任公司	2156.21
78	北京东方燕都资产评估有限责任公司	2138.35
79	天津中联资产评估有限责任公司	2137.87
80	天健兴业资产评估（陕西）有限公司	2120.66
81	江苏象仁土地房地产资产评估有限公司	2106.86
82	新疆天合资产评估有限责任公司	2089.19
83	天健国信资产评估（天津）有限公司	2073.14
84	蓝策（北京）资产评估有限公司	2035.14
85	北京金开资产评估有限公司	2014.86
86	厦门乾元资产评估与房地产估价有限责任公司	2010.73
87	北京华源龙泰房地产土地资产评估有限公司	2007.81
88	亚洲（北京）资产评估有限公司	1996.50
89	江苏国衡土地房地产资产评估咨询有限公司	1965.98
90	深圳中联资产评估有限公司	1931.45
91	福建建友资产评估土地房地产估价有限责任公司	1922.89
92	辽宁元正资产评估有限公司	1919.36
93	中联资产评估集团山东有限公司	1910.09
94	福建华审资产评估房地产土地估价有限责任公司	1907.51
95	新疆华盛资产评估与不动产估价有限公司	1867.40
96	浙江中企华资产评估有限公司	1864.18
97	重庆谛威资产评估房地产土地估价有限公司	1851.10
98	北京中科华资产评估有限公司	1850.97
99	北京金诚立信资产评估有限公司	1848.12
100	福建联合中和资产评估土地房地产估价有限公司	1747.86

表 8－2 列示了 2018 年资产评估机构综合评价年业务收入前百家机构名单，其中收入超亿元的评估机构有 17 家：中联、北京中企华、北京天健兴业、银信、上海东洲、北京中同华、北京北方亚事、北京国融兴华、上海立信、中和、深圳市鹏信、国众联、中瑞世联、沃克森（北京）、坤元、中水致远、中通诚。整体发展态势良好。

此外，随着经济业务的需求和资产评估行业的发展，资产评估机构在资本市场上的参与度也日渐增强。表 8－3 列示了 2014—2017 年资产评估服务于资本市场的情况统计。从表中可以看出，涉及资产评估的 IPO 公司数从 2014 年的 39 家，增长至 2017 年的 208 家，占总 IPO 家数的比例也从 2014 年的 90.7%，增长至 2017 年的 96.3%。表明资产评估行业对资本市场的参与度及贡献度正在逐年增加。

表 8－3　　2014—2017 年资产评估服务于资本市场的情况统计①

年份	2014 年	2015 年	2016 年	2017 年
完成 IPO 家数	43	92	103	216
涉及资产评估家数	39	79	98	208
占完成 IPO 家数比例	90.70%	85.87%	95.15%	96.30%
经评估的总市值（亿元）	4090.57	12582.88	14914.98	18798.03
占主板市场市值比例	1.22%	3.10%	3.77%	3.95%

二、《资产评估法》的出台引领资产评估行业走向新时代

中国的资产评估业历经二十多年的发展，已逐步建立起一套适用于社会主义经济的评估理论体系，培养出了具有专业技能和职业道德的人才队

① 资料来源：中评协课题组：《2017 年资产评估参与资本市场情况分析》，《中国资产评估》，2019 年第 1 期。

伍，也逐渐构建起了较为系统完善的评估准则体系，并逐步推进资产评估准则与国际的对接。2016 年 7 月 2 日，十二届全国人大常委会第二十一次会议审议通过了《中华人民共和国资产评估法》，国家主席习近平签署第 46 号主席令予以公布，自 2016 年 12 月 1 日起实行。《资产评估法》是资产评估行业具有里程碑意义的一件大事，其自 2005 年 12 月正式进入立法工作程序，历经十年，涉及五个部门，四次审议，最终出台。《资产评估法》奠定了资产评估的法定地位，标志着资产评估法律体系的进一步完善，其不仅是保证资产评估行业健康发展的需要，也为防范国有资产流失提供制度保障，是维护社会主义经济秩序的迫切需要。

《资产评估法》的出台，对于中国的资产评估业，乃至中国经济都具有重要意义。首先，此前由于中国的资产评估业缺乏相应的法律法规约束，在管理及实践中往往存在着良莠不齐，监管尺度难以把控，权利义务界定模糊等问题。而《资产评估法》的出台，明确了法律在各评估领域的统领地位，实现了行业监管尺度的统一，阐明了资产评估行业的基本原则，为资产评估实践提供了依据。其次，在《资产评估法》的总则中，明确将资产评估业务分为法定评估业务和非法定评估业务，规定涉及国有资产或者公共利益等事项，法律、行政法规规定需要评估的为法定评估业务，必须由至少两名相应专业类别的评估师承办并签署评估报告，而对非法定评估业务则无此项要求，这一划分既保护了公共利益和社会主义经济秩序，又在一定范围内开放了评估市场，促进评估业的发展。再次，《资产评估法》定义了资产评估专业人员，其既包括评估师，也包括其他具有评估专业知识及实践经验的评估从业人员。并且进一步降低了门槛，具有高等院校专科以上学历的公民，均可以参加评估师资格全国统一考试。这一规定拓宽了评估专业的执业渠道，并从源头上为资产评估业的发展提供了人才保障。

此外，《资产评估法》还放宽了对评估机构的设立门槛，此前，评估机构的设立需经过审批，而在《资产评估法》实施后，设立评估机构只需向工商行政管理部门申请办理登记，并向有关评估行政管理部门备案即可成立，改革了此前的机构审批制度，体现了国家改革创新的理念，有利于激发评估市场活力。

最后，《资产评估法》明确了评估各相关方的权利和义务，包括评估专业人员，委托人和报告使用人，以及行业协会所应承担的法律责任，即强化了对评估职业人员的法律约束，保障评估作用的发挥，也维护了评估机构和评估专业人员的合法权益，强调了行业自律管理的地位和作用。符合中央简政放权、放管结合、优化服务的精神，有助于提升行业的服务功能，激发行业活力。

三、推进资产评估准则的国际对接，开展财经外交

资产评估行业的发展不仅应当着眼于国内，更要与国际对接，吸收学习国际资产评估的先进经验，并将中国资产评估行业的发展传递给世界，提升我国资产评估在国际上的话语权。

我国一直十分重视资产评估行业的国际化，早在 1995 年，中国资产评估协会正式加入国际价值评估准则委员会，敲开了与全球资产评估界沟通的大门。国际评估准则委员会注册于美国伊利诺伊州，运营总部位于英国伦敦，是一个独立的、不以营利为目的的国际评估组织。目前更名为国际评估准则理事会，负责制定国际公认的《国际评估准则》，内容涵盖不动产、企业价值、无形资产、机器设备和金融工具评估等。我国在加入国际价值评估准则委员会后，于 1999 年被推选为国际评估准则委员会常务理事，这不仅代表了国际对于中国资产评估的认可，也大大提升了中国资产评估在国际上的地位，为资产评估的国际化打下了良好的基础。

此后，中国资产评估协会也通过参加会议，国际合作交流等各种方

式，向世界介绍推广中国的资产评估准则，得到了国际上多个国家的肯定与支持。资产评估的国际化进程总结如表 8 –4 所示。

表 8 –4　　资产评估的国际化进程①

年份	资产评估国际化大事记
1995 年	3 月 16 日，经国际价值评估准则委员会理事会表决，一致通过中国资产评估协会加入国际价值评估准则委员会。打开了我国与国际资产评估界深入交流的大门。 7 月 8 日至 8 月 8 日，中国资产评估协会首次组团对美国评估行业进行考察，对美国评估师协会（ASA）、安达信会计公司洛杉矶总部、大洛杉矶地区政府不动产税基评估管理部门进行了考察，了解了美国国会对评估行业的相关立法以及国会所认可的评估行业的实施规范。
1997 年	4 月，国家国有资产管理局、对外贸易经济合作部印发《设立外商投资资产评估机构若干暂行规定》的通知。 5 月，国家国有资产管理局印发《对外国资产评估机构来中国境内执行资产评估业务的暂行规定》的通知。 6 月 10 日至 12 日，中国资产评估协会、联合国计划开发署、中国国际技术交流中心在北京举办资产评估标准国际研讨会。中国资产评估行业同仁，美国、法国、澳大利亚、丹麦及香港地区的业内权威人士，国务院有关部、委、局、各新闻单位近 300 人参加了会议。
1998 年	11 月，中国资产评估协会在上海举办中美资产评估研讨会。美国高级评估师联合会主席理查德·瑞西到会进行了两天的授课。清华大学经济管理学院副院长陈小悦等多位国内知名专家到会发表演讲。
1999 年	10 月，国际评估准则委员会在京举行 1999 年年会与理事会。此次会议由中国资产评估协会承办。中国资产评估协会在此次会议上，被推选为国际评估准则委员会常务理事。

① 资料来源：中国资产评估协会官网。

续表

年份	资产评估国际化大事记
2004 年	4 月，中国资产评估协会派代表参加国际评估准则委员会（IVSC）在加拿大召开的春季理事会会议和准则技术委员会会议。国际评估准则委员会主席约翰·埃居主席在此次理事会会议上的主席报告中，对中国资产评估协会最近发布的两个评估基本准则给予高度评价。国际评估联合会也同时召开会议，中国资产评估协会派代表参加并与各国评估界代表进行了充分交流。
2005 年	3 月，美国管理会计师协会（Institute of Management Accountants，IMA）总裁兼首席执行官 Mr. PaulSharman 率领的代表团访问中评协，双方一致同意，两会将在今后加强相互交流与合作，联合进行有关人员培训，并致力于协助中美企业界进行相互沟通。
2008 年	4 月，中国资产评估协会与澳大利亚资产学会联合举办的“中澳资产评估国际论坛”在京成功举行。以国际评估准则委员会前主席、澳大利亚资深评估专家麦克拉马纳先生为团长的来自澳大利亚资产学会的管理层和行业专家与来自于我国相关政府部门的官员、学科院校专家、在京部分评估机构负责人及行业专家等，就资产评估行业发展中共同关心的专业问题进行探讨和交流。中国资产评估协会与澳大利亚资产协会签署合作备忘录。 9 月，中国资产评估协会与俄罗斯评估师协会在京举办中俄资产评估研讨会，俄罗斯代表团由 39 名来自于俄罗斯评估协会和评估机构的专家组成。中国资产评估协会与俄罗斯评估师协会签署合作备忘录。
2010 年	6 月，中国资产评估协会会长贺邦靖率团出席美国注册评估分析师协会在迈阿密召开的 2010 年度会议。本次会议共有来自于美国、加拿大、澳大利亚、南非、印度、韩国、俄罗斯等国家和地区的共计近 1000 人参加。中评协会长贺邦靖应邀在大会上发表演讲。
2014 年	7 月，财政部部长助理刘红薇会见国际评估准则理事会（IVSC）管委会委员、美国评值公司执行副总裁李哈克（Lee P. Hackett）先生，就知识产权和无形资产评估相关问题与李哈克先生进行了交流，初步达成合作培训的共识。李哈克先生表示，十分欣赏中国评估行业在财政部领导下取得的巨大成就以及刘红薇部长助理对中国评估行业和管理会计行业发展的新思路。

续表

年份	资产评估国际化大事记
2015 年	10 月，中评协副会长、秘书长张国春出席了在日本东京召开的第九届国际机器设备评估大会（ICVPME）。会议以“融合评估理论与实践，聚焦最新技术发展”为主题，重点研讨了机器设备评估专业理论和实践的最新动态和前沿发展。张国春秘书长从中国经济改革和宏观经济走向、中国机器设备制造行业发展现状、中国机器设备评估的理论与实践等方面介绍了中国的有关情况，得到了与会代表们的高度评价和热烈反响。
2016 年	3 月，国际评估准则理事会（IVSC）2016 年管委会春季会议在美国华盛顿召开，中评协副会长、秘书长张国春率团出席会议。国际评估准则理事会（IVSC）对中评协在推进国际评估准则方面的工作给予了高度评价。
2017 年	9 月，第十届国际机器设备评估大会（ICVPME）在澳大利亚悉尼举办。共有来自美国、澳大利亚、日本、新加坡、尼日利亚等国家的近 100 人参加了会议。中评协党委委员、副秘书长杨松堂以“中国资产评估法及资产评估实践”为题发表英文演讲，介绍了中国资产评估法的主要内容及对中国资产评估行业发展的重要意义，并表示中国资产评估行业将继续加强与国外同行的交流合作，共同推进全球资产评估事业发展。 10 月，经国际评估准则理事会（IVSC）同意，中评协完成了《国际评估准则 2017》（中文版）的翻译和出版工作。该书对于促进我国评估准则建设及国际评估准则趋同，方便国内评估业内外了解研究《国际评估准则》，以及为评估机构境外执业提供参考具有重要意义。

《资产评估法》的出台是评估行业开启法治新时代的风向标，也是资产评估业发挥其专业服务力量，推动国家经济发展的重要契机。在当前的形势下，若要通过资产评估行业发挥其在财经外交中的重要作用，就应着眼世界，开阔国际视野，积极关注全球经济新形势和国际评估的新态势，借鉴国际先进经验，结合我国经济的独有特征，在与国际不断对接的基础

上，发挥中国资产评估行业在全球范围内的优势地位和导向作用，为中国经济抢占国际话语权做出应有贡献。

首先，我们要学习国际评估行业的先进经验，为我所用。国际资产评估历经多年发展，各国已经逐步形成符合自身经济要求的发展模式，从评估业务实践和评估监管实践两个方面都有较多值得学习借鉴的内容。从业务覆盖的领域来看，目前国际评估服务领域正向综合化方向发展。评估的范围不再仅仅局限于不动产等常规业务，在企业价值，无形资产，机器设备，艺术品评估等方面都有了较为长足的进步。在我国，随着经济的不断发展，新的评估需求也不断涌现，现有的评估业务和评估方法往往难以适用于新兴业务，阻碍了评估行业的发展。例如，随着我国文物工作的不断发展，文物艺术品的评估需求日益迫切。文物的征集需要以合理的文物定价为基础，经济案件中的涉案文物鉴定也需要较为可靠的对文物价值进行评估，这都对我国的文物艺术品价值评估提出了新的要求。面对这一新情况，我们可以借鉴国际经验，向英国皇家特许测量师学会等有专门针对文物艺术品研究的评估机构"取经"，共同解决新兴问题。

其次，我们要发展完善自身的同时，推进资产评估准则的国际对接。准则趋同化是经济全球化推动下的一个必然趋势，我国的资产评估若要发挥其专业价值，也应在结合本国政治，经济，文化的基础上，融合国际通用的商业语言，形成国际范围内评估基准的统一。目前，我国资产评估准则在实质上已逐渐与国际评估准则趋同，在资产评估的理念、方法和价值类型等方面都逐步与国际接轨，我们也要继续保持与国际资产评估的良好沟通，积极参与意见，发挥"大国"在国际资产评估行业的重要作用。

最后，我们要积极推动评估行业"走出去"，深化国际交流，实现合作共赢。当前，我国的开放型经济业已进入新阶段，各类市场主体、经济行为都在不断产生新变化，评估服务的国际化需求不断扩大，国际化已成为中国资产评估行业发展的必然选择。我们应为评估服务"走出去"营造良好的制度环境，争取政策支持，搭建服务平台，完善业务监管，更好地服务我国对外开放的大局。

参考文献：

[1] 宋来、朱保华：《美国财政政策历史实践及其对我国供给管理的若干启示》，《世界经济研究》，2016 年第 9 期，第 8 - 16 页。

[2] 宋玉华、曾绍龙：《美国“财政悬崖”与财政失衡问题研究》，《世界经济研究》，2013 年第 4 期，第 35 - 40 页。

[3] 陈建奇：《发达经济体财政政策空间研究》，《世界经济研究》，2014 年第 1 期，第 22 - 28 页。

[4] 白金辉：《美国财政政策转型及其对货币政策的影响》，《清华金融评论》，2017 年第 3 期，第 36 - 39 页。

[5] 孙佳佳：《英国希思政府经济政策研究》，山东师范大学，2016 年。

[6] 何帅、杨帆：《英国脱欧与欧盟发展的深层次矛盾》，《学术评论》，2017 年第 4 期，第 17 - 28 页。

[7] 关海霞：《欧债危机和德国应对危机的政策分析》，北京外国语大学，2014 年。

[8] 杨亚琴、高楠：《经济波动下的财政政策和货币政策的理论和实际对比研究——以德国 1990 ~ 2012 年实际 GDP 增长情况为例》，《纳税》，2017 年第 22 期，第 100 - 101 页。

[9] 柳在愍：《日本安倍经济学的财政政策研究》，吉林大学，2018 年。

[10] 王涵：《经济转型期财政政策的国际比较》，《新金融》，2016 年第 6 期，第 40 - 43 页。

[11] 陈建奇：《发达经济体财政政策空间研究》，《世界经济研究》，

2014 年第 1 期，第 22－28 页。

［12］王俊天：《拉奥改革以来的印度财政调整》，河北师范大学，2011 年。

［13］白彦锋、岳童：《印度商品服务税改革及其影响》，《国际税收》，2018 年第 9 期，第 60－66 页。

［14］李纯璞：《2017 年世界税收十件大事》，《国际税收》，2018 年第 2 期，第 31－35 页。

［15］马骏、刘亚平：《中国地方政府财政风险研究：“逆向软预算约束”理论的视角》，《学术研究》，2005 年第 11 期，第 77－84 页。

第九章

世界主要国家大国财政战略选择

第一节　世界主要国家大国财政发展经验教训

一、美国财政发展经验教训

在美国，从“罗斯福新政”这一实行国家干预政策的标志到21世纪初，财政政策的实践经历了由盛行到衰落，再到盛行的过程。而不同时期的财政政策所依据的理论基础不同，不同的经济理论对财政政策的重视程度又存在很大的差别。

（一）扩张性财政政策与战后经济复苏

1929年，美国爆发了迄今为止最为严重的经济大萧条。危机迅速向外蔓延，形成了整个资本主义经济发展史上持续时间最长、波及范围最广、经济损失最重、影响程度最深的世界性经济危机。这次危机导致了长期统治经济学界的自由发展经济理论的终结和国家干预经济理论的兴起。凯恩斯认为经济出现萧条和失业是不可避免的，其原因是经济中存在着总需求不足的问题，而这一问题只能依靠扩张性的财政政策，即，通过减税、大量举借公债、实行赤字预算扩大财政支出等方式才能得以解决。而为了应对经济大萧条而产生的罗斯福新政，虽然是在凯恩斯理论之后，但是却采取了相同的扩张性财政政策，主要包括：

1. 通过各种法令，扩大财政支出用作福利救济目的，建立社会保障体系。

2. 政府成立专职机构“工程兴办署”，有组织、有重点地兴办公共工程安置失业人员，解决就业问题。

3. 对企业生产给予扶持和管理，制定全国工业复兴法，成立全国复兴总署，给予工商企业大量贷款和津贴，并对其生产和销售进行指导和管理；成立农业调整署，对农产品实行各种扶植补贴政策。

罗斯福新政与凯恩斯理论都是大萧条的产物，新政实践在前，凯恩斯理论在后。新政的实施之日正是凯恩斯《就业、利息和货币通论》将近完成之时，而新政反危机的成果实施，正是给凯恩斯理论起到了先导和印证作用。

（二）"补偿性财政政策"与"艾森豪威尔停滞"

美国政府于 1946—1961 年实施"补偿性财政政策"，为了应对战后美国经济出现的周期性波动的情况，汉森提出了"补偿性财政政策"这种政策根据市场经济发展不稳定的特点，交替实行扩张和紧缩财政措施，就是用高涨时期的盈余抵补萧条时期的财政赤字，从而消除经济周期的波动对经济发展的影响，这就是补偿性财政政策。这一政策在杜鲁门和艾森豪威尔当政的期间得以实施。

美国政府这一时期的"补偿性财政政策"运用得相当灵活，基本上是"逆经济周期而动"。经济既不繁荣过度，也不危机过重，基本实现了减缓经济剧烈波动的初衷，但是却导致经济增长缓慢的严重问题，出现"艾森豪威尔停滞"，所以美国政府不得不放弃"补偿性"财政政策，进而寻求和实施对经济刺激度更大的经济政策。

（三）"增长性"财政政策与战后经济黄金时期

20 世纪 60 年代，肯尼迪总统上台以后，为了克服"艾森豪威尔停滞"，加速经济增长，保持美国的霸主地位，在新古典综合派经济学家赫勒、托宾、奥肯等人的帮助下，开始实行"增长性"财政政策。"增长性”政策的基本内容是：不光要在萧条时期实行扩张性财政货币政策以刺激经济回升，即使在经济回升时期，只要实际产出水平低于充分就业产出水平，也要通过扩张性财政货币政策来刺激经济加速增长。

同时，在约翰逊执政后实施名为“伟大社会”的内政纲领，将美国带向福利国家的道路。“伟大社会”包括在教育、医疗、环境保护、住房、反贫困和民权等广泛的领域加强政府在国民经济中的地位和作用。从而将国家干预经济的规模扩大到空前的范围。

凯恩斯主义取得了巨大的成就。肯尼迪和约翰逊政府的政策促成了美国战后最长时期的经济扩张。美国经济从 1961 年 2 月到 1969 年 12 月持续 106 个月保持增长。这段时期成为战后美国经济的黄金时期。

（四）货币主义理论的流行与“滞涨”

到 20 世纪 70 年代初，美国经济开始出现“滞胀”的问题。增长性财政政策使得财政赤字规模不断扩大，在增加货币供给的情况下，导致了 20 世纪 60 年代末 70 年代初的美国经济“滞涨”问题。尼克松上台之后，为了克服通胀先采取紧缩性财政政策，但是却使得经济下降，于是就继承了肯尼迪和约翰逊的凯恩斯主义的财政政策，之后的福特和卡特政府都没能解决好“滞涨”问题。

而里根政府在刚刚上台之初，采取了压低通胀、降低税率、减少政府支出的货币主义和供给学派的自由主义经济理论的政策，这被称为“里根经济学”，然而这种经济的具体政策多少都有政府干预的色彩，因此也被称为“没有凯恩斯的凯恩斯主义”。

（五）老布什政府的财政政策与经济衰退

老布什的财政政策继承了里根政府的自由主义政策，并且标榜自己要脱离依靠赤字财政政策刺激经济的道路。老布什在 1985 年通过了《格拉姆—拉德曼》法案，设定了将来几年将年度预算赤字削减为零的目标。但是由于经济新一轮的衰退以及海湾战争的爆发，使得联邦赤字在他历任之时达到了 2930 亿美元。

（六）克林顿政府时期的财政政策

自 1991 年 3 月到 2000 年年底美国经历了长达 118 个月的经济增长，实现了“高增长、低通胀和低失业”的增长模式。这也被经济学家称为“新经济”。

这个“新经济”的具体表现为：（1）财政赤字大幅度减少，实现年度财政盈余；（2）经济持续增长；（3）股市暴涨；（4）保持物价稳定；（5）失业率降低；（6）国家创新能力和竞争力显著增强等。而这一经济现象产生的原因就在于实施了合理的财政政策。

克林顿的经济政策主要包含了新凯恩斯主义的经济思想和政策。主要内容有：政府必须干预经济，尤其是进行财政干预，以实现充分就业和经济增长的目标。短期内用财政赤字刺激经济，促使经济复苏，增加就业；长期内逐步减少财政赤字，增加政府公共投资，以维持就业持续稳定增长。同时，克林顿的经济政策不仅包含了新凯恩斯主义，同时也借鉴了新自由主义的主张，同时发挥市场和政府各自在经济中的作用。而新凯恩斯主义是克林顿经济政策的基础。它主张发挥财政政策的“供应管理职能”，通过政府的干预和扶持来优化产业结构，把实现经济长期增长的目标放在人力资本、物质资本的不断积累和全要素生产率的提高上，从而形成以内生性增长理论为指导的宏观经济政策，而内生性增长理论在财政方面表现为：不赞成供应学派、货币学派和理性预期学派关于排除政府干预经济、财政政策无效的思想，坚持财政政策在促进经济长期增长中的作用，一改传统经济学的财政政策观。

克林顿政府实施了成功的结构性财政政策，这一政策是指实施以增加经济增长潜力和削减非生产性支出进而削减财政赤字的紧缩性财政政策，同时这种紧缩性财政政策又伴有明显的结构性特征，使具体的宏观财政政策微观化，主要包括：（1）实行短期财政刺激；（2）长期削减财政赤字计划；（3）改革社会保障制度；（4）长期投资计划。

尽管有人把克林顿政府的经济成就归功于以全球领先的新技术为基础的新经济发展的结果，但不可否认的是，克林顿政府结构性财政政策显然起到了巨大的作用。

（七）小布什重振里根经济学

而2001年小布什上台之时，美国经济由繁荣急转直下，股市下挫，国内投资不振，失业率也居高不下。而小布什的应对措施则是奉行供给学派的主张，实行减税的政策。因此许多人认为小布什重振了里根经济学。供给学派历来强调边际税率的变动对经济活动的重要影响，主张通过降低边际税率进行减税，达到增加投资支出和促进生产的目的。该理论还认为，政府的减税计划应该更多地向高收入阶层倾斜，因为高收入人群在减税活动中收益越多，其向低收入阶层“滴流”的幅度也就越大。根据供给学派的理论，小布什传承了里根政府的政策措施，大举减税的旗帜，并以此为基点，推进其他经济复兴计划。小布什政府的财政政策包括：（1）减税的财政政策；（2）扩大国防支出；（3）社会福利制度改革。

（八）奥巴马的财政政策

在奥巴马的上任之初，美国面临着严重的金融危机，因此在当选之后奥巴马立刻出台了8260亿美元的救市计划，该计划中有35%用于减税，65%用于政府投资。其中主要有以下几个部分，包括个人和企业减税，公共基础设施项目以及卫生保健投资等等，但是正是由于这种扩张的财政政策，使得美国政府出现了严重的赤字危机。在2013年，奥巴马政府已经连续四年年度财政赤字突破了 1 万亿美元，这样迫使奥巴马在其任期的第二年开始实施紧缩的财政政策，然而美国的政府债务规模在 2016 年 1 月，还是突破了 19 万亿美元，达到了历史最高峰，债务占 GDP 比率已经迫近了 105% 。因此严重的债务问题也成为了考验下一届政府的大难题。

（九）特朗普的财税新政

特朗普政府税改政策是 1986 年《国内税收法》（The Internal Revenue Code）实施以来美国最为重大的一次财税体制改革。这个改革的出台与特朗普政府的国内政策压力、美国经济持续复苏诉求、美国再工业化与国际竞争力以及刻意“忽视”公共债务问题等紧密相关。

在全球金融危机之后，美国经济经历了一个显著的去杠杆过程，企业部门（包括金融业）和居民部门的杠杆率明显下降，房地产市场亦出现大幅度的调整，加上美国采取相对扩张的财政政策以及非常规货币政策，使得美国经济呈现较为持续的复苏。此次税改主要着力于四个方面：一是降低税率；二是简并优惠；三是提高税制竞争力；四是优化国际税制。具体内容如表 9 - 1 所示。

表 9 - 1　　特朗普税改政策变化表

主要方面	条款	现行税制	最终版特朗普税改方案
个人所得税	个人所得税等级划分	七个等级：10%、15%、25%、28%、33%、35%、39.6%	七个等级：10%、12%、22%、24%、32%、35%、37%
	标准扣除	单身：6350 美元 夫妻：12700 美元	单身：12000 美元 夫妻：24000 美元
	个人替代性最低税 AMT	允许抵扣很少，禁止个人免税额和州税减免同行	依然保留，但排除年薪低于 50 万美元的个人和 100 万美元的家庭

续表

主要方面	条款	现行税制	最终版特朗普税改方案
个人所得税	州税与地方税抵扣	地方个人所得税、州税、财产税等，都可以从之后交纳的联邦税中扣除，无上限	扣除项目不要，抵扣上限为1万美元
	儿童税抵免	年收入11万美元以下的家庭，每位儿童减免税额1000美元	17岁以下的儿童的税收抵免增加到2000美元，收入20万美元以上的单身父母和40万美元以上的家庭不能享受
	房贷利息减免	每人豁免纳税额度550万美元，超出部分将被征收40%的遗产税	保留遗产税，遗产税率保持不变，豁免额加倍，只有2%的人需要缴纳
	个人投保处罚	对不购买医疗保险的个人征收税收罚款	废除
企业所得税	美国企业税	最高税率35%	2018年开始，所有企业一律使用21%税率
	企业海外所得	对跨国公司汇回美国的利润一次性征收35%的税	企业汇回所得需一次性纳税：对现金类资产征税15.5%，对固定资产征税8.0%
	合伙企业转缴个税	合伙企业转由其合伙人申报个人所得税，最高可达39.6%	对企业所获得收入的前315000美元提供20%税收抵免
	企业替代性最低税AMT	企业纳税不得低于20%	废除

除减税政策外，特朗普还曾表示要消除奥巴马时期对于预算开支最高额度的限制，加大军事预算，削减政府和公共服务开支。同时特朗普计划要加大机场、道路等基础设施方面的建设，从而拉动美国内需，促进美国

经济增长。

从 2018 年财政预算案来看，特朗普政府对未来十年的财政支出进行了规划和预测，主要打算通过大幅减少社会福利等刚性支出和政府部门的非义务性支出保证税改政策的实施。预计 2018—2027 年，以上两项支出将达 26840 亿美元，远超过减税促使财政收入的减少。削减的开支主要用于增加国防支出，预计未来 10 年，国防支出将增加 4690 亿美元。相对而言，特朗普承诺的基建投资在 10 年预算中仅增加了 2000 亿美元，远低于 1 万亿美元的目标。事实上，基础设施建设不仅可以拉动投资，还可以创造就业，促进一系列产业增长。

特朗普政府通过大规模削减福利支出来保证减税的顺利实施。虽然在预算中，美国政府基本保证了预算平衡，不会出现大规模财政赤字，但难言会对经济产生明显的刺激作用。

二、英国财政发展经验教训

18 世纪中后期英国初步建成了财政国家所需的现代财政制度，一系列的财政制度改革，推动英国在 18 世纪中期完成了由“领地国家”向“财政国家”的过渡。在新的财政制度下，国家的财政活动与经济增长构成良性互动关系，集中财力成为可能。

政府控制财政开支的主要目的在于削减财政赤字，通过缩小国有化规模、减少福利性转移支付，使得财政收支进一步服从紧缩性货币政策。20 世纪 80 年代以来，政府采取了一系列经济措施：其一，1982—1983 年财政年度，政府公共开支决算为 170 亿英镑，比原计划削减 90 亿英镑，同时将公共借款需求降低到 35 亿英镑；其二，1985 年政府开始着手压缩占政府支出总额 25% 左右的社会保障费用，并对各类津贴补助加以控制；其三，1992 年政府开始严格控制公务员的增薪趋势，同时大力削减国防开支等。总之，英国自20世纪80年代以来通过紧缩财政开支的办法尽可能地实现削减财政赤字的目的。

20世纪80年代末英国经济处于周期顶峰时期，实际产出远远高于预算报告中的水平，财政盈余的增加使得社会淡忘了财政紧缩的必要性，财政政策趋于松懈；1989年政府为了实现预算平衡进一步实施减税政策。正是出于这种对预期产出和财政收支的盲目乐观思潮使得其财政状况从20世纪90年代初开始趋于恶化。

20世纪90年代初，梅杰政府的宏观经济政策基本上没有发生太大的改变，财政赤字愈演愈烈，英国经济一直处于低谷之中，经济危机严重。

20世纪90年代中期以来，布莱尔政府致力于削减财政赤字的规模，在其五年计划中提出了一系列有效的措施。例如，一方面，通过增税行动逐渐增加了税收收入；另一方面，通过抑制财政支出等多项措施尽可能地减轻了政府的财政负担。这一期间英国经济虽然增长速度不高，但保持低速稳定增长，失业率也逐年下降，经济前景良好。

英国财政部已经看到当前的经济形势与20世纪80年代末有许多共同之处：随着政府削减借款和财政支出，公共借款需求下降，财政预算将出现盈余。为避免重蹈20世纪80年代后期的覆辙，政府着重从两方面进行防范：一方面对经济周期采取审慎的调节措施，尽量准确地估计现在和将来的产出水平，并为经济中的各种潜在的、不确定因素设立预警机制，以便有回旋余地；另一方面确定稳定的财政制度，并保持其开放性和透明性。

从1997年到2007年，新工党政府连续三次大选获胜。主要原因之一就是这一时期英国经济平稳发展。新工党政府保持政府支出稳定，降低通胀率，健全公共财政系统，规定政府贷款用于投资，而不是提供支出的资金运作。同时财政政策倾向于增加公共支出，以促进经济成长与稳定公共财政的目标。

然而在美国次贷危机与国际金融危机的冲击下，2008 年至 2012 年，英国经济曾两度出现衰退，2009 年，英国财政赤字水平创二战以来新高，严重削弱了英国财政政策的弹性。面对如此恶劣的经济形势，卡梅伦政府宣布将采用紧缩性货币政策，通过削减公共开支和增加税收来减少财政赤字，同时实施减税。虽然卡梅伦政府实施的紧缩性财政政策饱受争议，但是，2013 年英国 GDP 增长 1.9%，表示英国经济正逐步走上复苏之路。

2016 年 6 月英国通过举行的全民公投决定脱离欧盟，为应对英国脱欧造成的影响，英国财政部大臣奥斯本提出的应对方案包括支持银行放贷、强化对英格兰北部的投资，以及维持英国的财政可靠性。同时，出于英国脱欧造成的不稳定局面可能导致经济滞胀，奥斯本已宣布放弃在 2020 年消除财政赤字并使英国财政出现盈余的目标。

从英国财政部发布的针对 2018 年 4 月 1 日开始的 2018—2019 财年的年度预算案中，能够看出英国新财年财税政策的重点和经济发展的方向：新财年预算案提出把英国建设成创新型经济体，要让英国成为新技术的引领者。为此，英国专门制定了计划，其中的重点是“国家劳动生产率投资基金”，该基金主要投入到交通、新技术和技能培训等领域。新财年预算案将该基金的规模从 230 亿英镑扩大到 310 亿英镑。

三、德国财政发展经验教训

德意志联邦共和国是奉行民主和社会福利制度，实行社会市场经济模式的联邦国家，引导和培育市场经济，支持、鼓励个人自由和市场竞争，同时又加强宏观调控与政府干预的力度，弥补因外部性、信息不对称等“市场失灵”对经济造成的损害，以保障经济公平、稳定和可持续地发展。多年来，德国的经济总量一直位居欧盟第一，被誉为欧洲经济的“火车头”。2015 年，德国国内生产总值（GDP）为 33733 亿美元，经济规模仅次于美国、中国和日本，依旧稳居世界第四。这一突出成绩是各种因素交互作用的必然结果，也与德国所实施的财政政策是紧密相连的。

与自由放任的市场经济和集权管制的统制经济不同，德国的社会市场经济制度确立经济增长、兼顾公平和效率作为宏观调控的主要目标。20世纪90年代以来，德国科尔政府采纳瓦尔特·海勒等提出的“增长性财政政策”主张，推行以促进经济发展和实现充分就业为目标的赤字财政政策。在这一时期，德国经济的确取得了较稳定的增长。然而，欧盟1997年签署的《稳定与增长公约》（以下简称“稳约”）进一步明确了欧元区国家的公共财政标准，要求成员国的年度财政赤字不超过其国内生产总值的3%；公共债务不超过国内生产总值的60%。整个20世纪90年代，德国政府基本遵循了这一标准，在合规条件下实施扩张财政政策。

2001年，受“9·11”恐怖袭击事件的影响，世界经济陷入“增长性衰退”，欧盟经济持续低迷，作为“领头羊”的德国经济的增长几近于零。对此，德国政府采取“逆风干预”方式，不断扩张财政支出，加大转移支付力度，以刺激国内有效需求，该年财政赤字在经历多年的达标后，终于突破“稳约”规定的3%的上限，德国由此成为继葡萄牙之后第二个违约的欧盟国家。

2003—2004年，为了提振内需和早日复苏经济，德国政府仍然延续“赤字”惯性，实行加快经济增长的积极财政政策，在这两年间，德国年度财政赤字与GDP占比分别为4%和3.8%，公共负债与GDP占比则分别高达63.8%和65.6%，远远超出“稳约”的标准。从上述两项指标看，德国这一时期的财政政策具有明显的“双超格局”特征。

2004年，德国政府陆续推出多项“重建财政”的调控措施：在财政方面，增加地方财政收入，强化其可支配能力；在税收方面，减轻民众税负，增加其可支配收入，所得税的起点税率和最高税率分别下降10.9%

和 11%。2006 年，为了强化政府的财政能力，默克尔政府通过以增税来稳定财政预算的“税收改革法”来增加政府财政收入，体现税负公平原则，财政赤字的扩张之势受到遏制，当年德国财政赤字与 GDP 占比迅速降至 1.6%，达到“稳约”规定的要求。

2007 年，德国政府继续实行结构性较强的紧缩性财政政策，大幅削减联邦政府事务性开支，节约办公经费，同时对政府投资的新建项目进行严格审查，淘汰一批收益前景不好的项目，提高财政资金利用效率。德国 2007 年首度出现自两德统一以来的财政盈余，尽管盈余与 GDP 占比仅为微弱的 0.1%。德国所经历的由财政赤字向财政盈余转变的过程，是 2004 年以来“财政重建”政策的必然结果，同时筑就了政府运用财政政策的空间，强化了政府使用财政政策的主导权。

就在这种平衡型财政政策实施后不久，肇始于美国的次贷危机开始蔓延至全球，为了应对这场全球性金融危机，德国政府一改 2006 年以来的紧缩财政取向，扩大政府支出，带动国内消费需求，实行扩张性财政政策。

2008 年 11 月和 2009 年 1 月，德国政府启动经济刺激计划，先后向市场注资 320 亿欧元和 500 亿欧元，这使德国预算平衡型财政政策难以为继。然而，德国具有采取审慎财政政策的传统，默克尔政府及时调整政策，于 2010 年 6 月宣布财政稳固计划，执行退出扩张性财政计划。

德国联邦政府在 2014 年实现财政收支平衡，这也是德国政府 1969 年以来首次实现财政平衡。虽然 2015 年以来难民危机亟待解决、基础设施投资需求高涨以及国防支出攀升，德国财政部长朔伊布勒仍然坚持财政收支平衡政策至 2020 年不放松。

2018 年，新任财政部长肖尔茨表示他的目标是建立“有序财政”。他表示将继承前任财长朔伊布勒衣钵，继续奉行严格的财政纪律，保持没有赤字的平衡财政预算，不举新债。

四、日本财政发展经验教训

日本是政府主导型的市场经济国家，与其他发达国家相比，虽然日本政府财政支出规模偏小，但对经济的干预程度比较大。日本政府期望通过财政支出政策来引导产业发展，刺激私人需求，促进经济增长。日本财政体制主要包括预算制度、税收制度和财政支出制度。其中，财政支出制度具有财政支出相对规模小、生产性支出所占的比重高、地方财政支出所占的比重高、实行有偿性财政资金分配等特点。

1969—1973 年日本政府以其财政体制为依托的，制定和实施了实现经济的稳定增长、社会收入的公平分配、资源的优化配置的财政政策。高速增长后期，由于受日美贸易摩擦以及日美货币比价调整的影响，为防止出现经济危机，日本政府使用扩张性财政政策刺激经济。

20 世纪 70 年代中后期，由于前期高速增长带来的隐患未能及时消除导致不良后果逐步显现，同时又遭遇第一次石油危机的波及，日本社会出现大规模通货膨胀。为此，日本政府将原来的扩张性财政政策转变为猛烈的紧缩政策。然而这一紧急刹车却使得日本经济迅速恶化，1973—1975 年爆发了严重的经济危机，日本经济跌入低谷。为削弱经济危机产生的不利影响，引导经济步入正轨，日本政府选择积极财政政策，一方面通过扩大财政预算规模增加财政支出并且从 1975 年起开始发行“赤字国债”；另一方面，日本政府在财政政策上，将“从前以量的扩大为中心的优先生产的经济，转变到以质的充实为目标的优先生活、优先福利的经济轨道”，财政支出从追求财政规模的扩大变为重视财政结构的变化，从“高福利、高负担型财政”向“保障基本生活型财政”转换。

随着日本经济总量的持续增长并位居资本主义世界第二强国，仅依靠外需已经无法达到摆脱国内经济困境的目的，扩大内需来拉动经济增长成为日本政府制定财政政策的首要考虑。为了扩大内需，日本政府财政支出大幅度增加，面对恶化的财政状况，希望改变举债度日局面的大平内阁提出从 1984 年开始停止发行赤字国债的财政融资办法，并将 1980 年称之为“重建财政元年”。以重建财政为主的财政政策主要是通过削减政府机构支出费用和严格控制预算规模，对于国家发展有重要影响的方面，比如能源、防卫支出预算仍大幅增加。

随着 20 世纪 80 年代末 90 年代初日本“泡沫经济”崩溃，日本经济发展的黄金时期终结，开始陷入长期萧条。面对巨大压力，日本政府开始实施以提高景气为首要任务的干预经济财政政策。1992 年 8 月宫泽内阁推出 10.7 万亿日元的综合经济对策，标志着正式转向使用积极的财政政策。1995 年，日美两国达成汇率目标协议，即 1 美元兑换 110 日元。作为交换条件，日本必须无条件接受美国对日本经济的三点政策主张，即：继续下调贴现率、继续增加财政支出以及急速处理住宅金融专门公司的不良债权。在美国“三剂特效药”的帮助下，日本经济开始好转，1995 年 GDP 增长率为 3%，1996 年为 4.4%，这标志着日本经济开始走出困境。

由于经济衰退导致税收减少，再加上前期大规模的财政支出，日本政府财政状况日趋恶化。当时的桥本内阁认为日本经济已经走出萧条，于是开始以重建财政为目的，提出财政改革，大规模降低政府支出，并计划提高消费税率。而 1997 年开始的东南亚金融危机迅速波及日本，脆弱的日本经济再度出现恶化，日本政府不得不重新采用积极财政政策。

概括日本泡沫经济破灭后的财政支出政策，1991 年日本国内经济迅速陷入萧条以后，政府为刺激经济恢复景气便开始投入大量财政资金。日本政府在减税的同时不断扩大财政支出规模，这主要集中在 1992—1995 年和 1998 年以后两个时期。自 1992 年起到 1999 年，日本政府先后 11 次推出景气对策，总计超过 120 万亿日元。这一时期财政扩张的规模之大和财政扩张政策的使用频率之高是空前的。

由于前期日本财政支出过量，2000 年以后，日本政府将扩张性财政政策再次转为紧缩性财政政策，已达到削减财政支出减轻财政赤字的目的。2001—2005 年小泉内阁依次出台了以结构性改革为目的的“新经济政策”“财政结构改革”和中期财政目标，以期望达到财政平衡进而实现财政黑字。

2006 年小泉内阁出台“骨太方针 2006”，2007 年安培内阁执政后继续将“结构性改革”作为重点。然而，2007 年美国次贷危机爆发，继而引发全球金融危机，日本经济遭受重创。2008 年相继上台的福田内阁与麻生内阁以及 2009 年年底执政的鸠山内阁相继出台了紧急应对措施，财政支出规模大幅提升。日本 2006—2010 年的财政投入规模高达近 200 万亿日元。

2012 年年底安倍再次组成内阁出任首相，启动了应对通缩的一揽子经济刺激政策，包括“大胆”的货币政策、“机动”的财政政策、刺激民间投资为中心的经济产业增长战略，旨在摆脱通货紧缩，实现 2% 的通胀目标提振日本经济。

2014 年 4 月，安倍内阁根据《税收与社会保障一体化改革相关法》，将消费税税率从 5% 提高到 8% ，消费税税率提高，导致物价上涨，而工资上涨幅度低于物价增长幅度，因此很大程度上抑制了消费支出。

安倍晋三于 2015 年 9 月 20 日再次当选为执政的自民党（LDP）主席。2017 年 9 月，政府公布了新的 2 万亿日元（178 亿美元）经济刺激计划。在 2016 年达到 28 万亿日元（2626 亿美元）。2018 年年初，日本央行已经多次减少债券购买，以抑制收益率上升并削弱日元。日本政府宣誓，日本国内只有在通胀率达到 2% 后，才会放弃大规模的刺激计划。

五、俄罗斯财政发展经验教训

目前研究俄罗斯财政政策演变与宏观经济调控趋势时，根据执政者的不同大体分为两个阶段：一个是叶利钦执政时代，另一个是普京当政时期。

1989 年，随着苏联解体，俄罗斯联邦建立，经济体制由原来的计划经济开始向市场经济转移。俄罗斯开始采用“休克疗法”推动经济体制改革，实施严厉打击的紧缩性财政政策，撤销对企业的财政补贴，减少开支，提高税率，增加财政收入，缩减财政赤字。在货币政策上，也采用紧缩性货币政策，紧缩银根，严厉的紧缩性财政政策虽然在一定程度上减少了财政赤字，但是却造成企业负担过重，导致企业投资不足，生产出现大幅度下降，企业生产力下降又反过来引起财政收入减少，导致财政赤字扩大。

为了扭转这一局面，1993 年俄罗斯实行适度紧缩的财政政策，将稳定社会生产与稳定财政结合到一起。改变过去依靠银行透支弥补财政赤字的方法，利用外国贷款和发行国内债券的方法来弥补财政赤字。同时削减军费开支和国家机关管理经费，增加对社会消费品的投资，保障国内生产。在税收政策方面，加强税收征管，同时根据社会生产需要，实行相应的税收优惠政策。通货膨胀率由 1993 年的 874.62%，下降到 1996 年的 47.74%，财政赤字占 GDP 比重控制在 6% 左右。

1997 年开始俄罗斯政府遏制住了由经济转型带来的经济危机，并向经济复苏阶段发展。适度紧缩的财政政策开始向积极的财政政策偏移，例如，增加政府投资、规范税制、减少税种、降低部分税种税率以及扩大税基等，但是其主要方向还是以压制政府开支为重点。而且，这一时期成本高、期限短的国债规模依然在增加。由于国际市场信心不足、国内存在大规模的财政赤字和国债，最终导致1998年俄罗斯国内爆发了金融危机。为了遏制金融危机的发展，政府对债务进行重组，实行紧缩性财政政策，减少政府赤字。另外，政府在致力于解决财务危机和金融危机的同时，也重视社会生产力的发展，保证社会商品供给。这一时期，宏观政策调控获得了较好的效果，1999年俄罗斯经济就开始出现好转。

普京上台后以发展生产、提高经济增长率作为经济工作的中心，实行中性的财政政策，财政政策有松有紧，以刺激市场供给为主，并追求经济高速增长。在财政支出方面：一是降低政府支出规模，减少国家行政管理支出，减少国家军费支出。二是减少经济建设领域的政府投资，增加社会公共领域的政府投资。例如，2010年联邦政府在国民经济的支出占总支出的13.4%，在社会文化活动的支出占总支出的56.8%。在税收方面：一是继续减少税种，二是降低税率。其中，下调了个人所得税税率、关税税率、增值税税率等，同时简化中小型企业税制，降低其赋税水平。

2000年以来国际能源价格持续走高，俄罗斯从中获得了大量的外汇收入。为了合理使用这些收入，2004年俄罗斯成立财政稳定基金，将大部分靠油气出口获得的财政收入以法定基金的方式储存，以应对国际能源价格下降造成的财政收入下降，以及应对其他国内外不确定因素对政府预算和宏观经济造成的冲击。2008年国际金融危机爆发，俄罗斯政府迅速实施反危机措施。在财政政策方面，主要是减税和增加政府支出等。

在预算制度改革方面，2006年开始实施“结果导向的中期预算”，对预算资金进行长期预测，并根据国家战略方针和社会经济发展的优先顺序，安排预算资金。中期预算要求各政府在编制预算时都要明确发展目标、计算预期成果，并对预算政策的连续性、可预见性、公开透明性负责。简而言之，目前俄罗斯正在逐步提高公共支出管理的水平。另外，在财政支出结构上，目前俄罗斯政府已经向社会文化活动方面倾斜。

2014年年中以来，原油、天然气价格持续下跌。俄罗斯原油、天然气等能源类产品出口大幅缩减。同时美国和欧盟对俄罗斯实行严格制裁，使得俄罗斯经济大幅萎缩。消费品依赖进口，卢布短期大幅贬值带来通胀压力。2015 年通胀率高达 12.9%。从历史来看，俄罗斯的通胀和汇率变动也密切相关。

俄罗斯央行为了控制通胀和稳定汇率，大幅提高基准利率。原油、天然气价格的持续下跌，使俄罗斯财政收入减少、赤字扩大。俄罗斯政府收入有一半以上来自石油和天然气行业，然而近两年能源价格的暴跌使财政收入大幅度减少。截至 2016 年 2 月，财政收入累计大降 19.2%，已经连续 14 个月负增长。为了刺激经济，2015 年财政支出增速反而提高，导致全年财政赤字高达 1.95 万亿卢布，赤字率 2.6%。

2016 年年初俄罗斯通过了削减 10% 财政支出的计划，支出增速由正转负，截至 2 月份，财政支出累计增速降至 -33.98%。为了弥补财政收入的不足，普京于 2016 年 2 月 1 日召开了首次关于国企私有化问题的会议，考虑出售部分国企股份。

六、印度财政发展经验教训

自 1950 年印度独立以来，印度基本继承了当年英国殖民时期的现代税收制度。同时由于印度是联邦制国家，因此在刚刚建国之初就确立了财政分税制，划分了中央与地方的财政财权与事权。印度的这种财政制度的确立，一方面给印度带来了很多的好处，另外一方面也产生了很多的弊端，这些弊端也为日后的财政改革埋下了伏笔。所带来的好处主要在于：增强了中央的财政权力，印度的中央税收收入在 1950 年为 35.9 亿卢比，而到了 1990 年则增长到了 6005 亿卢比，增长了将近 20 倍，在财政支出方面，中央政府承担的责任也在逐步地增多，中央政府的财政支出在 1950 年到 1990 年之间翻了十五倍，由 50.37 亿卢比增长到了 7782.4 亿卢比，在支出对象上，印度的财政支出也存在着主次结构，主要向教育、农业以及能源等领域重点支出。而其弊端主要在于，首先印度的税率定得过高，对内，印度的公司税率达到了45%，对外，印度为了保护国内的民族工业而设立了很高的关税壁垒，最高的关税甚至达到了300%，这样过高的企业税率以及关税，严重地阻碍了印度的经济发展以及对外贸易。同时更为严重的是，在20世纪80年代末期印度出现了很严重的债务危机，这主要是由于在印度财政支出快速增长的同时（20世纪80年代的时候增长了3.7%），税收收入却在此期间只增长了一个百分点，完全不能满足其财政支出的需求，因此在此期间印度的债务问题，尤其是外债问题严重，甚至引发了国际支付危机。这些问题也引发了自20世纪90年代以来的历次财政改革。

自20世纪90年代以来，在拉奥、瓦杰帕伊和辛格执政期间，印度政府分别进行了财政政策的调整，其改革主要在于以下几个方面：

1. 税收改革：首先，介于当时印度存在的税率过高的现象进行了相应的调整，例如在拉奥执政期间，对关税进行深刻的改革，将进口关税尤其最高的300%，降低到了110%，同时对工业原材料以及工业生产零件等产品的进口关税也进行了大幅度削减。削减关税的同时，印度也降低其他税种的税率，例如在拉奥执政期间，公司所得税由45%降低到了40%，在瓦杰帕伊执政期间废除了公司所得税附加税等。其次，印度还在全国范围内推行增值税改革，在拉奥执政期间，增值税的范围得以扩大，并且尽力对同一产品实行同一税率，简化征收程序，同时逐步由从量征税转到从价征税。在辛格执政期间，印度在各邦实行统一的增值税制度，对生产和流通的各环节的增值额征税。

2. 财政支出：介于在20世纪80年代，财政支出增长过快的问题，拉奥政府把重点放在了削减财政支出上，其支出总额在20世纪80年代末期占GDP的20%，在20世纪90年代初期下降到了16%，其削减的主要项目为：国防支出、行政支出以及补贴支出等方面。而到了辛格执政期间，介于财政赤字问题得以好转，因此他开始尽力加强社会支出，并且推行 PPP 模式，以吸引社会资金。其主要的支出重点分别是：基础设施，例如从 2000 年开始实施的“国家高速公路发展计划”（NHDP）；教育，医疗，例如全面普及八年义务教育和建立三级医保网络；社会保障和社会救济，例如推行“农村就业保障计划”。

3. 产业政策：在瓦杰帕伊执政期间，他将重点放在了产业政策的推行上，他主要鼓励 IT 产业发展，为了鼓励 IT 产业，他在软件进口等方面进行税收减免，同时也对该产业的公司进行一定程度的所得税减免，从而使得 IT 产业高速发展，印度也成为了世界在 IT 产业方面的大国。而辛格政府则同时把能源作为重点发展的产业，例如大力推行可再生能源的开发，在 2006 年建成萨达尔—萨罗瓦尔大坝，开始水利发电等。

2017 年 7 月 1 日，印度独立以来最大规模的税制改革拉开帷幕。此次货物与劳务税（GST）改革将原印度中央层面的消费税、服务税、关税，联邦层面的增值税、筵席税、入市税、入境税、奢侈品税及彩票、博彩和赌博税等统一归类于 GST，以实现印度政府酝酿了 30 多年的“同一个国家，同一种税收，同一个市场”的梦想。

（1）税率。GST 税改前相关各税种综合税率约为 26.5%，改革后统一执行 28% 的税率，税率略有提升，税率统一为四档。

（2）税制。GST 税制改革在于间接税（消费税），而不是直接税（企业所得税、个人所得税）。印度此次税制改革实际上是引入三种税制，分别是 SGST（邦）、CGST（中央）和 IGST（跨邦）。其税种判断重点在于商品销售和供货商是否属于同一邦，同一邦销售缴纳 SGST 和 CGST 税，跨邦销售缴纳 IGST 税。由邦征收的税费由中央和邦共享税收收入。

（3）税收征管。在税号注册方面，跨邦交易的企业、电商平台及其内部商家、年收入超过 2000 万卢比的商家等必须注册 GST 税号。对平台类企业进行专门规定，关于电商、打车、外卖等平台，平台有责任对其入驻商家进行税费扣除和 GST 税号注册，目前商家税费扣除是 2% 的 IGST 或者 1% 的 CGST 和 1% 的 SGST。

七、瑞士财政发展经验教训

传统意义上来看，瑞士并不属于大国，但瑞士财政具有较强的全球收入汲取能力，因此某种程度来讲也具有大国财政的借鉴意义。

公共部门在瑞士所占比例相对较小，而其原因主要在于瑞士所存在的自由主义理念和很强的联邦主义传统。而这些因素也使得瑞士政府在经济发展中不能发挥积极的作用。同时与特定政治结构相关的税收体系和想要避免赤字的强烈的意愿也使得公共部门的规模受到了限制。而瑞士特殊的政治结构主要存在着两条重要的原则：第一，税收的变化提议必须通过公众投票来决定；第二，任何的政策的决定必须经历过相互的妥协。这两条中央的原则一方面带来了公共部门的规模得到了限制，公共服务的数量以及质量也能够满足公共需要等好处，但是同时也带来了两个重要的问题：第一，这种妥协在取得稳定性的同时，也会导致政府在服务公众的时候，产生不负责任的行为。第二，补偿性的财政政策有的时候并不能抵消经济的波动。

而近年来瑞士又出现了其他的各种问题，首先是“中央集权”加深的问题，联邦政府的财力以及财权逐步增大，州政府在很多事物上都受制于联邦政府，而这削弱了州政府自主权这一优势。其次是“职权交叉”的问题 ，职权交叉问题是指，联邦不断介入州的职权范围，州必须完成来自联邦的任务这一现象。而这一现象会导致双重责任的情况发生，从而导致管理运行之时责任不够明确。最后，瑞士存在着地区差距问题，三分之二的人口居住在大城市，大城市与郊区之间的冲突越来越激烈。

因此，2008 年瑞士进行了财政改革，首先克服职权交叉，把政府职权在联邦政府与州政府之间进行重新划分。其次在财政体制上进行横向以及纵向的平衡，横向上，推出了由发达州向落后州提供转移支付，以平衡各州之间的差距；纵向上，对州之间转移支付之后财政实力仍然落后的，由联邦政府来填补缺口。

第二节　世界主要大国财政战略的总结与启示

纵观这些大国的财政治理经验，推行大国财政战略除了在财政政策本身需要发力之外，还需要充分发挥财政的引领作用，在货币、投资、贸易和产业政策中一以贯之。除此之外，还需要加强国际财经交流合作，提升国际话语权。这些方面，我国推行大国财政战略需要学习借鉴的地方总结如下：

一、财政建设

（一）经济发展模式

以大国财政的发展形态作为分析标准，对世界主要大国的财政建设经验进行提炼，不难发现，全球的大国财政建设一般分为两种模式。

第一种模式是以瑞士（雀巢公司）、比利时（巧克力）、瑞典（宜家公司）为典型代表的“一枝独秀”型。这些国家的经济总量不大，但是国内的某些企业在该行业和产品领域做到了极致和垄断，甚至达到了“大树底下不长草”的全球“赢者通吃”，同样实现了小国经济之下的大国财政“单项冠军”，在全球经济一体化当中占据了一席之地。

第二种模式是美国、日本等大国经济之下的“全能型”。美国不仅拥有美元的世界霸权，而且还拥有可口可乐、通用等耳熟能详的全球品牌，甚至还包括《疯狂动物城（Zootopia）》《冰雪奇缘（Fozen）》等迪斯尼的文化企业全产业链衍生产品的输出，更以微软、苹果公司、特斯拉占据了世界高科技的发展前沿。日本则拥有本田、丰田等广为世人所认可的全球品牌。因此，美日等老牌资本主义国家的大国财政是羽翼丰满的“全能型”高级类型。

（二）经济发展阶段

从国际经济发展的要素来源角度，大国财政建设通常划分为下述三个阶段。

第一阶段是以巴西、中东国家等输出大宗商品（Bulk Stock）为主要特征的初级阶段。虽然这些国家可以依靠输出铁矿石、石油等原材料在全球财政收入中分得一杯羹，但是这些大宗商品的资源有限性决定了发展的可持续性较差。财政收入的汲取非常脆弱，一旦遇到世界经济危机的风吹草动则可能朝不保夕。

第二阶段是以输出产品为特征的中国“世界工厂”的中级阶段。中国原材料和市场“两头在外”经济模式，在过去取得重大成功的同时，也带来了两方面较为突出的问题：一是利润微薄，特别是随着劳动力成本的上升逐渐优势不再，必须转型；二是粗放型的经济发展模式虽然挣得了“刀片般”微薄的利润，但是污染严重，给本土带来了巨大的生态危机，注定将是难以持续的。

第三阶段是以发达经济体输出资本、专利技术和知识为主要特征的高级阶段。发达国家以跨国公司为载体，利用世界市场实现生产要素和资源的优化配置，最大限度获得全球财政收入。

（三）财政政策

1. 建设较高集中性的财政体系

大国建设要求国家在经济与社会中发挥更加突出的作用，因而需要进一步的财政集中。一方面，国家需要从经济中汲取更多的资源；另一方面，国家必须合理地利用这些资源，以促进经济资源配置效率的提升，重建和稳定社会秩序。因此，财政集中，既意味着政府通过财政渠道所支配的资源数量的比例较大，也意味着中央政府需要通过合理的政府间财政关系，掌握主导权，确保地方政府财政行为符合国家的需要。纵观各国，主要发达国家中央或联邦政府税收收入比重通常都保持在 50% 以上，英法等国甚至在 70%—80% 以上。

2. 财政政策的使用力度要适当

在各国使用财政政策的时候总是会出现财政政策拿捏不稳的问题，以美国为例，面对当时严重的通货膨胀问题，尼克松采取了紧缩的财政与货币政策加以应对。然而这一政策却使得经济增长放缓，因此在不得已的情况下，尼克松又重新开始实行国家干预政策，但这又导致了通货膨胀的情况加以蔓延。到了老布什时期，其上台之初，表示要改善政府财政赤字过大的问题，但是随着经济的放缓和海湾战争的爆发，财政赤字问题又开始加剧。由此可见，财政政策的实施要拿捏好尺度，不然就会出现即使扩张政策与紧缩政策交替使用，也不能改善经济的情况。

3. 协调好中央政府与地方政府的关系

在各个国家，中央与地方政府之间的财政关系都是大家关注的重点，合理地划分中央与地方之间财权与事权也是解决二者之间矛盾的关键。在印度建国之初，中央政府掌握了大量的财权以及事权，因此地方要大规模地依靠转移支付，这也导致了中央与地方之间的矛盾激化。直到 20 世纪 90 年代，中央开始逐步下放自己的财权与事权，提高地方在所得税和货物税中的份额，约束中央对地方的转移支付，中央与地方之间的矛盾才得以解决。因此要合理地划分中央与地方的财权与事权。

4. 建立现代预算制度

政府预算是政府财政政策的中央工具，可以起到规范政府活动范围和约束政府行为的作用。而发达国家现代预算制度建设的历程为我国提供了宝贵的经验，以美国为例，在美国刚刚建国之初，它的预算制度也是杂乱无章的，这种杂乱无章的制度也成为了腐败的温床，这也使得美国开始建立现代财政制度。在1921年美国国会通过《预算与会计法》，使得现代预算制度在全国得以实施，各级政府的行为被公众所了解，政府的预算编制也得到其他权力的制衡，这也使得腐败之风得到了遏制。而当今中国，财政领域也是腐败现象的高发领域，建立现代预算制度也是当务之急。

5. 提高财政透明度

我国的财政透明度与发达国家相比较，处于比较低的水平，根据国际预算合作组织在2008年关于国际财政透明度的调查，我国的评分远低于发达国家，甚至低于很多的发展中国家，因此提高财政透明度也是我国财政改革的一大难题。国际上的发达国家，例如美国，英国等国很早就有了与财政透明度相关的法律，例如美国在1966年颁布的《信息自由法》，1974年颁布的《国会预算法》，同时美国规定联邦政府每个月的预算执行都会在第二个月公布出来，这些都是我国政府所欠缺的，也是我们应该努力的方向。

二、货币政策

货币政策作为与财政政策相对应的经济政策，一直也被各国作为解决经济问题的一把钥匙，而这些国家也为我国货币政策的制定提供了宝贵的经验。

（一）货币政策与财政政策要相互配合

货币政策与财政政策可以同时对国家的经济产生影响，但是其影响的机制和作用的结果有所差别。例如扩张性的财政政策，直接对 GDP 产生影响，同时会使得银行的利率上升，但是扩张的货币政策，是通过对市场的影响，从而间接地对 GDP 产生影响，同时使得银行的利率下降，因此两个政策的相互配合至关重要。例如在里根政府执政期间，面对经济的不景气，里根选择信奉货币主义的观点，实行单一货币政策来干预经济，同时减少政府的开支，削弱财政政策的作用，其结果虽然克制住了通货膨胀却没能渡过经济危机，在其执政的第二年为了应对国际收支的逆差不断增大，最后不得不利用财政政策重新干预经济。由此可见财政与货币政策相互配合的重要意义。

（二）货币贬值要慎重

通过本国货币的贬值从而增强本国产品在国际上的竞争力，以增加本国出口这一政策，在很多国家都被成功地运用，例如印度、日本和德国等。但是随着本国经济的发展，货币贬值将会带来其他的不利的结果，例如日本当前的“安倍经济学”。在“安倍经济学”中，要求日元进行贬值，以扩大对外贸易，这些政策虽然在短期内使得日本经济产生一定幅度的增长，但是在长期看来，力度十分有限，同时其货币贬值政策也引起了周边国家的强烈不满。到了 2016 年的第二季度其经济增长只达到了 0.2%，远低于外界预期的 0.7%，这也宣告着“安倍经济学”的破产。由此可见货币贬值政策需要慎重地使用。

三、投资政策

公共投资一般被界定为由中央和地方政府投资形成的固定资本，由于政府不能在微观层次上直接介入企业活动领域的特定认识，这些政府投资往往被限定在特定的公共服务领域中，因此被称为公共投资，也被称为政府投资。公共投资是政府调节经济的主要工具之一。

（一）政府计划手段在一国经济高速成长期的作用不可忽视

从 20 世纪 50 年代中期开始，日本政府全力实施以重化学工业化与高速成长为主要内容的财政政策，并相继制定了许多推动该政策目标的经济计划。其中，在增加政府公共投资、改善基础设施、推进产业结构的高度化和现代化等方面做出一系列重大的政策措施。

（二）减少直接投资，以间接的方式支持和带动民间资金的投资

日本 20 世纪 90 年代大规模采取扩张公共投资的经济刺激政策对民间投资的挤出效应大于带动效应，导致了日本民间投资的连年下滑。

（三）加大在民生领域的投资以激活消费并带动企业的投资

（四）监督部门应对投资项目进行充分的经济社会效益评价

日本 20 世纪 90 年代的大规模财政投资计划中，兴建了大量收益率极低的基础设施项目，虽然在当时起到了一点刺激需求的作用，但事后的情况表明得不偿失。

（五）推荐公共投资后评价工作的制度化、法律化进程，使之成为公共投资项目的必要环节和重要组成部分

美国公共投资后评价工作有完善的法律制度作为保障，具有强制性。

（六）建立科学的后评价指标体系

这是公共投资后评价工作质量与权威性的重要保证。美国公共投资政策后评价体系中，对立项决策评价、效益评价、影响评价、持续性评价均有一套较科学完整的评价指标体系。

四、贸易政策

贸易政策指一国政府为了某种目的而制定的、对外贸活动进行管理的方针和原则。

（一）采用财政补贴措施

二战以后，德国通过财政补贴措施，不断壮大汽车、机械制造、化工、电工和电子工业等主导产业，使其成为德国工业的支撑体系。同时，对上述行业实行税收上的优惠政策并取得成效。

（二）鼓励对研究与开发的投资，从而加强企业在国际市场上的竞争力和领先地位

如美国允许企业用于研究与开发的费用进入成本，减免税收；对企业用于技术中心及试验设施建设的投资给予贴息贷款；对企业关键技术等开发项目给予低息贷款，解决企业开发资金不足的问题。德国通过财政拨款等手段对研究开展活动做直接的选择性促进。

（三）发挥政府在对外经济中的作用

美国重视运用政府的力量，直接对产业结构调整进行干预。“信息高速公路计划”就是在美政府领导下推出的。美国政府领导人出访世界各地，更是注意亲率大批企业巨头，签订合作项目，拓展别国市场。这种政治和经济的一体化，无疑极大地激发了企业实施全球贸易的热情。

（四）加大对企业的支持力度

首先，政府不仅要注重运用产业政策来导向企业，如德国通过政府为中小企业出口产品指明方向，更要重视对企业提供投入支持，帮助企业技术进步。其次，不但对大企业要极力服务，对凡被认为具有出口价值的高科技项目，政府予以低息贷款并担保向民间银行融资，在财政上给予支持。最后，德国通过技术支持向中小企业倾斜，帮助中小企业实现高科技成果的商品化提升竞争力。

五、产业政策

产业政策本质上是一种政府行为，是国家在某些方面支持各产业部门发展的一种国家政策，重点是提高特定行业（或企业）的竞争力，目的是鼓励产业发展和促进产业结构升级。尽管产业政策经过多年的实践发展，但到目前为止，无论是在发达的市场经济国家、发展中国家，还是在包括中国和俄罗斯在内的新兴市场经济国家，均未形成一个较为成熟和完善的产业政策体系。

（一）产业政策对产业结构优化升级的短期适应性调整需要同长期的战略性调整相结合

俄罗斯政府将创新政策作为产业政策的重要内容，通过对创新型企业进行财政补贴、税收优惠，激发企业对创新的积极性。印度瓦杰帕伊执政期间为了鼓励 IT 产业，对软件进口进行税收减免、对软件产业公司进行一定程度的所得税减免，从而使得印度在 IT 行业有超常发展。

（二）政府制定的产业政策要注重对产业的规划和引导

日本从 20 世纪 50 年代进入城市化高速发展时期，政府就非常明确要重点发展重工业和化学工业，利用产业关联效应带动其他产业的发展，为了使相关产业健康有序地发展，日本政府专门制定了相关产业法。

（三）重视基础产业建设

基础产业主要包括能源、原料、交通运输等方面。一个国家要想实现工业化，基础产业的发展是不可逾越的一道鸿沟。日本在发展基础产业方面，没有单纯依靠市场的力量，也没有依靠企业自身积累，而是通过政府对其发展进行了一定程度的财政干预。

（四）警惕产业政策引起的腐败问题

俄罗斯产业政策通过国家公司、国有企业和国有金融机构实施，导致了腐败及寻租行为，为其经济发展带来了极大损失。

六、国际财经交流合作

国际财经的交流与合作主要是指，各国之间在涉及经济发展方面的交流与合作。上述各国在国际的财经交流合作中都为我国提供了很多的经验与教训。

（一）积极建立和参与国际经济组织

国际经济组织是为了解决各国以及世界的经济问题而成立的组织，而在国际经济组织中各国可以就双边以至于多边的经济问题协商和解决，在这些国际经济组织的规则之下，这些问题就会更好地得以解决。可以看到的是，世界上的经济大国都在这些重要的经济组织中占有一席之地。比如美国，在二战之后主导建立了世界银行和国际货币基金组织，德国和法国在欧盟中占据着主导的地位，而在如OECD、WTO等组织之中也均能看到这些大国活跃的身影。由此可见，这些大国都把积极参与国际经济组织放在了很重要的位置上。

（二）积极参与国际公共物品的提供

随着近年来国际交流的加深，国际公共物品的提供也越来越引人注意，在这方面国际间的合作也越来越多，而各个世界经济大国也在这些方面做出了自己的贡献。以美国为例，在国际贸易公共物品提供方面，它做出了很大的贡献，在《关税和贸易总协定》的制定过程中，美国策划了总共八次的谈判，并且主导确立了协定中所规定的自由竞争、最惠国待遇、国民待遇等原则，美国的这些贡献极大地促成了《关贸总协定》的签署，也推动了国际贸易公共物品的提供。国际公共物品的提供在给世界发展带来好处的同时，也使得本国的国际声望得以提高，由此可见要在国际公共物品的提供上加大国际交流与合作。

（三）积极参与国际税收新规则的制定

国际税收协定旨在解决涉及不同国家之间的税收征管的问题，随着国际贸易以及跨国公司的发展，在这方面的国际合作也日益加深。发达国家在一方面为我们提供了宝贵的经验，例如，美国、加拿大在1947年推动建立 OECD 组织，这一组织后来在国际税收协定上发挥了重要的作用；1983 年北欧五国，就所得及财产征税问题成功地缔结了多边贸易协定；在最惠国待遇原则的条款上，美国、德国、荷兰等国纷纷应用了最惠国待遇原则，而我国在这方面还比较少。积极参与国际税收协定的建立，可以解决我国与其他国家税收方面可能会产生的冲突，促进我国与其他国家的财经交流。

七、提升国际话语权

在全球化时代，关系到国家利益的国际话语权越来越受到世界各国的青睐。20 世纪 70 年代，法国哲学家米歇尔·福柯提出“权力话语”的概念。话语权以非暴力、非强制的方式，通过语言或运用言语技巧来影响他人思想或行为。国际话语权是话语权在国际上的延伸，表现为国际行为体在国际社会中的设置能力、操作能力、舆论影响力等。国际话语权之争本质上是国家利益之争，它是国家硬实力和软实力的综合产物，在日益竞争激烈的国际社会中占据重要地位。

（一）塑造良好的国际形象

一国的国际形象会不同程度上影响这个国家的话语权，良好的国际形象有助于国家在国际事务中占据有利地位。美国国际话语权的赢得得益于美国塑造的良好国际形象。

（二）用自己的话语诠释世界问题

美国的国际话语权之所以有影响力，是因为美国有自己特有的话语，尤其是社会科学界的话语，如“文明冲突论”“软权力”“巧权力”等，这些虽为美国的产物，却被其他国家学界广泛使用乃至成为普适性价值的话语。

（三）强化参与国际制度制订的能力

美国、英国等西方大国抢占话语制高点，对国际重大议题规则制定或者修改，其他国家处于被“定义”的困境。

（四）扩大话语权交流的平台

美国凭借卓越的教育体系（包括教育文化、奖学金制度等）吸引着世界各国的留学生们，中国也可以扩大教育方面财政支出，采取类似对策。加强话语平台硬件投入的同时也要重视话语平台的软件投入。

第十章

全球经济治理背景下我国大国财政战略选择

随着经济总量达到世界第二，我国在国际上的影响力也越来越大。在世界政治、经济和文化舞台上，中国不断展示着大国形象。大国不仅体现在体量上，更多地体现在国力、软实力和影响力等方面，而大国财政是其中重要的内容。建设大国财政，一方面，要立足国内治理能力的提升，构建完善的现代财政制度体系，根据制度演进的次序有效地推动现代财政制度建设，提升国家财政治理水平；另一方面，立足我们的发展和转型阶段，以积极的姿态参与国际事务，承担相应的国际责任，对外积极参与国际财经治理体系的构建，进一步扩大中国的影响力和话语权。

第一节　构建完善财政制度体系，强化财政职能

一、明确财政转型的目标

党的十八届三中全会提出，全面深化改革必须立足于我国长期处于社会主义初级阶段这个最大实际，坚持发展仍是解决我国所有问题的关键。因此，构建大国财政，要充分考虑我国发展的历史节点，立足于我国特有的大国国情，明确新阶段大国财政转型的主要目标。

（一）助力供给侧结构性改革、推动经济结构调整

当前，国民经济管理重点将向供给管理侧重，财政政策应积极发挥作用以配合供给侧结构性改革，确保稳增长与调结构的有机平衡，从而使国民经济实现中高速可持续发展。财政政策在适度扩大总需求的同时，需要着力加强供给侧结构性改革，促进经济发展动力顺利转换。实行结构性改

革，要求宏观政策要稳，要营造稳定的宏观经济环境。为此，要继续实施积极的财政政策并加大力度。应阶段性适度提高财政赤字率；全面落实减税政策，降低实体经济负担；积极优化财政支出结构并重视有效投资；构建与我国经济改革发展时代背景契合的激励相容机制，充分调动地方政府科学发展的积极性。

（二）改善宏观调控、促进经济增长

当前，我国经济增长仍然处在一个继续换挡减速的长周期，长期存在的不合理经济结构的调整转型还只是处于艰难攻坚阶段，国际金融危机后主要发达国家和经济体复苏进度之缓慢超出普遍预期。为了应对国内外经济运行中出现的新问题、新挑战，促进国民经济继续保持平稳较快增长态势。下一步，要进一步改善财政宏观调控，依靠改革创新来稳增长、调结构、防风险，在区间调控基础上，加强定向调控、相机调控。要统筹兼顾，加大积极的财政政策力度，继续着力促进经济增长，推进经济社会全面协调可持续发展。

（三）重视我国的具体国情，推进现代财政制度建设

财政是国家治理的基础和重要支柱，对一个国家的经济、政治、文化、社会以及生态文明的建设都产生极为重要的影响。大国财政是现代财政。现代财政制度体现民主财政和法治化财政理念，是一套由专门部门主导，多部门制衡，与国家现代化建设目标一致的财政制度。我国要建立中国特色社会主义的现代财政制度，在借鉴西方公共财政制度经验的同时，要重视我国的具体国情：一是针对大量国有企业、国有土地、国有资源，做好国家财富管理。二是在全面深化改革背景下，适应经济社会转型，做好提供公共服务的财政制度安排。三是服务于国家治理能力现代化建设的要求，协调经济、政治、文化、社会、生态文明建设。

二、处理好政企、央地以及国内国际公共品供应的关系

从国内考虑，政府职能的正常发挥和有效履行，财政是基础；从国际考虑，大国责任在国际上的担当，也是以财政为基础的。因此，构建大国财政，还需要审时度势，注意处理好中央与地方的关系，政府与市场的关系，国内公共服务与参与国际公共品供给的关系等。

（一）立足于现代国家治理，需要处理好政府与市场、企业的关系

计划经济时期，财政在社会资源配置中扮演着十分重要的角色，财政支出延伸到社会各个方面，这种大包大揽，集中精力搞生产建设的支出格局，反映了我国生产建设型的政府职能模式。1978 年改革开放以后，我国开始了以市场作为资源配置基础的经济体制改革，财政的资源配置权逐渐下放，企业自主权逐渐扩大。2013 年党的十八届三中全会审议通过的《中共中央关于全面深化改革若干重大问题的决定》指出，“经济体制改革是全面深化改革的重点，核心问题是处理好政府和市场的关系，使市场在资源配置中起决定性作用和更好发挥政府作用”。我国由此开始进入了“市场在资源配置中起决定性作用”的新时期。为了建立市场发挥决定性作用的经济体制，目前我国的财政职能仍需要不断地完善。

首先，实现政府职能从经济干预型到经济服务型的转变。当前，经济增长已进入“新常态”状态，新常态下的中国经济最大的特征是“三期叠加”：经济速度的换挡期；结构调整的阵痛期；前期刺激政策的消化期。如何将政府的经济行为与宏观经济的“新常态”之间进行协调与统一，是摆在决策层和理论界面前的关键问题。政府经济干预的问题，主要体现在政府主导经济发展的模式；政府在提供公共服务方面的体制缺陷；政府与企业之间的政企不分等。当前，我国倚重于政府投融资平台和国有

企业等经济主体进行了大量的投资活动，由此弥补了财政投资性支出的不足和非国有企业投资的局限性，有效地拉动了经济增长，但也加剧了宏观调控的难题，带来政府和市场、企业的边界不断模糊的现实，增加各级财政负担，并蕴含着相应的财政风险。应转变政府职能，使政府和市场、企业的边界清晰化，真正发挥国有经济对国民经济的控制力、引导力和影响力。

其次，实现政府职能从投资主导型到公共服务型的转变。改革政府投资倾向，需要多角度、系统化的改革，不仅需要转变政府职能，更需要改革行政管理体制，减少政府对经济的干预行为；改革财政收入模式，从重GDP总量到重经济发展质量、重科学发展。尤其对于地方政府来说，减少地方政府对土地财政和地方债务无节制的依赖，从总体上，实现地方税、土地财政、地方债等多种财力来源之间的统筹规划、整体发展和相互关系，完善地方收入体系，从而使得地方财政更加稳健，而这需要地方政府的治理能力的现代化改革，将地方政府从对经济投资的偏好型转向为“四个全面”和“五个现代化”下的地方政府。

最后，转变经济发展方式，扭转收入分配差距，实施以农民工市民化为主体的新型城镇化，治理环境污染等问题，是当前和未来一段时期中国全面发展过程中面临的突出问题和挑战，也是公共服务型政府建设的方向。财政支出安排应回应这些挑战，通过社会福利体系的构建和促进基本公共服务均等化，加大环境保护、城乡基础设施、公共服务机构建设等领域的投入。继续加大教育、医疗等社会福利性支出比重，尤其实现城乡基本公共服务的均等化提供。

（二）合理地确定中央财政与地方财政的支出范围

1994年建立的分税制，重新界定了中央与地方政府之间的财权和事权范围，明确各级政府之间的责、权、财，已达到既加强中央宏观调控能力，又充分调动地方积极性的目的。但由于事权的划分缺乏明确的界定，应该由中央财政办的事转移给了地方，因此，造成了“事权下移，财力上划”的局面。各级政府所承担的责任与财力分配之间不对称，财权和事权的失衡使地方财政实力被大大地减弱，动摇了地方财政基础，影响了地方政府的正常运转，进而影响到我国社会的稳定和社会经济的可持续发展。因此在大国财政构建中需要进一步注重处理好中央与地方的关系，健全财权财力与事权相匹配的财政体制，进一步完善中央财政职能，优化中央财政的支出结构。

1. 优化中央与地方的事权和支出责任的匹配

明确事权和支出责任的划分原则。首先是政治原则。这是最高层次，即事权的划分必须以保证国家的政治利益为前提和基础，既符合全国人民的整体利益，又符合地方人民的局部利益。其次是外部性原则。各级政府事权或支出范围的界定应当依据公共产品的外部性原则，即公共品的受益范围来确定。再次是信息复杂性原则。由于信息不对称，再加上我国各地区经济发展水平存在明显的地区差异，各级政府的财力状况也是千差万别，地方政府与公民更为接近，因而比中央政府更关心居民的偏好，获取和处理信息的成本要比中央政府更加有效。最后是哈维茨（Hurwiez）创立的机制设计理论中“激励相容”，即在市场经济中，每个理性经济人都会有自利的一面，其个人行为会按自利的规则行为行动；如果能有一种制度安排，使行为人追求个人利益的行为，正好与企业实现集体价值最大化的目标相吻合，这一制度安排，就是“激励相容”。

在界定财政职能范围的同时，需要明确财政事权和支出责任的纵向划分，逐步做到事权和支出责任的相适应。影响国家全局、保证国家长治久安、维护国家统一的事权，如国防、边境安全、界河管理、外交、宏观、金融政策等全国性公共品，应归属于中央。对于养老、医疗、教育等事关全国民众的基本公共服务，以及有较强“外部性”的司法、环保监管、食品和药物安全、跨区域基础设施的支出责任，也应上收到中央或者在相对较高的地方政府进行配置。带有明显地方特征的事权，如地方性交通、治安、消防、环保、给排水、垃圾处理、娱乐设施等地方性公共品，应交由地方政府承担支出责任，更能体现效率内涵。而其他一些领域，诸如跨地区基础设施以及部分环保、教育、卫生和社会保障等方面的支出责任，其在中央和地方之间的划分则要根据外部性、激励兼容等原则，并依据历史、法律、政治体制等实际情况来确定。

2. 统筹政府“大口径”财力，在此基础上合理界定各级政府间的财力

实现全口径的预算管理，试行编制中期预算。明确社会保险缴费、政府性基金的收入归属，实现财力与支出责任的匹配。对于土地出让收益，未来可以确定固定比例，将土地出让收入用于农民工市民化的经济性和社会性基础设施建设。清理、整顿各种行政事业性收费和政府性基金等非税收入（尤其是地方政府），维护整体税负稳定。完善地方税体系，考虑税种属性，逐步培育并发展各级财政的主体税种，是构建新型地方税体系的重中之重。完善政府间转移支付体系，适度提高均衡性转移支付的规模和比例，实现其在政府间财政关系的缓冲剂的作用。

3. 进一步完善中央财政职能，优化中央财政的支出结构

在全球化背景下，更需要通过构建大国财政来实现国内外财政资源的有效配置，既能为国家治理奠定基础，又能在国际财经治理中扩大影响力和话语权。因此，应加强财政的宏观调控职能，强化财政在经济发展规划、金融、投资、贸易等政策制定中的职责权限。针对目前我国的财政支出存在的“越位”和“缺位”问题，提高一般性公共服务和社会保障方面的支出水平，强化中央政府在保持宏观经济稳定，加强和优化公共服务，保障公平竞争，加强市场监管，推动可持续发展等方面的作用。特别是要加强中央政府在建立全国统一完整市场中的作用，适当降低中央对地

方具体经济发展事务的干涉和介入。

（三）开放经济条件下需要处理好国内与国际公共品供给的关系

目前，中国是世界第二大经济体，并且经济仍保持较高速度持续增长，但就发展水平来看还是发展中国家，国内经济社会还面临诸多问题和挑战，同时作为崛起中的国家面临着复杂的国际环境、参与国际经济社会的经验还不足。因此，大国财政职能范围广泛，但不是包打天下，开放经济条件下需要处理好提高国内公共服务水平与参与国际公共品供给的关系。在国际治理中，要按量力而行、量入为出、权责平衡原则，根据自身财政经济能力承担相应的国际责任及支出负担，提供国际公共品。既要展现负责任的大国形象，又不能超前承担超过自身国力的责任和义务。在“共同但有区别的责任原则”下，参与全球治理，保持国内与国外财政支出、国内公共品提供与国际公共品提供的动态均衡，避免顾此失彼。

三、全方位构建财政体系框架

（一）搭建现代财政制度，提高财政集中性和可持续性

1. 优化现代财政职能

现代财政制度的建设，以增强国家能力为第一要务。现代财政制度具有有别于以往的现代财政职能。财税体制的功能，传统观点认为财政应具备资源配置、调节收入分配和促进经济稳定的职能，并且在此基础上形成了一整套的财税制度思想、财税管理思想。这种观点更多的是将财税体制放在了经济领域进行观察，但是十八届三中全会进一步将财政放置于国家治理层面，由此发生了深刻的变化，认为财政职能应当是是优化资源配置、维护市场统一、促进社会公平、实现国家长治久安。

2. 建立全面规范、公开透明的现代预算制度

（1）以全口径预算为突破口，实现全面预算，将政府的全部收入和支出纳入预算，实施全口径预算管理，有利于全面反映政府活动的范围和方向，强化对政府预算的监督制约，从源头上消除滋生腐败的土壤。

（2）加强预算编制管理，健全支出标准体系。一是加强部门预算编制和项目库建设，编制全口径预算，切实提高预算编制的质量，减少预算追加的弹性和预算支出的随意性。二是进一步完善基本支出定额标准体系，推进人员定额、实物定额和资产管理的有机结合，加快推进项目支出定额标准体系建设，充分发挥支出标准在预算编制和管理中的基础支撑作用。

（3）强化预算的执行和约束。预算一经人民代表大会审查批准，即具有法律效力，各级政府、各部门都应严格按照预算执行。在实际执行中，必须严格落实新预算法的要求，牢固树立“先有预算、后有支出”的意识，支出必须以经批准的预算为依据，杜绝超预算、无预算支出和虚列支出，严禁截留收入、擅自改变支出用途。

（4）以预算绩效管理为契机，合理构建绩效预算框架。新预算法将“讲求绩效”作为各级预算的一项重要原则。讲求绩效体现了政府预算管理改革的方向，它不仅是预算编制方法的创新，更是国家治理理念的革命。新预算法第一次从法律层面对预算绩效提出了要求，是对我国传统预算管理理念的一次革命，为推进绩效管理提供了难得的机遇。我们要继续牢固树立“花钱必问效、无效必问责”的绩效理念，更加强调支出的责任和效率，健全全过程预算绩效管理机制，推进预算绩效管理常态化、规范化、制度化。

（5）引入中长期预算控制方式，健全预算管理体制。全面建立长期、短期结合的可持续预算模式。由于年度性的预算周期容易助长短期行为倾向，难以反映预算安排与发展规划间的有机联系。因此，要顺应经济发展轨迹，推进中长期预算规划试点，淡化收支任务导向，以年度预算为轴心，逐步拓展预算周期。

（6）强化预算的公开与透明，逐步细化预算。首先，强化预算公开与政府信息披露。透明预算的特征是预算必须向公众公开，接受公众监督，并且允许公众全程参与。其次，细化预算。没有细化的预算是没有意义的透明预算。对于细化预算，首先要解决技术问题，继续推动收支科目细化，使所有的收支都能装进预算的“口袋”里。

3. 规范财政转移支付制度

财政转移支付制度是财政体制的重要组成部分，是政府间财政关系的重要内容和纽带，是建立事权和支出责任相适应制度的重要手段。规范、公平、公开的财政转移支付制度，对于缩小地区间财力差距、促进基本公共服务均等化、保障和改善民生、推进国家治理体系和治理能力现代化具有积极意义。新预算法明确国家实行转移支付制度，强调转移支付应规范、公平、公开，为建立中央和地方事权与支出责任相适应的财政体制提供了有力的法律保障。

首先转移支付结构应合理。新预算法规定，财政转移支付应以推进地区间基本公共服务均等化为主要目标；财政转移支付以为均衡地区间基本财力、由下级政府统筹安排使用的一般性转移支付为主体。其次转移支付分配应科学。新预算法规定，一般性转移支付应当按照国务院规定的基本标准和计算方法编制，专项转移支付应当分地区、分项目编制。按照该要求，应进一步完善均衡性转移支付等一般性转移支付分配方法，科学设置影响收入变化和成本的因素，全面准确反映地区间收入水平和支出成本差异，权重设置、因素选取和转移支付系数测算应力争客观、公平、公正。最后转移支付设立应严格。新预算法规定，按照法律、行政法规和国务院的规定可以设立专项转移支付用于办理特定事项，市场竞争机制能够有效调节的事项不得设立专项转移支付。按照这一要求，应进一步健全专项转移支付决策机制，建立规范的专项转移支付设立审批程序。加大专项转移支付项目规范整合力度，取消一批到期和效果不好的项目；合并一批使用方向相同的项目；控制一批专项转移支付增长速度和规模；退出一批竞争性领域的专项转移支付项目。

4. 提高财政集中性

国际经验表明，财政的集中，既意味着政府通过财政渠道所支配的资源数量的比例较大，也意味着中央政府需要通过合理的政府间财政关系，掌握主导权，确保地方政府的财政行为符合国家的需要。

在提高集中性方面，要重视我国的具体国情：（1）提高大财政资源的配置和协同能力，服务好国家治理体系和治理能力的现代化，全面深化改革。未来应进一步架构“大财政”框架，统筹财政、经营性国有资产、非经营性国有资产、资源型国有资产、金融类国有资产等各项政府资源，共同作用于政府的政策目标，从而实现国家层面的资源优化配置。这要求财政跳出财政本身，融入国企、金融、资源等所含的国有成分，构建“大财政”概念，实现政府资源的大融合，实现市场对资源配置决定性作用的同时发挥政府的应有作用。（2）应让分散的财政功能回归财政部门。做大做强财政部门，才有可能保证大国财政——“财政是国家治理的基础和重要支柱”定位的实现，最终实现大国财政。（3）适度提高中央财政在全国财政中的地位和作用。保持必要的财政资源配置能力和财力集中度，提升国家预算能力。深化财政体制改革，强化两级治理架构，国家层面的财政体制要与国家治理架构相适应。适当提高中央财政收入规模，有助于强化中央财政的宏观调控职能，更好地服务于大国财政的对内对外职能。

5. 提高财政的可持续性

大国财政的可持续性，不能忽略地方财政的可持续性。当前我国的财政可持续性，尤其体现在地方政府的财政可持续性上，我国是集权型的单一制国家，地方财政的可持续性，将最终反映到国家的财政可持续性，某种程度上，地方财政风险和国家的整体财政风险，无法隔离。

（1）摸清地方政府债务的产生根源。当前对于地方财政，尤为关键的是应当寻找到地方财政债务的产生根源，以此达到控制地方财政债务规模的有效治理措施。目前的债务并非仅由财政体制中的地方财权不足，地方财力与支出责任的不匹配所造成的，更多的是由于地方主动负债的结果，是经济发展过程中地方政府对基础设施建设的自然诉求和不彻底的财政分权体制下地方建设资金不足的矛盾，是地方政府面临的财政激励和财政体制中地方债务管理的缺失带来的。因此解决地方债务问题、化解地方政府债务风险的对策应主要是构建遏制地方过度投资的决策机制。

（2）应积极推进城市基础设施投融资领域的市场化改革，来化解地方债务对地方财政带来的压力，化解地方政府过度投资的冲动。城市基础设施投融资机制的市场化改革包含三个方面：一是转变地方政府职能，从当前的“生产建设型”政府向“公共服务型”政府转变。二是将融资主体由政府部门为主转向政府与私人部门相结合，扩充资金来源，引导社会资金进入。鼓励发展和支持 PPP（公私合作）项目，鼓励社会资本参与城市公共设施投资运营。三是地方政府通过发行债券、公共设施市场化改革、架构城市建设基金、提供财税优惠政策等多种方式，拓宽城镇化建设融资渠道。

（3）在当前地方财政风险不断累积的客观背景下，尤其要重视地方政府债务制度的完善和债务规模的可控性。首先，需要严格控制地方政府发行规模，控制债务风险。其次，制定合理的财政风险标准，建立健全我国地方政府债务风险管理体系。建立和完善地方政府的信用评级制度，为地方财政风险的判断和预警提供依据，是完善的地方政府债券制度的重要前提。设立具体的财政风险评价标准，构建地方财政风险和风险定价、预警、评价体系，构建财政风险评价模型。将地方债务纳入地方政府的预算管理过程。

（二）提升财政实力，实现财政与经济的一体化发展

财政作为政府参与社会财富分配的方式，是政府履行经济、政治等多项职能的前提和保障。财政职能与国家职能互相映射，一个国家的财政能力是国家能力水平的真实刻画，是国家职能保障程度的度量。国际上的话语权、强大的国防实力、居民生活水平的提高都需要稳固的财政作为支撑，要实现中国的大国崛起之路也必须建设与大国地位向匹配的稳固财政。保持财政汲取能力和财政集中度，壮大财政实力，政府才能“集中力量办大事”，将财政资金投入到社会建设的各个方面。为此，在建设大国财政的道路上，必须做大财政“蛋糕”，为国家建设提供财力保障。

大国财政通过财政建设强化了国家对经济的控制，将一国的经济实力转化成对内对外的国家实力。（1）大国财政体系应当利用其国家治理体系的基础和重要支柱的地位，注重提高对经济运行的驾驭能力和管理能力。在现代财政制度的框架下，财政应当提高国家动员、引导全社会经济资源的能力，提高财政资源的统筹能力，将分散的国有资产进行协调管理；统一“大口径”预算，发挥预算的财政基础地位，提高服务国家重大利益关系调整和重大改革举措的资源配置能力。健康的财政体系在架构财政基本框架的同时，优化财政支出结构，提升财政职能，处理好购买性支出和转移性支出，经常性支出和资本性支出的比例关系，更好地推进经济社会文化等全面发展，大国财政与大国经济之间形成良性的合力，大国财政成为国家治理体系的基础和重要支柱。（2）综合应用各项财税政策工具，在当前难以大幅度提高财政支出占 GDP 比重，进而通过增量改革优化财政职能、促进经济增长的情况下，提升财政政策的宏观调控能力，在适度扩大总需求的同时，着力加强“供给侧”结构性改革，着力提高供给体系质量和效率，增强经济持续增长动力，推动我国社会生产力水平实现整体跃升。（3）注重财政分权的经济绩效。进一步完善能够有效发

挥中国特色社会主义制度优势的政府体制，既保障中央政府在国家改革发展重大方向、重大原则和重大决策上的主导地位，又充分发挥地方政府在提供公共服务和产品上的主动性和有效性。科学、合理的财政分权，实现事权和支出责任的相适应，同时财力财权与支出责任的匹配，有利于中央与地方更好地、更有效地提供公共品。科学、合理的财政分权，完善的财政投融资体制机制，提升基础设施等政府投资性公共品提供的效率。构建具有正向激励的财税制度，如房地产税，有利于优化政府（尤其是地方政府）的经济行为。

（三）加强财政监督，提高财政透明度

改革开放以来，尽管我国在财政监督方面取得了很大的进步，但随着社会主义市场经济体制的建立健全，传统的财政监督方法已经不能完全适应形势发展要求，新的符合市场经济要求的财政监督体系尚未建立起来，使得扰乱分配秩序的违法违纪行为得不到有效遏制，严重影响国家财政经济活动的正常运行。为此，我国应建立健全社会化、法制化的财政监督体系。

1. 改变偏重事后监督为事前监督、事中监督和事后监督相结合

事前监督就是在监督对象有关业务活动付诸实施前由财政进行的监督，关键是加强制度建设和事前审查，防止不符合国家政策和财政法规的行为和事件发生。事中监督是在监督对象的业务活动中由财政进行的监督，主要通过政府预算执行情况的经常性监督，发现财政分配中的不良现象，确保财务制度和政府预算的有效执行。事后监督是对监督对象在过去经济活动中的全面检查、考核和评估，发现问题，堵塞漏洞，完善财政政策。

2. 建立自我监督、内部监督和外部监督相结合的财政监督机制

自我监督是国家财政系统内有关部门对同级其他机构相关业务活动的

监督。内部监督是国家财政系统内部上下级之间有关业务活动的相互监督。外部监督是国家财政对系统外部监督对象有关活动的监督。通过自我监督、内部监督和外部监督，将财政监督纳入国民经济监督体系之中，发挥财政监督自律性和广泛性的作用。

3. 加强财政社会化监督体系的建设

发展具有社会公正特点的注册会计师事业，建立执行财政监督职能所必要的会计师事务所和资信评估机构，是财政监督面向市场经济、改善财政监督和提高监管水平的有效方法。

4. 加大财政监督法制化建设的力度

既要对已经出台的各项财政法律、法规，根据实际情况和经济发展要求，选择适当时机，加紧补充、完善，又要抓紧填补财政立法空白，健全财政法律、法规体系，使财政法制建设更好地适应市场经济和公共财政框架建设的要求。另外要注重加大执法力度，对一切违犯财政法律、法规的行为，要严格依法办事，执法必严，以维护财政监督活动的法治性。

5. 加大政府信息公开的力度，提高财政透明度

公开透明是现代财政制度的基本特征，是建设阳光政府、责任政府的需要，也是依法理财、防范财政风险的需要。加大政府信息公开力度，有利于社会主义民主政治建设，是确保人民群众知情权、参与权和监督权的重要举措；有利于从源头上预防和治理腐败，阳光是最好的防腐剂和消毒剂，预防腐败最有效的途径就是将政府置于透明环境中；有利于提升财政管理水平。财政透明可以进一步促进依法理财、科学决策，促进各部门厉行节约、提高财政资金使用效益。

四、强化财政在政策制定中的职责权限

与国外成熟发达国家的财政部相比，我国财政部门的职能存在很大的

弱化和不足。发达国家的财政部往往具有相当大的权责，譬如美国财政部的主要职责不仅包括制定和拟定国内、国际金融、经济和税收政策，参与制定广泛的财政政策、管理国家债务，还管辖着海关总署，酒、烟和火器局，美国财政部长在内阁官员中居第二位。比较而言，中国包括国民经济发展规划、经济结构调整、价格政策乃至参与制定财政政策的职权都被归入发改委，而财政部自 1949 年以来未曾经历任何改制，这也就意味着新中国成立乃至改革开放后出现的各类经济、金融的新问题，都未放在财政部的框架内予以调整和解决。

根据 2008 年《国务院关于机构设置的通知》的界定，发改委更多的是从国民经济和社会发展战略等更宏观的角度，拟定重大经济发展和结构调整的目标及政策。而财政部最主要的职能包括拟定财税发展战略、规划以及组织实施，并承担中央各项财政收支管理的责任。简单来讲，财政部负责的是通过基础财税与预算体系的设计，以达到规范财政纪律、调节财政收支并平衡经济运行的目的。而发改委承担着重大建设项目布局的责任，涉及中央政府投资和重大建设的项目都要经过发改委的审批，此外，大额用汇投资也需过发改委这道坎。发改委的审批速度可以调控短期宏观经济运行之势，而财政部并没有多少手段。背后隐藏的则是中国预算体系执行上的不协调。发改委坐拥固定资产投资总规模的控制权以及重大项目的审批权，但却没有足够的财权。政府的财源走的是预算通道，财权掌握在财政部（拟定预算计划）和人大（审议并通过预算计划）手里。于是就会出现两个问题：其一，每年预算的制定与发改委的“灵活”调控计划能否匹配。其二，发改委能够批复项目却难以匹配项目资金。

这从侧面也反映了我国财政职权的缺失。因此应该强化财政在金融、投资、贸易等政策制定中的职责权限，这样才能使财政应有的宏观调控职能和控制政府收支功能得以真正的发挥。

第二节　加强全球经济治理，提升我国财经话语权

虽然“大国财政”早已经在我国国内外实际政治经济生活中发挥作用，但如何在全球化的视角下全方位构建大国财政尚处于探索阶段。我国大国财政体系建构，应重点围绕进一步经济治理体系改革展开，推进国家治理的现代化、国际化。在国内根据制度演进的次序有效地推动现代财政制度建设，提升国家财政治理水平；对外积极参与国际财经治理体系的构建，进一步扩大中国的影响力和话语权。

一、积极开展对外交流合作

美国作为全球第一大经济体，2015 年在全球 GDP 中占比为 23.2%，在全球贸易中占比为 11.5%，美元在 IMF 中的 SDR 权重为 41.73%，美国在世界银行国际复兴开发银行中的投票权比例为 15.85%，在世界银行国际开发协会中的投票权比例为 11.24%，在世行国际金融公司中的持股比例是 35.17%。中国在全球 GDP 中占比为 14.2%（是美国经济总量的 61%），在全球贸易中占比为 11.9%（略高于美国），但人民币在 IMF 中的 SDR 权重仅为 10.92%（是美元权重的 26.17%），中国在世界银行国际复兴开发银行中的投票权比例为 4.42%（是美国的 27.89%），在世界银行国际开发协会中的投票权比例为 2.05%（是美国的 18.24%），在世行国际金融公司中持股比例是 6.65%（是美国的 18.9%）。此外，在 WTO 等国际组织中，中国作为全球第二大经济体和第一大贸易国相应的

话语权都没有体现出来，财经对外交流合作广度和深度都有待进一步加强。

习总书记多次强调，做好各项工作必须“善于观大势、谋大事”，“善于把握和平、发展、合作、共赢的国际大势，善于把握富强、民主、文明、和谐的国内大势”，要“统筹好国内国际两个大局，在时代前进潮流中把握主动、赢得发展”，同时针对各大国提出“构建新型大国关系”，要求实现中国与各大国之间的良性互动、合作共赢。这些论述和指示是当前及今后运筹和处理大国关系的重要理念和指导。

（一）构建国际经济新秩序

对现存国际组织，积极推动其改革，构建与中国大国地位相匹配的国际经济新秩序。推动世界银行、国际货币基金组织等国际金融组织改革，促使其对新兴市场经济大国发展发挥更加有效的推动作用；推动国际货币体系改革，打破美元作为超级国际货币攫取铸币税的局面，推动人民币国际化进程，构建与大国外向型经济相匹配的货币体系；积极参与 GPA 谈判，发挥大国市场和经济优势，为国内企业争取有利的国际环境。

（二）主动作为，构建多边开发机构

推动组建中国主导的多边开发机构，实施我国对外政策主张，体现大国政治意图，如推动组建亚洲基础设施投资银行，金砖国家开发银行，上海合作组织银行等。一方面要考虑西方资本主义国家在国际经济与金融体系中的主导地位，而在一些重大问题上，英、美等国需借助中国力量，所以要抓住机遇，在这些方面与西方发达国家展开合作，同时处理好中国的国际诉求；另一方面，创新国际金融体系，利用亚投行等平台，与相关国家展开交流合作，在国际财政与金融领域达成更广泛的共识，努力实现各方利益最大化。

（三）通过多边与双边对话，展示中国理念

要积极参与多边和双边对话机制，主动设置议题，体现大国理念。利用中美战略对话机制，G20，10 +3，金砖国家峰会等，反映国内企业和民众诉求，推动有利于自身的双边或多边经济秩序建立。在中美战略对话中，要主动出牌，审慎出击，积极推动两国市场对等开放。充分反映美国在政府采购、安全审查、市场开放等方面对国内企业的不合理条款限制，利用双边对话机制解决这些问题。如：增加美国外国投资委员会（CFI-US）审查透明度、改进审查程序、改进缓解协议和指令；采取措施消除《2013 财年持续和综合拨款法案》第 516 条款对中国 ICT 企业的影响；在基础设施建设招标采购项目中应当允许承包商对中标项目部分所需施工设备和建筑材料实施全球采购；在信息通信技术（ICT）基础设施行业持更开放态度；对中资企业参与公私合作（PPP）项目持更加开放的态度；对资源、能源市场持更开放的态度；承认中国金融监管已经达到 CCS 标准；承认中国市场经济地位等。

二、讲好中国财政故事，让更多国家从中国模式和经验中受益

“大国财政”的概念自 2013 年提出以来，伴随着国内外形势的不断变化，围绕着党中央的战略部署，按照服务新常态的要求，我国财政正在努力实践着“大国财政”的主题和内涵。近些年来，在实践方面，财政积极服务于国家在新时期的大国战略，在涉及重要国家利益的大国关系、地区平衡等方面做出了独特贡献。特别是服务于我国提出的“一带一路”倡议，财政持续促进了亚洲基础设施投资银行、丝路基金、金砖国家新开发银行等载体形式的形成。我国财政还在国际财经治理体系中发挥着越来越重要的作用。

我们要构建的大国财政，是“中国特色社会主义大国财政”，是“中国特色社会主义财政”与“大国担当”的结合，既要将大国要素体现在财政建设之中，也要体现中国特色社会主义对财政发展的基本要求。三年的实践表明，我国财政在实践大国财政理念方面已经取得了重要的阶段性成果，既坚持了大国财政构建的中国特色，又与时俱进地体现了新时期大国财政构建的时代特征。通过总结这些年的经验，我们可以让更多的国家从中国模式和中国经验中受益。

（一）准确定位、服务国家战略大局

大国财政理念的提出与实践，要体现的就是新时期新常态下我国财政的责任担当，呼唤的就是我国财政在实现中华民族伟大复兴进程中的职能体现，就是要在实现国家、民族与人民最高利益的大局中准确定位，发挥作用。三年的实践表明，大国财政已经成为我国新时期“大国战略”的重要组成部分，已经为实现国家战略做出了重要的贡献。深刻理解我国的国家战略定位，是理解我国大国财政作用的关键，是把握财政“准确定位、服务大局”的核心。

对于新时期的我国大国战略，我们要有准确的把握。在我国实施改革开放后的相当一段时期内，我国实行的是“韬光养晦、有所作为”的总体对外战略，这是完全正确与理智的，是由当时我国经济政治实力与正在酝酿经济起飞的阶段性发展任务所决定的，埋头做好自己的事，营造有利的周边与国际环境，是这一阶段的重要特点。根据这一战略，国家财政投入到国际与地区事务中的资源相对有限，我国也还没有具备主动积极提供国际与区域性公共产品的能力。然而，在改革开放已经走过了38个年头后，今天我国经济社会政治发展已经进入了一个全新阶段，中国特色社会主义道路实践已经取得巨大成功，中国已经成为一个在世界舞台上居举足轻重地位的发展中大国，中国与世界的关系正在发生着重要的变化。一方

面，中国自身地位的显著提高，表明中国已经从普通意义上的发展中大国变成在国际关系中能起重要作用的大国；另一方面，国际社会对中国在国际体系中角色身份的认知也已发生变化，面对层出不穷的全球新问题，要求中国承担更多国际责任的呼声在不断增多。正是面对这样一种新形势新现实新对比，党中央又提出新时期的大国发展战略。国家确立了新的国家战略，大国财政发挥作用就有根基，就有方向，就有任务。财政必须基于自己的能力，紧紧围绕国家战略目标，从财政角度将实现国家利益最大化与更加关注国际问题结合起来，在保持国家经济社会发展的同时提供更多的国际公共产品，并努力在国际财经体系的改革塑造上发挥作用。实践表明，大国财政在实现国家大国战略的一些重要领域中已经发挥了积极作用，如积极服务于“一带一路”战略，筹建亚洲基础设施投资银行、丝路基金等。

（二）目光长远，注重统筹内外

在准确定位、服务国家战略的前提下，新时期我国财政发挥作用需要统筹好内外两个大局。大国财政不仅要有雄厚的基础，还要有内外协调的能力。三年来，在对外发挥大国财政作用的同时，我国财政在国内始终坚持做好自身的“本职工作”。近年来，财政部门面对经济下行压力，在没有大规模刺激的条件下，合理运用手段支持经济发展，着力调结构、稳增长、惠民生，用好改革动力，展现政策威力，支持创新活力。同时防范与化解财政风险，推出包括地方债务余额限额管理等新举措，促进了国内经济社会的稳中求进发展。

正是在国内财政作用发挥的支撑下，涉外财政才能更有效地服务于国家的大国战略。近年来，作为财政的重要组成部分，税收在国内做好“依法治税、深化改革”等工作的同时，为了积极配合国家对外总体战略，也提出了“大国税务”口号。努力把握总体发展趋势，树立大国税收理念，统筹内外两个大局，推动国际税收合作，既运用税收政策支持国家“一带一路”战略发展，又在加强国际税收合作，打击国际逃避税、维护发展中国家税收利益、促进国际税收新秩序建立等方面频频出招。同样，两年来，金融部门已经事实上在实践着“大国金融”理念，站在国家战略的高度来谋划“与大国经济相匹配的大国金融”之发展。

大国财政只有充分考虑统筹国内外两个大局，才能使财政的作用得以充分地发挥，才能承担起一个大国应有的义务和责任。

（三）引领潮流，不断进行制度和规则创新

近年来我国大国财政的重要特点就是在实践中不断地创新，主要表现为以下几个方面。一是“把国家战略的实现与其他国家的发展紧密地结合起来”。服务国家战略与注重各国互利共赢，是大国财政必须把握的基调，亚投行、金砖国家新开发银行与丝路基金的成立等都体现了这一点。倡议成立亚投行是我国为促进亚洲基础设施发展和区域互联互通做出的切实贡献，是推动建立公开、公正、透明的国际经济治理体系的新努力。亚投行是与“一带一路”密切相关的，是为促进亚洲地区基础设施建设和互联互通，从而推动亚洲经济可持续发展和区域经济一体化而成立的多边开发银行，其投资对象首先包括“一带一路”沿线亚投行成员国的基础设施建设项目。而金砖国家新开发银行是金砖国家为应对可能的金融危机而构筑的共同金融安全网，主要资助金砖国家及其他发展中国家的基础设施建设，对金砖国家有重要的战略意义。中国通过设立新形式的金融机构顺应了世界的潮流，满足了广大发展中国家的需要，把国家战略的实现和其他国家的发展结合起来。二是“创新性地运用国际经济金融新规则”。亚投行是国际经济治理模式的一种创新，力争超越以西方国家为支配地位的传统国际合作开发模式。亚投行的发展中国家成员国占多数，并拥有较大话语权，顺应了国际经济格局的发展变化。亚投行还推动发展理念的创

新和规则的创新。亚投行的投票权是由基本投票权、股份投票权和创始成员投票权组成。基本投票权由全体成员平均分配；每个成员的股份投票权等于其持有的股份数；每位创始成员投票权则有 600 票。这种安排既考虑了权益原则，考虑了创始成员的利益，又能照顾到一般发展中成员的能力，易为各成员所接受，更具有开放性与竞争力。

财政实施的一系列制度和规则创新，是我国战略目标得以实现的有效手段和重要保证。只有通过创新来不断地顺应和引领世界潮流，国家战略才可以更好更有效地实现。

三、推进供给侧结构性改革，做全球财经治理的引领者

（一）推进供给侧改革，树立当今财政改革的新模式

2014 年 11 月，习近平总书记在亚太经合组织（APEC）工商领导人峰会上首次系统阐述了经济新常态，并总结了新常态的主要特点：速度——“从高速增长转为中高速增长”；结构——“经济结构不断优化升级”；动力——“从要素驱动、投资驱动转向创新驱动”。面对经济增长从高速换挡为中高速的新常态，我国经济发展进入了调整结构、转型升级的关键期和阵痛期。因此在中央财经领导小组第十一次会议上，习总书记指出，在适度扩大总需求的同时，着力加强供给侧结构性改革，着力提高供给体系质量和效率，增强经济持续增长动力，推动我国社会生产力水平实现整体跃升。并在化解过剩产能、降低企业运行成本、消化房产库存、防范金融风险等四个方面进行了任务部署。由此，系统构建了中国版供给侧改革的完整体系。

当前，在多轮需求侧刺激政策实施之后，世界主要国家经济仍面临衰退风险，危机隐患仍未减弱。这使得结构性改革再次引起关注，并逐渐形成共识。2016 年 G20 首次财长和央行行长会议上供给侧结构性改革成为

重要议题之一，中国的供给侧改革逐渐被世界所认识和接受。面对当前的危机，中国提出了解决危机的“供给侧改革”之道，为其他国家的财政改革提供了良好的启示和借鉴，树立了当今财政改革的新模式。

（二）积极参与国际税收规则制定，做国际税收治理的引领者

随着“一带一路”战略的实施，越来越多的中国企业“走出去”，中国逐渐成为净资本输出国，这要求有与此相适应的国际税收规则，过去国际税收管理定位需要做出适当的调整。自 2014 年 11 月习近平主席提出“加强全球税收合作，打击国际逃避税，帮助发展中国家和低收入国家提高税收征管能力”以来，我国税务部门树立大国税务理念，深度参与全球税收合作，积极构建合作共赢的新型国际税收关系。

我国税务部门积极地参与应对税基侵蚀和利润转移（BEPS）行动计划、联合国国际税收规则制定和税收情报交换国际规则制定。针对现有国际税收规则落后于数字经济和新型商业模式发展步伐，以及税基侵蚀和利润转移问题，我国已向经济合作与发展组织（OECD）提出 1000 多项立场声明和意见，成功将我国及发展中国家的观点和理念渗透到 BEPS 行动计划成果之中。同时，积极发挥我国税务部门担任联合国国际税收合作专家委员会成员的作用，参与《联合国发展中国家转让定价手册》修订工作，提出了“成本节约、市场溢价”等创新性的观点和主张。种种行动都表明，我国税收国际影响力越来越大，在国际税收规则制定方面越来越具有话语权，已经逐渐成为国际税收治理的引领者。

（三）参与国际金融规则的制定，做金融新秩序的制定者

为了满足亚洲基础设施建设的巨大融资需求，以及推动亚洲的共同发展，中国倡议并建立了亚洲基础设施投资银行（AIIB）。财政部作为我国在亚投行的实际出资人，通过发行特种国债购买外汇储备来筹集所需资

金，财政积极地参与国际金融机构的建立。作为一个多边金融机构，亚投行的建立有助于推进亚太自贸区建设、为“一路一带”提供融资，加速人民币国际化进程，以及增加中国对国际金融规则的制定权。

同样由财政参与出资的金砖国家开发银行，已于 2014 年正式成立。中国可以通过金砖国家开发银行实现多边对多边转变，借助多边机制的平台和手段，中国将在全球话语体系发声，这是实现全球治理的方式之一。从长远来说，中国可以建立国际金融新秩序或打破国际上大国对国际金融体系的垄断。

随着我国经济实力的增强和外汇储备的增加，我国财政通过对新兴国际金融机构的出资来参与国际金融新秩序的建立，逐步成为国际金融规则的制定者。

（四）参与全球规则制定，提升中国的世界话语权

党的十八大报告对我国参与国际事务进行了系统的规划，重申了我国的原则和目标：“中国将坚持把中国人民利益同各国人民共同利益结合起来，以更加积极的姿态参与国际事务，发挥负责任大国作用，共同应对全球性挑战”“坚持权利和义务相平衡，积极参与全球经济治理”“积极参与多边事务，推动国际秩序和国际体系朝着公正合理的方向发展”。这是党中央在对国内外形势准确判断和把握的基础上，适应经济全球化新形势，全面提高我国开放型经济水平，强调实行更加积极主动开放战略的重大部署。当今世界，国际经济规则是全球经济治理的主要工具，参与全球经济治理必然意味着要积极参与国际经济规则的制定和完善。

1. 积极参与国际税收治理，提升中国税收话语权

国际税收是全球治理的重要组成部分，是国际规则的不可或缺的重要内容，建立公平公正的国际税收体系对于抵御全球经济风险，复苏全球经济具有重要意义。国家话语权与国家实力的消长密切相关：国家实力越

强，话语权就越大。因此，在巩固和增强我国国际税收话语权时，必须坚持以经济建设为中心，紧紧围绕税收服务于经济社会发展大局，服务于不断提升国家实力的大局，在中国经济全球化、税收管理突破传统主权和地理边界的背景下，牢牢把握历史机遇，建立与我国经济发展和对外开放格局相适应，与我国国际地位相匹配，与税收现代化发展相配套的统一、规范、高效的国际税收法制体系和管理体系。通过夯实国际税收法制和管理基础，促进我国国际税收话语权的增强与国家实力的可持续提升相得益彰。

2. 完善我国政府采购，尽快加入 GPA

当前金融危机背景下，世界经济增长整体放缓，我国的经济政策要着眼于通过国内投资、刺激消费拉动内需来保持和实现经济的持续增长。此外，我国应将既成事实的已开放的政府采购市场加以分类，对我国准备开放的领域予以制度上的明确和进一步规范，对我国暂时将给予保护的领域在制度上明确规定，给予实际保护，体现我国政府采购市场的实际开放程度。通过完善政府采购的法律法规体系、健全政策执行机制、健全各部门监管体系、加强基础工作体系，完成政府采购体制机制的升级，有效应对国际竞争，为我国加入 GPA 扫清障碍。

GPA 是世界贸易组织多边协定之一，它不仅将政府采购标的从货物扩展至货物和服务（包括工程服务），而且将采购实体范围从中央政府扩展至次中央政府和公用企业。加入 GPA 不仅可以节省开支、促进改革，而且能够提升国际话语权，为此，我国要加快从 GPA 观察国到成员国身份转变的步伐。

3. 承担大国责任，提供与自身能力相符的国际公共产品

近年来，中国在参与国际援助、国际组织以及其他国际事务中表现积极，中国参与的国际公共产品供给已经扩展到政治、经济、安全、环境、人权等各个领域，呈现出全方位、多层次、宽领域的特征，诸如更多地承

担联合国会费摊派、减少温室气体排放等。可见中国在国际公共产品的提供中做出了突出贡献，在国际事务中也承担了与自身实力相当的责任，逐渐树立起一种“负责任”的大国形象，中国理应受到各方尊重。但是，应当意识到，我国开展国际援助的前提是自身具有足够的经济实力，能够优先保证本国发展的需要，在拥有保证本国经济建设所需资金的基础上，再对世界其他国家提供援助。因此在今后提供国际公共产品与服务的过程中，要始终以自身经济实力为限度，坚持量力而行的原则。由于现有的国际秩序和国际体系仍然由西方世界主导，在利益分配格局上仍然体现着西方国家的意旨，我国除了履行自身的责任之外，也要注重维护自己的合法权益。

4. 加强境外审计监督，实现国有资产保值增值

中国要提高在世界上的话语权，必须实施企业“走出去”的战略步伐，随着我国越来越多的企业“走出去”，境外资产的审计监督愈发重要。规则的建立是确保实践效果的前提，建立和健全境外国有资产审计监督的法律法规，对于境外国有资产的审计给予更为明确的规定，对境外国有资产的监督重点从事前审批转为事前审批和事后监督两线并行，并对损害国有资产的行为予以严厉打击。推进境外国有资产审计体制改革，明确各监管部门的职能并发挥其协同作用，对境外国有资产进行全面审计，完善审计报告和审计公告制度、责任追究制度。在审计实践中，应当以全局视野对境外国有资产的情况进行分析，还应当明确责任主体，尤其是对于可能的违规点要重点关注，多方分析引证，找出责任主体，对于有大额资金动向的企业也应给予关注。

5. 完善涉外法律法规体系，用法律手段维护本国利益

随着全球化和区域经济一体化的发展，各国都在不断深化对外开放程度，为满足国际间的共同需求而进行的集体行动频繁增加。因此，一国政府在实现国内财政制度和财经治理体系现代化的同时，必须考虑外界的需

求和影响，把财经政策规划放在全球治理框架下统筹考虑。今后，要不断完善涉外法律法规体系，运用法律手段去维护国家正当权益、经济安全和发展利益。同时，要充分发挥财政在全球经济治理和国际财经交流中的更大作用，积极参与和推动国际财经治理体系的改革与建设进程，如世界银行、亚洲投资银行、国际农发基金、国际财务报告准则基金会等国际经济金融组织的改革和国际经贸规则、国际准则的制定，增强我国在国际经贸事务中的话语权和影响力，推动依法处理国际经济、社会事务，深化全球性或区域性攸关共同利益领域的国际合作。

参考文献：

[1] 白彦锋、吴哲方：《增值税中央与地方分享比例问题研究》，《财贸经济》，2010 年第 3 期。

[2] 白彦锋：《跨国公司发展与大国财政建设》，《中国财经报》，2016 年 9 月 10 日。

[3] 白彦锋：《“大国财政”让企业“大胆走出去”》，《经济与管理评论》，2016 年第 9 期。

[4] 邓力平：《大国财政理念的再认识》，《经济研究参考》，2016 年第 2 期。

[5] 付伯颖：《后金融危机时期发达国家财政政策及借鉴》，《地方财政研究》，2012 年第 1 期。

[6] 高培勇：《论国家治理现代化框架下的财政基础理论建设》，《中国社会科学》，2014 年第 12 期。

[7] 黄永富：《我国参与全球经济治理的策略建议》，《中国经贸导刊》，2014 年 12 月 20 日。

[8] 楼继伟：《楼继伟同志在 2013 年全国财政工作会议上的讲话》，北京，2013 年 12 月 25 号。

[9] 楼继伟：《主动适应经济发展新常态不断开创财政事业新局面》，《中国财政》，2015 年第 4 期。

[10] 刘尚希：《大国财政的路径和建议》，《经济研究参考》，2016 年第 2 期。

[11] 刘尚希：《国家治理与大国财政的逻辑关联》，《财政监督》，2015 年第 10 期。

[12] 吕冰洋：《2015 大国财政与社会治理》，《财政监督》，2015 年第 10 期。

[13] 刘晓路：《现代财政制度的强国性与集中性基于荷兰和英国财政史的分析》，《中国人民大学学报》，2014 年第 5 期。

[14] 卢洪友：《中国的大国财政定位及建设之路》，《地方财政研究》，2016 年第 1 期。

[15] 欧文汉：《关于财政促进国家治理现代化的思考》，《财政研究》，2015 年第 8 期。

[16] 裴长洪：《全球经济治理、公共品与中国扩大开放》，《经济研究》，2014 年第 3 期。

[17] 魏礼群：《由经济大国到经济强国的发展战略》，《经济研究参考》，2013 年第 48 期。

[18] 习近平：《习近平同志在出席金砖国家领导人第八次会晤时讲话》，印度果阿，2016 年 10 月 16 日。

[19] 习近平：《习近平同志在瑞士达沃斯出席世界经济论坛 2017 年年会开幕式上的讲话》，瑞士达沃斯，2017 年 1 月 17 日。

[20] 雪冬、王浩：《全球治理》（国家治理现代化丛书），中央编译出版社 2015 年版。

[21] 杨志勇、樊慧霞：《新财政治理理论：大国财政与全球经济新秩序》，《地方财政研究》，2016 年第 1 期。

[22] 俞可平：《论国家治理现代化》，社会科学文献出版社2014年版。

[23] 周春英：《“大国财政”构建指困境与出路》，《财政监督》，2015年第14期，第68–74页。

[24] 吕炜：《国家治理现代化视域下的大国财政》，《人民日报》，2017年1月17日。

[25] 梅建明：《关于地方政府融资平台运行的若干问题》，《财政研究》，2011年第5期。

[26] 郭玉清：《逾期债务、风险状况与中国财政安全——兼论中国财政风险预警与控制理论框架的构建》，《经济研究》，2011年第8期。